作者简介

黄乔生，北京鲁迅博物馆（北京新文化运动纪念馆）原常务副馆长、研究馆员，中国鲁迅研究会常务副会长。长期从事鲁迅研究，著有《鲁迅像传》《鲁迅年谱》等；主持国家社科基金重大项目"鲁迅手稿文献整理与研究"；策划展览"鲁迅生平陈列""俯首·横眉——鲁迅生命的瞬间"等；主编或参编《鲁迅藏拓本全集》《鲁迅手稿全集》等。

姜异新，北京鲁迅博物馆（北京新文化运动纪念馆）副馆长，《鲁迅研究月刊》主编。长期从事鲁迅研究、新文化运动研究，著有《互为方法的启蒙与文学》《读懂鲁迅》《走读胡适》《他山之石——鲁迅读过的百来篇外国作品》《别样的鲁迅》等；发表学术论文百余篇。

缪斯
MUSE
文库

本书由中国博物馆协会与腾讯基金会"腾博基金"资助

生命的路

The Road
of Life

北京鲁迅博物馆
鲁迅生平陈列
策展笔记

黄乔生　姜异新　等著

浙江大学出版社
·杭州·

图书在版编目（CIP）数据

生命的路：北京鲁迅博物馆"鲁迅生平陈列"策展
笔记/黄乔生等著.— 杭州：浙江大学出版社，2023.11
（中国博物馆陈列展览精品·策展笔记）
ISBN 978-7-308-23709-3

Ⅰ.①生… Ⅱ.①黄… Ⅲ.①鲁迅（1881-1936）—
生平事迹—历史文物—陈列—策划—北京 Ⅳ.①G269.271

中国国家版本馆CIP数据核字（2023）第071743号

生命的路

北京鲁迅博物馆"鲁迅生平陈列"策展笔记
SHENGMING DE LU: BEIJING LU XUN BOWUGUAN "LU XUN SHENGPING CHENLIE"
CEZHAN BIJI

黄乔生　姜异新　等著

出 品 人　褚超孚
项目负责　陈　洁
策划编辑　张　琛　陈佩钰　吴伟伟
责任编辑　吴伟伟　陈　翩
文字编辑　赵　珏
责任校对　丁沛岚
美术编辑　程　晨
责任印制　范洪法
出版发行　浙江大学出版社
　　　　　（杭州天目山路148号　邮政编码：310007）
　　　　　（网址：http://www.zjupress.com）
排　　版　浙江大千时代文化传媒有限公司
印　　刷　杭州捷派印务有限公司
开　　本　710mm×1000mm　1/16
印　　张　19.75
字　　数　284千
版 印 次　2023年11月第1版　2023年11月第1次印刷
书　　号　ISBN 978-7-308-23709-3
定　　价　88.00元

总 序

　　在社会主义文化强国建设的进程中，博物馆扮演着中华文明优秀成果守护者、传承者与传播者的重要角色。作为博物馆教育与传播的核心媒介，陈列展览成为博物馆守护文化遗产、传承中华文明、讲好中国故事的关键工作。好的陈列展览离不开好的策展工作。策展是构建陈列展览的过程，是通过逻辑和观念的表达，阐释文物藏品的多元价值，构建公众与遗产之间的对话空间，激发广泛社会价值与文化价值的思维和组织活动。博物馆策展的理论与实践水平，很大程度决定了陈列展览的思想境界、文化内涵、艺术品位与传播影响。因此，博物馆策展的学术研究和业务能力建设是提高博物馆陈列展览工作业务水平和影响效果的重要途径；某种意义上，也是促进我国博物馆事业高质量发展的关键所在。

　　"中国博物馆陈列展览精品·策展笔记"丛书的出版，正是源于对上述问题的思考。作为我国博物馆行业发展的协调者与促进者，中国博物馆协会长期致力于博物馆展陈质量建设和策展能力提升。在持续不断的摸索和实践中，许多博物馆同仁建议我们依托"全国博物馆十大陈列展览精品推介活动"，围绕一批业内公认的具有较大影响力与鲜明特色的获奖展览项目，邀请策展团队，形成有关策展过程和方法的出版物。在不断的讨论中，我们逐渐明确：这种基于展览策划的出版物，显然不同于博物馆中常见的对于展览内容及重点文物介绍的"展览图录"，而更适合被称为"策展笔记"。

　　所谓"策展笔记"，一方面，要聚焦"策展"的行动内容，也就是要透过展览看幕后，核心内容是展览从无到有的建设过程，尤其要重点讲述展览选题、前期研究、团队组建、框架构思、展品组织、形式设定、艺术表达、布展制作等当代博物馆展览策划的核心流程及相关体会。另一方面，要突出"笔记"的内涵风格。如果与记录考古工作的过程、方法与认识的"考古报告"相类比的话，"策展笔记"则是对陈列展览的策展过程、方法与认识的重点记录。与此同时，作为与"随笔""札记"等相似的"笔记"文体，也应带有比较强烈的主观性、灵活性和较高的自由度，宜以第一人称的口吻展开，重在呈现策展的心路历程与思考感悟，而不苛求内容体系的完整性与系统性；重在提炼策展的经验、理念、亮点，讲好值得分享的策展专业理论、专业精神、专业态度和专业手法等。我们相信，这样的"策展笔记"，不但可以作为文博行业了解我国文博系统优秀展览的"资料工具书"，也可以作为展陈从业者策展创新借鉴的"实践参考书"，还可以作为普通大众的"观展指南书"，帮助他们了解博物馆幕后工作，更好领略博物馆展陈之美。

　　丛书第一辑收集了2019—2021年度全国博物馆十大陈列展览精品推介的代表性获奖项目，覆盖全国不同地域，涵盖考古、历史、革命纪念等不同类型。由于缺乏经验借鉴，加之展览类型的多元性、编写人员构成的差异性等，在撰稿与统稿过程中，我们遇到了远超预期的挑战。这些挑战包括但不限于：如何平衡丛书的整体风格与单册图书的个体特色；如何兼顾写作内容的专业性特质与写作表达的大众性要求；如何将策展实践中的"现象描述"转化为策展理念的"机制提炼"，充分体现策展的创新点和价值点；如何实现从"报告思维"向"叙事思维"的转型，生动讲述策展的动人细节；如何在分析个案内容的同时对行业的普遍性、典型问题进行有效回应，发挥好优秀展览的示范作用；如何解决多人撰写所产生的文风不统一问题，提高统稿工作的质量和效率；等等。幸运的是，在各馆撰稿团队的积极配合下，在专家的有力指导下，我们通过设定指导性原则、确定写作指南、优化统稿与编审机制等途径，一定程度克服了上述挑战难题，基本完成了预期目标。

　　这套丛书的问世，离不开撰稿人、专家和编辑的辛勤劳动。我们衷心感谢北京鲁迅博物馆（北京新文化运动纪念馆）、中国人民革命军事博物馆、山西博物院、吴中博物馆、扬州中国大运河博物馆、杭州市萧山跨湖桥遗址博物馆、山东博物馆、湖北省博物馆、盘龙城遗址博物院、成都武侯祠博物馆、陕西历史博物馆、秦始皇帝陵博物院、和田地区博物馆等博物馆策展团队撰稿人的精彩文本。同时，我们衷心感谢南京博物院理事长、名誉院长龚良，复旦大学文物与博物馆学系主任陆建松，浙江大学艺术与考古学院教授严建强，北京大学考古文博学院教授宋向光，上海大学现代城市展陈设计研究院执行院长李黎，西安国家版本馆（中国国家版本馆西安分馆）副馆长董理，清华大学美术学院副教授李德庚等多位学者、专家的认真审读与宝贵的修改建议。感谢浙江大学出版社董事长、党委书记、总编辑褚超孚，以及社科出版中心编辑团队的细致审校和精心编辑，他们的工作为丛书的顺利出版提供了坚实的保障。浙江大学艺术与考古学院"百人计划"研究员毛若寒博士在这套丛书的方案策划、组织联络、出版推进等方面，用力尤勤，付出良多。此外，还有许多在本丛书筹划、编辑、出版过程中给予帮助的专家、老师，无法一一列举，在此谨对以上所有人员致以最真挚的感谢和敬意。

　　严建强教授在一次咨询会上曾对这套丛书给过一个很高的评价，认为它是当代博物馆专业化建设的一个重要的里程碑。对于这个赞誉，我们其实是有点愧不敢当的。我们很清楚，丛书第一辑的整体质量还有待提升，离"里程碑"的高度存在一定差距。但通过第一辑的编辑出版，我们为接下来的第二辑、第三辑的编与积累了经验、增强了信心。今后，我们会继续紧扣"策展笔记"作为"资料工具书""实践参考书"与"观展指南书"的核心功能定位，继续深化对于博物馆展览策展笔记的属性、目标、功能、内涵、形式等方面的认知，努力通过策展笔记的编写，带动全行业策展工作专业水平的整体提升。这虽然是一件具体的事情，但对构建博物馆传承与展示中华文化的策展理论体系和实践创新体系，推动博物馆守护好、展示好、传承好中华文明优秀成果，为博物馆事业的高质量发展、为建设社会主义文化强国不断做出新贡献，是很有积极意义的。我们相信，有全国博物馆工作者的积极参与，我们一定能把这套丛书做得更好，做成中国博物馆领域的著名品牌。

　　是为序。

刘曙光

中国博物馆协会理事长

生命的路

The Road
of Life

作为一部文学家传记的『鲁迅生平陈列』

一、从鲁迅出发与回到鲁迅

博物馆的陈列展览展示文物藏品和研究成果，发挥思想启发和审美教育作用，在博物馆工作中起到关键作用。人物传记类博物馆的人物生平陈列，自然具有传记的特点，主要任务是讲好博物馆所纪念的人物故事。北京鲁迅博物馆为纪念鲁迅而建立，有关鲁迅的传记和研究著作汗牛充栋。北京鲁迅博物馆"鲁迅生平陈列"的使命是用文学传记的叙述方法，运用文物资料、图片和场景，突出主题，渲染氛围，打造出一部独特、真实、准确、生动的传记。在文学家的博物馆和纪念馆，展览是文学阅读鉴赏功能的扩展，也是文学传播的一个重要手段，更要注重其传记表达的效果，因为博物馆的传记写作不但是文字的，而且是图像的，不但讲究图文并茂，而且要使用多媒体手段。

传记手法在博物馆展陈中的作用不是简单的排列物品、平铺直叙。传记手法质量的高低，端赖对所表现的人物的研究和评论。因此，学术研究在博物馆工作中起着重要支柱作用，而在学术研究中，年谱和传记的撰写是基础工作，用之于展览，编年纪事及对重大事件、人生转折点和思想变化等的表现，在章节安排中发挥着起承转合的作用。应当注意的是，展览需要学术研究，但展览与论文、专题报告究竟不同，而有其独特性。

"鲁迅生平陈列"是鲁迅传记的一种独特的表现方式。2021年，为纪念鲁迅诞辰140周年，北京鲁迅博物馆（北京新文化运动纪念馆）（简称"鲁新馆"）的策展团队对馆藏文物进行系统梳理和深入挖掘，吸取鲁迅研究新成果，推出一个新的"鲁迅生平陈列"，也即写作一部独特的鲁迅传。

1954年，在文化部主持下，依托鲁迅旧居建立的北京鲁迅博物馆被定位为一家"人物传记性的文学博物馆"。1956年建馆到现在，"鲁迅生平陈列"从简到繁，逐渐丰满。

　　目前设在鲁迅居住过的六个城市——绍兴、南京、北京、厦门、广州和上海——的六家鲁迅博物馆和纪念馆，均有常设的鲁迅生平陈列展，各有特色。除北京鲁迅博物馆外，其他几家都称为纪念馆，但生平陈列基本采用叙述加专题方式，着重表现鲁迅在当地生活、学习和工作的情况。鲁迅在北京生活 14 年，仅次于在绍兴生活的时间，但建馆之初，馆名并没有"北京"二字，生平陈列没有局限于或着重讲述鲁迅北京时期的事迹，而是将鲁迅一生整体叙述，形成一部完整的传记。这与博物馆的定位和藏品有关。作为建在首都的人物类博物馆，又是一位文化伟人的博物馆，北京鲁迅博物馆的藏品数量巨大，而且门类较为齐全，具备完整叙述鲁迅生平业绩的条件。

　　当然，无论哪个博物馆、纪念馆，都不可能拥有全部藏品，因此，北京鲁迅博物馆的"鲁迅生平陈列"也有几个不足。首先，缺乏鲁迅在其他地区生活的文物资料。解决的办法是依靠兄弟馆的支持，采用复制等方式补充展品，其中，有关鲁迅日本时期的学习的文献资料，我们从日本得到一些复制件。其次，鲁迅的文献资料虽然数量大，但存在单一的问题，具体地说，是手稿、书籍多，其他文物资料少。纸质文物不如古代器物、艺术品等形制多样、外貌华丽精美，泛着漫长时光留下的沧桑印痕的报刊资料，会给人单调、老旧、沉闷、枯燥之感。再次，场地和时代的局限也影响展示效果。所谓生平陈列，只是将鲁迅一生行状和业绩浓缩在一个狭小的空间里，以可视性的展陈语言呈现出来。展览面积不足，就只能粗线条地勾勒。现在的北京鲁迅博物馆"鲁迅生平陈列"展厅只有不足 1400 平方米，而且分为上下两层。最后，因为政治、社会诸因素影响，有的人物和事件在有的时期不宜出现，有的人物和事件则必须浓墨重彩地表现，对展陈设计也会产生一定影响。

　　从 1956 年建馆至 2006 年，北京鲁迅博物馆的"鲁迅生平陈列"都遵循"人物传记性的文学博物馆"的定位，都以鲁迅生平为线索，利用图片、文字、文物、美术品组合的形式，展现鲁迅的生平业绩。如《一九五七年鲁迅博物馆工作计划》

如此描述："共展出展品 1301 件，其中手稿 185 件，实物 204 件，照片 326 张，书刊 546 册，图表、语录 13 件，美术品 27 件。通过这些展品，简要地展现出鲁迅伟大的战斗的一生。"

"鲁迅生平陈列"的分期，与一般鲁迅传记的分期大致相同。2021 年完成的生平陈列，按鲁迅一生的行踪，细分为八个部分："绍兴""南京""日本""杭州—绍兴—南京""北京""厦门""广州""上海"。

北京鲁迅博物馆在"鲁迅生平陈列"制作过程中，曾提出"从鲁迅出发"，回到鲁迅那里去的理念。策展人的理念适应时代的需要，对鲁迅的认识经历了由基本知识普及到圣化鲁迅再到回到真实的鲁迅的过程。1996 年的生平陈列，序厅与展线中的说明文字就比较多地引用鲁迅的自述，为的是更接近鲁迅生平和思想的真实。2006 年版的"鲁迅生平陈列"在形式设计上，除了以鲁迅生平为显性线索外，将历史背景和大事件作为隐性线索镌刻在展柜下侧，以"信息带"的形式让观众将历史背景与鲁迅生平对应起来，获得时间意识和历史感，扩展了传记性内容。

总之，在几十年的"鲁迅生平陈列"制作过程中，北京鲁迅博物馆以扎实、严谨的学术研究为基础，展示了博物馆在中国现当代文化和文学研究、鲁迅藏品研究、陈列展览研究等方面的成果，为展陈的进一步完善提供了坚实的基础。

二、文物资料与学术研究

　　展陈策划和制作的重要先决条件是文物资料的准备和研究成果的积累，也就是人物传记材料的搜集、整理和研究过程。这个系统性的工作并非都由博物馆从业人员完成，而要依靠学术界的共同努力。鲁迅研究是人文社科领域的一门显学，丰厚的学术研究成果对博物馆的研究、展览和社会教育具有促进作用。"鲁迅生平陈列"基于充分的学术准备、深入的藏品挖掘和完备的展览手段。

　　对文物资料的整理是博物馆学术的立足点。"鲁新馆"有丰富的馆藏文物资料，以馆藏文物整理、研究和出版为学术界提供了第一手资料，促进了学术界更系统和深入的研究，为鲁迅研究提供更开阔的视野和新颖的理念。通过对文物资料的全面系统解读，人们对鲁迅的认识更准确和全面。例如，20 世纪 80 年代以后，在改革开放的时代风气影响下，人们对鲁迅的认识，从鲁迅的严肃到温情、横眉冷对到慈爱平和，从战士到文人又到战士与文人的一体两面，使鲁迅形象渐渐接近真实。这是对馆藏文物资料深入挖掘的成果，对鲁迅故事的叙述至关重要。

　　自 2006 年版"鲁迅生平陈列"推出至 2021 年新版陈列问世的 15 年间，鲁迅研究的新史料、新成果不断涌现，观众对作为鲁迅及同时代人、新文化运动文物最权威的收藏、研究、展示机构的"鲁新馆"有着越来越高的期待。

　　鲁迅的一生历经从晚清废除科举到抗日战争全面爆发之前中国近现代史上所有重大的历史事件，身后遗留下的文物蔚为大观，精神遗产更是丰赡厚重，这首先就要求鲁迅生平陈列的策展人对这段历史所涉及的文物资料做准确的阐释。"鲁新馆"收藏的文物、图书、艺术品等达 7 万余件，主要有鲁迅和同时代人的手稿、生平史料、藏书、藏画、藏碑拓片、藏友人信札等，有大量的鲁迅著、译、辑、编著作版本和鲁迅研究著作、现代新旧期刊和中外美术作品等。例如，北京鲁迅博物馆于 20 世纪 50 年代印行的《鲁迅手迹和藏书目录》（内部发行），首次向人们展示了鲁迅手迹和藏书的留存状况；60 年代出版的《俟堂专文杂集》《鲁迅手稿选集》等，为学术界提供了第一手资料。

20 世纪 70 年代中期，北京鲁迅博物馆藏品整理遇到一个良好契机：在全民学习鲁迅的热潮中，国家组织了研究和收藏机构对鲁迅相关资料进行整理和出版。首先是鲁迅书信的整理和出版。书信在鲁迅文献中的重要性不言而喻，1000 多封信提供了很多真实的材料，从中可以窥见鲁迅所处时代的社会境况和鲁迅的内心想法。其次是关于鲁迅著作的注释和出版，如编辑出版一部比较完善的新的注释本《鲁迅全集》（包括书信和日记）。再次是对鲁迅研究的更全面的规划，如编纂鲁迅年谱、撰写鲁迅传记等。这些工作中的很大一部分分配给北京鲁迅博物馆和新成立的鲁迅研究室。1976 年 1 月，北京鲁迅博物馆归国家文物事业管理局直接领导，与鲁迅研究室合并。从此，北京鲁迅博物馆成为全国鲁迅研究的重镇。此后，北京鲁迅博物馆与北京新文化运动纪念馆合并，收藏渠道大大拓宽。"鲁新馆"陆续征集到大量新文化、新文学名人如陈独秀、李大钊、许寿裳、钱玄同、瞿秋白、萧红等的文物。丰富的馆藏是做好"鲁迅生平陈列"的坚实基础。

在资料方面，博物馆整理编辑出版了大量研究成果和资料汇编，如编辑出版《鲁迅研究资料》24 辑，整理发表馆藏资料。在研究方面，博物馆编纂了《鲁迅年谱》（4 卷），对鲁迅生平史实进行系统的整理和翔实的考辨；博物馆创办的《鲁迅研究动态》（后更名为《鲁迅研究月刊》）刊登大量馆藏文献和研究论文，为鲁迅研究学科的基本建设做出了贡献。博物馆参与整理、出版和研究鲁迅手稿，有助于鲁迅著作的编辑和校订。20 世纪 70 年代末开始编辑出版的《鲁迅手稿全集》，虽然当时没有出齐，但为学术界提供了很多第一手材料，为学术研究提供了诸多方便。2021 年"鲁新馆"会同国家图书馆等机构出版的《鲁迅手稿全集》，正是在这套不全的《鲁迅手稿全集》的基础上，搜罗了到当时为止发现的所有鲁迅手稿和手迹而成的。

在对文物文献资料整理和遴选的基础上，博物馆编辑的《鲁迅回忆录》、"回望鲁迅"等丛书，系统、全面收集同时代人对鲁迅的回忆和评价文字，在电子检索系统还不发达的时代，为研究者提供了便利的查阅途径。

"鲁新馆"的学术研究，注重鲁迅与同时代人之间关系的研究。《鲁迅研究月刊》开辟"鲁迅与同时代人研究"栏目，召开多次学术研讨会，专题研讨鲁迅与同时代人如周作人、胡适、陈独秀等的关系；对钱玄同等新文化杰出人物做了专题研究，并系统整理有关文献资料；对鲁迅的前辈如章太炎等，也做了出版和研究项目；对鲁迅的弟子胡风、冯雪峰等，也做了比较和影响研究。总之，博物馆努力收藏文物资料，以期拓宽视野，更好地研究鲁迅文化和思想的来龙去脉。

博物馆有关鲁迅生平事迹的研究，很多是具有博物馆特色的，所取得的成果是传记写作不可或缺的基础资料，例如鲁迅照片的研究、鲁迅藏书的研究和鲁迅美术藏品的研究。

鲁迅照片是鲁迅生平的最基本材料，也是生平陈列中最直观和生动的一部分。博物馆长期致力于搜集鲁迅影像资料，近年发表的论文如《"开麦拉"之前的鲁迅：鲁迅照片面面观》和专著《鲁迅像传》《俯首横眉——鲁迅先生写真集》等，在学术界引起一定的反响，成果被应用于包括展览在内的诸多博物馆日常工作中。博物馆对鲁迅的藏书进行系统研究，以期更精准把握鲁迅的知识结构和思想倾向。除了整理鲁迅藏书目录、进行分类专题研究外，博物馆还联合国内外高等院校、研究所的多语种、多学科专家学者，成立鲁迅外文藏书研究小组，发表大量成果，陆续出版了《世纪之交的文化选择——鲁迅藏书研究》《鲁迅藏书志》《他山之石——鲁迅读过的百来篇外国作品》等专著。

鲁迅不但是文学家，还是一位品位很高的美术鉴赏者，收藏了大量美术作品特别是现代版画，晚年引进欧洲新兴木刻，培养中国木刻作者，是中国现代版画的倡导者和促进者。北京鲁迅博物馆在鲁迅美术藏品的整理和鲁迅美术思想研究方面的成果是出版《鲁迅藏外国版画全集》（5 卷）、《鲁迅藏拓本全集》（12 卷）、《鲁迅编印美术书刊十三种》、《怒吼》、《铭刻》、《中国战斗》、《鲁迅藏中国现代版画全集》（5 卷）、《鲁迅藏浮世绘》等，多为鲁迅研究的基础资料。

2014 年北京鲁迅博物馆与北京新文化运动纪念馆的合并，为鲁迅研究提供了更宽阔的学术视野。鲁迅本是新文化运动的一员，在新文学方面取得了卓越成就。鲁迅的文学、文化创新之路是与新文化运动同步的，得到了时代氛围的熏陶，得到了《新青年》和北大同仁的支持和鼓励，没有这样一个文化环境，鲁迅不能成为鲁迅。因此，新的"鲁迅生平陈列"大量提供新文化运动及鲁迅同时代人的资料，增加了《新青年》刊登的鲁迅作品显示屏等数据库类设施。"鲁新馆"对新文化时期鲁迅的生平事迹的研究是全方位的，不但研究领域在扩大，对纪念对象的研究更多社会事件的背景衬托和生活细节的描绘，因此更具有真实性、历史感和现实感。例如，研究者以文化地理的研究方法，将研究范围扩大而且细致到历史人物的衣食住行，以小见大，力图让读者和观众得到一个活生生的鲁迅形象，而不是干巴巴的说教，甚至简单的口号。鲁迅晚年一篇文章批评人们"所注意的是特别的精华，毫不在枝叶。给名人作传的人，也大抵一味铺张其特点，李白怎样做诗，怎样耍颠，拿破仑怎样打仗，怎样不睡觉，却不说他们怎样不耍颠，要睡觉。其实，一生中专门耍颠或不睡觉，是一定活不下去的，人之有时能耍颠和不睡觉，就因为倒是有时不耍颠和也睡觉的缘故。然而人们以为这些平凡的都是生活的渣滓，一看也不看"，这样做的结果，就是"所见的人或事，就如盲人摸象，摸着了脚，即以为象的样子像柱子"。鲁迅得出结论："删夷枝叶的人，决定得不到花果。"然而，"战士的日常生活，是并不全部可歌可泣的，然而又无不和可歌可泣之部相关联，这才是实际上的战士。"这些论断可以作为传记写作的指针。人物传记就是要有好说好，有坏说坏，实事求是，不为尊者讳，不任意拔高和掩饰。多年来，"鲁新馆"在学术研究中不断开辟出新领域，如对鲁迅作为中国现代文化遗产保护事业的推动者和实践者的研究，以及与此相关的文化地理研究。1912 年至 1926 年，鲁迅先后就职于南京临时政府和北洋政府教育部，曾任教育部佥事、社会教育司第一科（原第二科）科长，主管博物馆、图书馆、美术教育、戏剧演出等事项。这些工作对他的文学创作和学术研究产生了一定影响。过去，这方面的研究不充分。"鲁新馆"的研究人员多年来注重搜集相关资料，撰写了多篇论文，取得了有价值的学术成果。此外，对地域鲁迅的研究，即文化地理的研究，也有不少成果。扩大开去，研究人员从博物馆行业的角度考察鲁迅生平业绩，既对鲁迅在北京和全国其他城市的旧居、博物馆、纪念馆进行整体研究，也对某个地区进行微观地理研究，如对北京的绍兴会馆、八道湾十一号、西三条二十一号等鲁迅旧居进行具体描述和分析，出版了专著，发表了多篇论文。目前，作为北京鲁迅博物馆分馆的绍兴会馆也进入开发和建设阶段，将实现地域特点与鲁迅思想文学研究的有机统一，既为研究鲁迅北京时期文学创作的特点和思想的演进提供了新的视角，又对博物馆事业的发展起到推动作用。

在某些方面，"鲁新馆"的学术研究具有独特性，达到了前沿水平，承担了多个国家社会科学基金重大和一般项目以及多个国家出版基金项目，在钱玄同日记、周作人日记的整理和研究、《鲁迅年谱》的撰写等方面取得了一些重要成果。与资料整理同步，博物馆召开研讨会，制作生平陈列和临时展览，总体上提高了博物馆的学术品位和公众影响力。

三、展览主旨与主体意象

　　作为人物传记式的展览，从书本上的文字到墙面和箱柜中的展品，是一种形式的变化，更是理念的转换。"鲁新馆"在几十年的展陈实践中，努力准确认识鲁迅在文化史上的地位。由北京鲁迅博物馆与北京新文化运动纪念馆合并而成的"鲁新馆"，竖起了两面旗帜，一面是鲁迅的民族魂，一面是五四新文化运动。尽管北京鲁迅博物馆在合并之前也没有局限于对鲁迅的个体研究，而是兼及同时代人、社会思潮与历史背景，合并之后的"鲁新馆"更明确了定位，即主要从事鲁迅和新文化运动时期著名人物、重大事件的相关文物和资料的征集、保管、研究、展示和社会教育等工作。也就是说，从之前集中以一个人物为中心展开工作，扩展到对一场运动、一个文化转型时代及对同时代诸多人物研究的极其宽广的领域，而两馆合并后更加丰富的馆藏为各项工作提供了更多支撑。个人与集体、宏观与微观、文学与历史的结合，是"鲁新馆"学术的特点，对各项工作都具有指导和引领作用。例如，有些展览，就从大处着眼，立意在中国现代文化史、文学史背景下解读鲁迅和新文化运动。

　　2015年，为纪念新文化运动100周年，"鲁新馆"推出"旧邦新命——新文化运动百年纪念展"，意在让观众对中华文明的连续性和创新性有更深入的认识。2016年，为纪念鲁迅诞辰135周年、逝世80周年、北京鲁迅博物馆建馆60周年，"鲁新馆"策划了"含英咀华——北京鲁迅博物馆馆藏文物精品展"，对馆藏重要文物做了梳理和解读。根据多年整理、研究鲁迅照片的成果，"鲁新馆"制作了"俯首·横眉——鲁迅生命的瞬间"，用大量照片配合鲁迅生平事迹，以形象生动的影像资料帮助观众认识多面的、丰富多彩的鲁迅。2017年，为纪念新文学发生100周年，"鲁新馆"推出"文白之变"展，对新文化运动一个重要贡献的历史渊源、发展过程和深远影响做了具体展现；同年，"鲁新馆"还策划了"万里向西行——西北科学考查团 90 周年纪念展"，让观众对中国现代科学成就获得了形象的认识。2018 年，为纪念《狂人日记》发表 100 周年，"鲁新馆"召开了学术研讨会，对中国现代文学的起源和鲁迅的文学贡献做了深入的探讨。2019 年"五四"百年纪念学术研讨会的主题定为"在文学与历史之间"，学者们从多学科多角度研究"历史的五四"和"文学的五四"；2019 年，为迎接五四运动 100 周年，"鲁新馆"相继推出"五四现场""国民：1919""旧墨新声：新文化名家书法展""中国的文艺复兴：新文化八大家"等展览。2021 年，为纪念《阿Q正传》发表 100 周年，"鲁新馆"召开了学术研讨，出版了《〈阿Q正传〉笺注》，对名著蕴含的历史和文化意义、国内外影响及中学的鲁迅名篇教学等方面进行了理论和实践两个层面的探讨。

"鲁新馆"举办的临时展览还有"呐喊：鲁迅与新文化运动""书写的艺术：鲁迅手稿展""鲁迅藏汉画像精品展""鲁迅的艺术世界""拈花：鲁迅与外国美术""中国战斗——抗日战争时期木刻展"等。这些展览都与学术研究密切配合，有助于深入挖掘鲁迅和新文化运动的历史和现实意义。每一次专题展的制作过程，都带来思想的碰撞、学术的切磋，碰出了新的火花，培育出了新的创意，都为研究和展示鲁迅生平储备了资料，积累了经验。

尽管有雄厚的学术基础与独特的馆藏，如果不进行学术上的充分准备，不发挥主动性和创造性，展览会很容易陷入重复、陈旧的境地。历史悠久、成果丰富、资料繁多固然是做好展览的必要条件，但也会给新展览制作带来巨大挑战，主创人员必须找到新的叙述方式，让旧材料焕发出新的活力。

策展团队将提炼展览主旨和主体意象作为首要工作。

鲁迅的方向，是中华民族新文化的方向；鲁迅走过的路，是一条中国传统文化创造性转化和创新性发展的路。路是鲁迅文学中常常出现的意象，为广大读者所熟知。1921 年，鲁迅在《新青年》第 9 卷第 1 号上发表的《故乡》中有这样的名段：

"希望是本无所谓有，无所谓无的。这正如地上的路；其实地上本没有路，走的人多了，也便成了路。"由于该篇选入中学语文教科书，很多中国人都会背诵。鲁迅是文艺的拓荒者，他的筚路蓝缕的开拓者形象感动一代又一代人。他在《生命的路》中写道：

> 什么是路？就是从没路的地方践踏出来的，从只有荆棘的地方开辟出来的。
>
> 以前早有路了，以后也该永远有路。
>
> 人类总不会寂寞，因为生命是进步的，是乐天的。

鲁迅是一位行路者，他求学、工作和创作，一生艰苦探索，走在以文学沟通人类情感和理性的艰难道路上，像过客一样孤独寂寞地彷徨在荒野，只是走，不停歇。他是启蒙者，用文艺引领大众前行。他说过："文艺是国民精神所发的火光，同时也是引导国民精神的前途的灯火。"他寄希望于青年发挥潜力，愿意并竭力鼓励和帮助他们进步，"愿中国青年都摆脱冷气，只是向上走，不必听自暴自弃者流的话。能做事的做事，能发声的发声。有一分热，发一分光，就令萤火一般，也可以在黑暗里发一点光，不必等候炬火。此后如竟没有炬火：我便是唯一的光"。直到晚年，他仍与青年们互相搀扶着一道前进，留下令人感动的场景。

策展团队确定2021年"鲁迅生平陈列"的主旨和主体意象是"鲁迅的道路"，以"生命的路"即鲁迅生平发展历程作为展览的主线。鲁迅以其"为人生的文学"，以"揭出病苦，引起疗救的注意"的呐喊，走出一条独特的文艺、思想和革命道路，一条艰难曲折而成就卓著的道路。鲁迅的成长与中国近现代的几次重大变革同步，他的每次选择，都显示出他对人生目标的执着追求，显示出意志的坚决和思想的深邃。因此，陈列应最大限度地挖掘文物，以表现鲁迅的人生道路选择、职业变化、生活状态改变的轨迹：从绍兴的生活到18岁的出门求学，是放弃科举考试就读新式学堂；从就读南京军校到去日本留学，是从学习工科到学习医学又到弃医从文；回国后，是从任教到从政，随着家庭的重组和生活状态的变化，又从从政到任教，最后从大学教授成为自由写作的文人。鲁迅如同一个枕戈待旦、闻鸡起舞的兵士，他随时举起投枪，永远进击，永不休战。鲁迅是人生道路上的过客，是行路者、探索者、开拓者和引导者。

四、编年叙事与专题叙述

以时间为主线的叙事方式，即所谓"编年体"，是一般传记的叙事方式。人物的生平陈列根据时间段落划分章节，排列展品，展示人物从出生到逝世的全过程，也是常见的展陈思路。如此安排，展览具有更清晰的逻辑，也更利于让穿插于各个时间点上的展品起到佐证的作用。但"编年体"的传记叙事既有优点也有缺点，优点是时间线索清晰，缺点在于人物的个性与精神特质不能浓墨重彩地加以突出。而"专题体"结构是根据人物的行为、事迹、精神的性质和种类来划分单元，以内容性质为推进轴，故事线的块面之间呈并列关系，优点在于能够突出人物的鲜明形象，缺点在于时间线索被隐藏，展览叙事层次容易产生逻辑混乱，让观众找不着头绪。

以编年为主线，以专题为辅助，两种形态的结合，是2021年"鲁迅生平陈列"的结构形式，即以"编年体"展示人物生平，保持时间线索清晰，在此大结构下，局部单元以"专题体"展示鲁迅的文学成就、鲁迅培养青年、鲁迅与革命战友的交往等内容，在重要节点上突出呈现人物的精神与个性。两个结构的叠加组合，形成综合性的演绎方式。如在鲁迅刻写"早"字的书桌上摆放科举考试用书，是以前的展览没有过的。鲁迅从 1896 年开始从寿镜吾之子寿洙邻学作八股文，用的教材是《曲园课孙草》。1897 年，也就是往南京求学的前一年，他仍在家作八股文和试帖诗，并将自己的习作寄给在杭州服刑的祖父，同时也给在杭州照顾祖父的周作人看，周作人的日记对此有所记录。也是在这个时期，祖父从杭州寄给他《唐宋诗醇》，显然与帮助他准备考试有关。此次生平陈列，尊重历史事实，用多个实物和文字叙述展示这个情节，并用鲁迅写给弟弟的一句诗"文章得失不由天"作为二级标题，诗意是鼓励弟弟继续在科举道路上积极进取，不要气馁，也有自勉的意味。又如"日本"部分的一个专题展出五件文物：藤野先生赠送给鲁迅的"惜别"照片、藤野的履历书、藤野为鲁迅批改的医学笔记、鲁迅《藤野先生》的手稿，以及鲁迅去世后藤野先生撰写的《谨忆周树人君》。单元集中展示，彰显中日友好、感念师恩的主题。观众可以将这个专柜与邻近的其他展品联系和叠加起来，达到加深印象、深化认识的效果。

"绍兴""南京""日本""杭州—绍兴—南京""厦门""广州"六个部分以"编年体"为主，"北京"和"上海"两部分因为内容丰富，在时间线索中较多提炼出"专题"，重点展示内容，表现业绩，渲染精神境界。事件与物都围绕鲁迅人生轨迹展开叙述，实物引出鲁迅所经历的事件和所采取的行动。展览以实物为证，并通过多种辅助手段阐释文物的多维度信息，从而引申出鲁迅精神的丰富含义。北京时期鲁迅日常生活用品专柜中的"大同十一年砖"和君子馆砖做成的砚台，在兄弟失和事件中有见证的作用，观众结合周边图片资料，会对鲁迅当时的处境有更为亲切的体会。最能体现以实物叙述事件和人物交往的是鲁迅与瞿秋白专题。这一部分用鲁迅书赠瞿秋白联语中的一句"斯世当以同怀视之"作为二级标题，通过图片和实物的组合，让观众体会鲁迅与瞿秋白之间的深情厚谊。

展览通过色调搭配、展品组合、线索呼应、情境建构、沉浸式烘托等五种表现手段展现鲁迅的生命之路。如展览将手抄讲义和批注用图片形式直观展示，并且挑选适合今天观众的内容，制作出选择题，设置答案解析，增加了趣味性和互动性。再如，"鲁迅北京足迹图"将鲁迅在北京生活14年间的居住地和工作地点、到访场所，用图画显示出来，采用多屏联动技术，不但辅助展览，还起到营造氛围的作用。而北京时期鲁迅收藏金石拓片和古物的活动，展览用一个以"动物园"为主题的展区表现，并将鲁迅收藏的汉画像、砖文、碑铭等收入其中，观众在看到武士俑、女乐俑、动物俑、钱币、弩机等后，就出现了动物陶俑和动物雕塑的专柜，这些动物包括猪、鸡、羊、马、狗、鸟、狮子、螃蟹、刺猬等，颇能吸引青少年观众，让他们认识到鲁迅是一个有趣味的人。

用视觉讲述故事往往收到意想不到的效果。序厅、主厅、阶梯展厅，甚至一些边边角角都能派上用场。例如鲁迅"南下"正好在展厅上下两层的接合处，便采用场景沉浸式设计，在四周墙壁上绘制鲁迅南下路线场景图，让观众与主人公一起南下，将途经城市的风景拼接成一幅画卷。再如，利用楼梯下一个因隔离区域出现的空间，设计成上海的咖啡馆，摆放一个茶几和两把椅子，观众能坐下来拍照，增强了临场感。

展览序厅的中央设置的艺术雕塑，是一个几何造型金属镂空的三角形装置，由鲁迅著作篇名和名言警句镶嵌连缀而成，下大上小，拔地而起。金属字的棱角表现鲁迅文字的犀利。这可以是一座语言的巴别塔，也可以象征文学家的如椽巨笔。在钢柱的中段，有一个紧箍钢柱但却正被冲破的铁锈正方体，让人联想到《〈呐喊〉自序》中鲁迅与钱玄同那场著名的"铁屋对"。用了三角形，是因为鲁迅曾说过："生命的路是进步的，总是沿着无限的精神三角形的斜面向上走，什么都阻止他不得。"当然，雕塑的象征意义可以有多重解释，观众可以在这里沉思回想，体会鲁迅精神世界的丰富性和复杂性。

序厅中的雕塑并不孤单，而是从野草丛生的地面生长出来的。野草象征着鲁迅文学的原创性、开拓性、反抗性和顽强的生命力。序厅的墙面，底部丛生纤细微弱的小草，墙面上镌刻着鲁迅的散文诗集《野草》的精彩段落，如：

> 草木在旱干的沙漠中间，拚命伸长他的根，吸取深地中的水泉，来造成碧绿的林莽，自然是为了自己的"生"的，然而使疲劳枯渴的旅人，一见就怡然觉得遇到了暂时息肩之所，这是如何的可以感激，而且可以悲哀的事！？

观众在这样的环境中阅读这些文字，所得印象和感触自然与在书斋中所得不同，而产生一种特殊的共鸣。除了被鲁迅的文字深深吸引，他们还会用自己的理解和想象来演绎故事，主动融入浓郁的诗情画意之中，创造新意。这样的视觉情境会让观众一探究竟的愿望油然而生。而当观众进入展厅，看到巨幅油画《荒原上的路》时，展览的主题"鲁迅的道路""生命的路"立刻鲜明起来。

五、多条线索贯穿始终

展示鲁迅及其所历经的时代，如何达到内容精准、逻辑连贯、内涵深厚，同时又灵动有趣？这是一个巨大的挑战。

鲁迅的人生经历丰富，所受教育、家庭、交游、爱好、业绩，方面繁多，作为一种传记叙事，他的生平陈列要将浩瀚的文物资料有秩序地组织起来，在场地、展线有限的情况下，简明扼要、条理清晰地表现鲁迅的品格和思想，就需要寻找前后贯穿的线索，需要对材料进行取舍，注意前后照应，并突出重点。

为了更准确、更细致、更贴切地诠释主题，2021 年"鲁迅生平陈列"设计了几条贯穿始终的线索，如照片、手稿、自述文摘、旧体诗。

第一条线索是鲁迅的照片。现存鲁迅照片有 110 多张，组成了较为完整的鲁迅形象：有横眉，有俯首，有微笑，有大笑，有哀愁，有怀疑，有沉思。日本时期的"我以我血荐轩辕"的"断发照"、在北京师范大学风雨操场上的"演讲照"、50 岁生日的"标准照"、穿着爱人所织衣物的"毛衣照"、"全家福"，还有生命即将终结时憔悴的面容、去世十天前与青年版画家座谈的组照等，展示出他的人生的重要瞬间。鲁迅横眉冷对的容貌比较多，照片上的神情严肃端庄甚至冷峻，这一方面是因为当时人们照相机会较少，在如此的"隆重场合"都会不自觉地严肃起来，另一方面鲁迅的生活和思想状态也决定他的精神面貌，在万方多难的时代，一个以笔为枪的战士诗人较少温情的面容是可以理解的。因此，与"横眉冷对千夫指"相反的"俯首甘为孺子牛"形象，在鲁迅一生照片中就比较少见。面相柔和的照片需要平和的心态和摄影师捕捉画面的双重机缘。实际生活中的鲁迅，是"俯首"和"横眉"两面兼具，而其常态则应该是具有多重面相。在某些时期，特别是 20 世纪七八十年代后，人们不满于以往过分强调鲁迅的"怒目金刚"式姿态，着力强调鲁迅温情的一面，出版物和展览中少用面容冷峻的"标准照"，而代之以"毛衣照"或其他表情温和、慈祥，甚至开怀畅笑的照片，如逝世前不久在木刻展览会上与青年们谈话的一张。展览尽可能多地使用照片，并按时间顺序编排，以多重鲁迅形象构成贯穿始终的线索，有时以特写、放大的手段集中表现，起到很好的视觉效果。为了弥补鲁迅童年和青少年时期没有照片留存的遗憾，展览在"绍兴"和"南京"部分用电脑合成的方式制作出他童年和少年的图像。陈列不但大量采用鲁迅的照片，还多方搜集编排他的家人、友人和同时代人的照片，有助于观众体会时代氛围。例如在日本时期，不但有鲁迅的单身照和合影，还展出了他的妻子和弟弟的照片，帮助观众感知作为长子的鲁迅在生活中的艰难处境。而展示章太炎、陶成章、徐锡麟、秋瑾等的照片，说明鲁迅当时处于一个革命运动风起云涌的时代。而八位摩罗诗人、西方哲学家尼采、施蒂纳、叔本华、克尔凯郭尔、科学家林奈、海克尔、培根、笛卡尔和文学家安特来夫、迦尔洵、果戈理、夏目漱石、森鸥外、易卜生、显克微支等的照片，为观众认识鲁迅的世界观、生命观、价值观、文学观提供了线索。

第二条线索是鲁迅的手稿。展览用鲁迅的手稿展示鲁迅一生的书写历程。北京鲁迅博物馆藏有大量的鲁迅手稿。鲁迅的一生是书写的一生。观众从他的抄录、校勘和著述手稿中可以了解他深厚的中国传统文化修养，从他的课堂笔记、翻译手稿中可感知他对外来文明的广泛吸收。年少时期抄的书，学生时代的课堂笔记，苦闷时期抄的碑，恋爱时期的情书，给母亲、兄弟的家书，给友朋和学生们的书札，书赠文人学士、外国友人的诗稿条幅等，鲜明地呈现出一个大文豪的书写艺术和成长经历。鲁迅的很多手稿，特别是书信，同时也是自述。如鲁迅厦门时期写给许寿裳的两封信（1926 年 9 月 7 日、1926 年 10 月 4 日）是本次陈列的新展品。鲁迅在信中说："此间功课并不多，只六小时，二小时须编讲义，但无人可谈，寂寞极矣。为求生活之费，仆仆奔波，在北京固无费，尚有生活，今乃有费而失了生活，亦殊无聊。或者在此至多不过一年可敷衍欤？"这对观众认识鲁迅在厦门大学的生活和工作很有帮助。手稿与照片的配合，还有《写在〈坟〉后面》与鲁迅坐在坟中间的照片组合。组合展陈让观众在观看照片的同时阅读手稿，可以更好地解读鲁迅当时的心境。

第三条线索是鲁迅的自述。展览用鲁迅的自述表现他在人生道路上的情绪和思考。箴言式的文字是鲁迅文章的特色。读鲁迅，往往几行下去，就能感受到他那独特的文风，深邃、犀利，直达人的心灵深处，给人巨大的思想震动。展览的过渡节点选择的都是鲁迅在人生道路选择上的重要关头，用鲁迅的自述文字，起到画龙点睛的作用。这些自述文字一般镌刻在展厅中间的立柱板上，与周边的其他展品呼应契合。如，鲁迅从北京到厦门，是他一生的重大关节点，他当时的心情如何？此次陈列增加的实物是鲁迅 1926 年 6 月 17 日致李秉中的信，信中表示自己在京"树敌很多"，"实在困倦"，秋天大约要到南方去。而"北京"部分以鲁迅《北京通信》中的一段话结尾："生命是我自己的东西，所以我不妨大步走去，向着我自以为可以走去的路；即使前面是深渊，荆棘，狭谷，火坑，都由我自己负责。"这段话表现出一种自主选择的决绝姿态。

第四条线索是鲁迅的诗句。文学大师鲁迅，不但在小说、散文、杂文创作方面成就卓著，也是一位新旧体兼善的诗人。诗歌是文学皇冠上的明珠，言简意赅，入心动情。展览的二级标题几乎全部用了鲁迅诗句，提纲挈领，以少胜多。"炎天凛夜长""度尽劫波兄弟在""俯首甘为孺子牛""于无声处听惊雷""白眼看鸡虫"等高度凝练的诗句表达不同时期鲁迅的思想状态、生活情态，也表达了他对社会的态度和对人生的观念。总的来说，前三条线索也无不与诗有关：照片线索有"诗配像"，如剪辫子后留影配合《自题小像》诗；手稿中不但有鲁迅题赠中外朋友的诗，也有友朋与他唱和的诗手稿；而鲁迅自述情志的段落，虽然大多是散文体，也都是诗一般精练的文字。这种诗句标题延续到"身后"部分。"身后"部分第一单元以"又为斯民哭健儿"为标题，呈现鲁迅丧仪的场面、国内外人士吊唁鲁迅的情形，表现后人对他英年早逝的惋惜。在大量的悼念挽联、唁电、文章和图片中，许广平的献词"鲁迅夫子"和蔡元培挽联"著述最谨严，非徒中国小说史；遗言太沉痛，莫作空头文学家"，手迹原大展出，十分醒目。第二单元以"斗士诚坚共抗流"为标题，展示了国内外各地的纪念鲁迅活动；第三单元"只研朱墨作春山"展示后人纪念鲁迅、弘扬鲁迅精神的文艺作品，如展示改编自鲁迅作品的影视、戏剧图片和目录，以及以鲁迅面容为主题的木刻版画。

为了完整连贯地表现鲁迅一生的事迹和业绩，除了上述四条线索之外，生平陈列还有一些很明显的线索，如图书和报刊。鲁迅一生藏书、读书、写书、出书，与图书关系密切。陈列在鲁迅与书刊关系的表现方面，不但注重连续性，而且适时给予重点表现。如日本时期的《域外小说集》专柜，展示东京神田初版本的该书一、二册，配合鲁迅《〈域外小说集〉序言》手稿和《日本及日本人》杂志对周氏兄弟翻译外国文学的报道。不但如此，展览还在这个区域设置一个金字塔造型的展柜，展示了鲁迅留日时期所购买的日文、德文、中文书籍，涉及文学、美术、科学等领域，期待观众有兴趣去获取塔上所陈列图书的语言、内容、来源、印刷、装帧、装订等信息。再如，鲁迅的第一本小说集《呐喊》的成书过程及出版情况得到了充分的展示。除《狂人日记》《明天》外，展览介绍了其他小说的发表情况，观众可以看到鲁迅的作品多刊登在杂志醒目的位置，说明鲁迅登上文坛不久就成为国内最受欢迎的作家。而展出与《呐喊》相关的资料自是题中应有之义，这些资料包括《呐喊》初版本、《〈呐喊〉自序》文摘、刊登茅盾《读〈呐喊〉》的报纸、鲁迅赠日本友人山县初男《呐喊》题诗手迹、鲁迅校勘《呐喊》第 14 版时手书《呐喊正误》表等，蔚为大观。此外，鲁迅编辑的图书与鲁迅收藏的青年文稿的同区域展出，让观众认识到鲁迅对青年文学家的鼓励和帮助。而在上海，鲁迅从事自由著述，过的是书斋生活，日常主要活动是写作、编辑、出版。上海时期的著作、报刊墙面，突出了书籍和报刊在鲁迅一生事业中的作用，颇具视觉冲击力。

　　"上海"部分的最后一个单元，展示的是鲁迅去世前不久的活动，上述几条线索辐辏于一个空间：照片是鲁迅在去世前几个月坐在住所门口所摄；自述则用他的名言——"无穷的远方，无数的人们，都和我有关"；手稿用的是鲁迅记述青年时代在日本留学时与师友交往的文章；标题用的是鲁迅的诗句"从兹绝绪言"（What you left unsaid, we'll know now never），题写于鲁迅与版画青年座谈的组照上方。这个区域的中间是放置在展柜中的上海民众献给鲁迅葬礼的"民族魂"挽幛。而整个展览的最后一个展品，是将鲁迅一生最后一首诗、具有自传性质的七律《亥年残秋偶作》用繁体字、竖排、双行夹注方式呈现："曾惊秋肃临天下，敢遣春温上笔端。尘海苍茫沉百感，金风萧瑟走千官。老归大泽菰蒲尽，梦坠空云齿发寒。竦听荒鸡偏阒寂，起看星斗正阑干。"
尽管生命的路前进到了"雨打风吹去"的状态，而且菰蒲已尽，无处可走，但鲁迅
仍有"闻鸡起舞"的志愿和期待，正如许寿裳在《〈鲁迅旧体诗集〉跋》中评论的：
"哀民生之憔悴，状心事之浩茫，感慨百端，俯视一切，栖身无地，苦斗益坚，于
悲凉孤寂中，寓熹微之希望焉。"这种排版方式象征性地将鲁迅与中国文化传统联
系起来，形象凝重，气氛沉郁，使整个陈列的诗意得到进一步的提升，观众或能由
此联想到序厅入口的献诗《鲁迅》：

> ……
> 将无穷远方、无数人们纳于灵台，
> 担负着人生的磨难，却甘愿作
> 孺子牛，是古老民族的坚卓风采。
>
> 如今，你激越的声音仍在时空回响：
> 要做真的人！勇敢而仁慈的
> 战士，铠甲上铭刻着诚爱和刚强。

　　2021年"鲁迅生平陈列"以大量文物资料、雕塑和多媒体手段等展示作为战
士和文人的鲁迅走过的艰难曲折而成就卓著的道路，完成了一部独特形态的《鲁迅
传》。传记的叙述方法在人物类纪念馆的基本陈列中是基本方法。如何写好被纪念
对象的传记，利用什么表现手段让一部立体的传记更丰满和生动，是人物类纪念馆
一个永恒的课题，值得继续探索。"鲁新馆"在"鲁迅生平陈列"的设计和制作方
面取得了一些成绩，但仍有提升的空间。
　　鲁迅的传记，是鲁迅研究的基础性工作，也是将鲁迅的文化遗产向大众传播的
一种有效手段。迄今为止，鲁迅的传记已不下百种，各有优长，颇有佳作，但在生

动性和准确性等方面还有不尽如人意之处，真正能让读者一读之下爱不释手的传记还不多。"鲁迅生平陈列"也是如此，作为传记的一种表现方式，博物馆的展览担当与大众交流的任务。各博物馆、纪念馆做了积极的努力，而在如何更好地呈现鲁迅的思想、风采和神韵方面，还需要继续探索。将传记的写作方法与展陈结合起来，用突出、渲染、铺叙、画龙点睛、标题引领等方式，以精彩的文字为基础，加上物品、图画及声光电化，可以达到良好效果。如此，生平陈列呈现出来的鲁迅生平是图传，是像传，是诗传，更是以上多种形式的结合。

　　喷绘在墙上、放置在展柜中的生平陈列，是可以打造成一部图文并茂、有声有色的传记的。

　　2021年"鲁迅生平陈列"制作完成后，策展团队撰写了本书，对这项工作做了初步总结。

生命的路

The Road
of Life

一、展览概况

展览名称："生命的路：北京鲁迅博物馆'鲁迅生平陈列'"

主办单位：北京鲁迅博物馆（北京新文化运动纪念馆）

制作单位：北京华尊建设集团有限公司

展览面积：1400平方米

展品数量：706件（套）

展览经费：987万元

观众数量：截至2023年7月，总共接待观众49万人次。

　　北京鲁迅博物馆（北京新文化运动纪念馆）（图2-1）为纪念鲁迅诞辰140周年而升级改造的基本陈列"生命的路：北京鲁迅博物馆'鲁迅生平陈列'"，于2021年10月19日面向公众开放（图2-2）。展览以"鲁迅的道路""生命的路"为主题，内容采取人物传记叙述方式，以鲁迅一生足迹所至为时空坐标，分割出"绍兴""南京""日本""杭州—绍兴—南京""北京""厦门""广州""上海"八个板块。每个板块以鲁迅诗句点题，概括其心路历程和精神底色。展览展出706件（套）文物文献、457幅图像，内含珍贵一级文物。

　　基本陈列设置在鲁迅旧居东侧的陈列厅内。现有展厅建筑于1996年建设完成，新的"鲁迅生平陈列"在原展厅建筑不变的基础上，对空间布局重新进行规划与设计，对展览从内容编排与形式设计上进行提升。展厅分为上下两层，以1400平方米的面积、500米长的展线，高度浓缩了横跨晚清与民国两个历史时代、一个世纪以来一代新文化先驱的生平史、精神史。展陈设计独具匠心，展示类别除了标配展板展柜，还包括艺术装置、场景复原、多媒体互动、背景

图2-1　北京鲁迅博物馆大门

音乐、听觉漫步等多姿多彩的呈现方式和各式组合。就鲁迅的一生而言，入学文件、毕业执照、聘书、薪俸收据、家用账、便条、名片、合同、修书工具等物件，带着过往时光的温度，依次出场。而作为世界文豪，鲁迅的文化伟绩主要体现在由一个个文字、一张张手稿、一本本著作累积起来的宏大文化创造中，这些成果则以版本墙的方式集中呈现，给观众带来强烈的视觉冲击和心灵震撼。

　　为了扩大展览的宣传范围与影响力，展览采用多种媒体组合的方式拓展与补充展览的知识传播方式，推出多种线上线下的活动。博物馆利用自己的官方网站、微信公众号对展览信息进行宣传。国家文物局官方网站对展览开放信息做了转载。报纸、广播、电视等媒体也对展览信息做了报道，并对策展人进行访谈。策展人撰写了策展解读的相关文章与研究论文，促进了学术研究的深度开展。为了满足观众对

图2-2 北京鲁迅博物馆陈列厅正门

讲解服务的多样需求，"鲁新馆"与北京市文物局、北京广播电视台合作，由专业主持人录制语音导览，提供免费的语音导览服务，观众使用手机扫描展厅内的二维码即可收听。展览还开放了云展厅，为观众提供多种观展的方式。在疫情背景下，2021年博物馆依托展览开展了58场社会教育活动。截止到2023年7月，展览总共接待观众49万人次，取得了较高的社会评价和良好的社会效益。

二、内容解读

序厅（图2-3）

墙面上的鲁迅自传手稿释文

鲁迅，以一八八一年生于浙江之绍兴城内姓周的一个大家族里。父亲是秀才；母亲姓鲁，乡下人，她以自修到能看文学作品的程度。家里原有祖遗的四五十亩田，但在父亲死掉之前，已经卖完了。这时我大约十三四岁，但还勉强读了三四年多的中国书。

因为没有钱，就得寻不用学费的学校，于是去到南京，住了大半年，考进了水师学堂。不久，分在管轮班，我想，那就上不了舱面了，便走出，又考进了矿路学堂，在那里毕业，被送往日本留学。但我又变计，改而学医，学了两年，又变计，要弄文学了。于是看些文学书，一面翻译，也作些论文，设法在刊物上发表。直到一九一〇年，我的母亲无法生活，这才回国，在杭州师范学校作助教，次年在绍兴中学作监学。一九一二年革命后，被任为绍兴师范学校校长。

但绍兴革命军的首领是强盗出身，我不满意他的行为，他说要杀死我了，我就到南京，在教育部办事，由此进北京，做到社会教育司的第二科科长。一九一八年"文学革命"运动起，我始用"鲁迅"的笔名作小说，登在《新青年》上，以后就时时作些短篇小说和短评；一面也做北京大学，师范大学，女子师范大学的讲师。因为做评论，敌人就多起来，北京大学教授陈源开始发表这"鲁迅"就是我，由此弄到段祺瑞将我撤职，并且还要逮捕我。我只好离开北京，到厦门大学做教授；约有半年，和校长以及别的几个教授冲突了，便到广州，在中山大学做了教务长兼文科教授。

图2-3 序厅

又约半年，国民党北伐分明很顺利，厦门的有些教授就也到广州来了，不久就清党，我一生从未见过有这么杀人的，我就辞了职，回到上海，想以译作谋生。但因为加入自由大同盟，听说国民党在通缉我了，我便躲起来。此后又加入了左翼作家联盟，民权同盟。到今年，我的一九二六年以后出版的译作，几乎全被国民党所禁止。

我的工作，除翻译及编辑的不算外，创作的有短篇小说集二本，散文诗一本，回忆记一本，论文集一本，短评八本，《中国小说史略》一本。

主厅

《荒原上的路》画作中的鲁迅自述

我将大笑，我将歌唱。

天地有如此静穆，我不能大笑而且歌唱。天地即不如此静穆，我或者也将不能。我以这一丛野草，在明与暗，生与死，过去与未来之际，献于友与仇，人与兽，爱者与不爱者之前作证。

——鲁迅《〈野草〉题辞》

第一部分：绍兴（图2-4） 图片30幅，实物29件（套）

鲁迅（1881—1936，原名周樟寿，又名周树人），1881年9月25日出生在浙江绍兴的一个读书人家。祖父虽然中进士，入翰林院，但仕途多舛。父亲科场失意，因病早亡。母亲含辛茹苦抚养后代。兄弟三人，鲁迅居长。鲁迅13岁时，祖父因科场案被判斩监候，父亲病重，家道日渐衰落。鲁迅经常出入当铺和药铺，倍感世态炎凉。他后来回忆道："有谁从小康人家而坠入困顿的么，我以为在这途路中，大概可以看见世人的真面目。"

图2-4 "绍兴"部分（上）
图2-5 "南京"部分（下）

二级标题：

◆ 海岳精液　善生俊异

◆ 宁召书癖兮来诗因

◆ 风雨如磐暗故园

◆ 文章得失不由天

第二部分：南京（图2-5）　图片23幅，实物24件（套）

1898 年，鲁迅离开绍兴，告别传统的科举考试训练，到南京新式学校学习，改名为周树人。他先入江南水师学堂，后改入江南陆师学堂附设的矿务铁路学堂，1902 年从南京矿务铁路学堂毕业。在南京，他阅读大量新书刊，如严复翻译的《天演论》、林纾翻译的《巴黎茶花女遗事》等。彼时，中国在甲午战争中惨败，百日维新运动被保守派镇压，康有为、梁启超逃亡国外，中国面临千年未有之大变局。这一切使鲁迅对中国在列强争霸的世界中的命运深怀忧虑。

二级标题：

◆ 石头城上月如钩

◆ 扫除腻粉呈风骨

◆ 春风容易送韶年

第三部分：日本（图2-6）　图片77幅，实物80件（套）

1902 年 3 月，鲁迅以官费赴日本留学。到达日本后，前两年，在弘文学院学习，开始翻译西方科幻小说，并撰写了有关中国地质矿产的著作。在日益增多的留学生中，鲁迅倾向反清革命，剪断了象征民族压迫的辫子。

1904 年，鲁迅到仙台医学专门学校学习，得到藤野先生的关怀和教诲。第二学年，据其后来的《〈呐喊〉自序》记述，因在课堂上看到了日俄战争的幻灯片，有中国人被指为俄军侦探遭日军斩首，而围观的中国人神情麻木。他因此醒悟到，中国国民的疾病不仅仅是身体的，更是精神的。

1906 年春，鲁迅中断医学学习，回到东京从事文艺活动，致力于翻译外国文学作品，尤其关注被压迫民族的反抗文学，因此多介绍俄国、东欧作家的作品。1909 年 3 月、7 月，鲁迅与其二弟周作人合译的两册《域外小说集》印行。

二级标题：

◆ 我以我血荐轩辕

◆ 杀人有将　救人为医

◆ 人立而后凡事举

第四部分：杭州—绍兴—南京（图2-7）　图片23幅，实物13件（套）

1909 年 8 月，因为家庭经济原因，鲁迅终止留学生活回国。他先在杭州的浙江两级师范学堂教书，后回到绍兴府中学堂任监学并讲授生物学。1911 年的辛亥革命推翻了清朝统治，鲁迅目睹了形势的变化反复。他对革命的结果及地方政治的腐败深感失望。1912 年，通过朋友介绍，他在南京临时政府教育部谋得职位。

二级标题：

◆ 故乡黯黯锁玄云

◆ 大江日夜向东流

图2-6　"日本"部分（上）

图2-7　"杭州—绍兴—南京"部分（下）

第五部分：北京（图2-8）　图片68幅，实物176件（套）

　　1912年5月，鲁迅随南京临时政府教育部迁至北京，任职于社会教育司。公务之余，鲁迅致力于研究中国古代小说、抄校古籍佛经、收集汉画像等金石拓片。

　　1918年，应《新青年》同仁邀请，他第一次使用笔名鲁迅发表白话小说《狂人日记》，揭露了中国历史上虚伪礼教的"吃人"本质，发出中国新文学的第一声呐喊。随后著译不断，作品丰赡。1926年3月18日，北京发生政府军警枪杀学生惨案，鲁迅称其为"民国以来最黑暗的一天"。因著文抨击时事，鲁迅遭当局通缉，四处避难；又因与许广平恋爱并计划建立新家庭，遂于8月赴厦门大学任教。

二级标题：

◆ 炎天凛夜长

◆ 莫随残叶堕寒塘

◆ 风雨飘摇日

◆ 于无声处听惊雷

◆ 荷戟独彷徨

◆ 俯首甘为孺子牛

◆ 但见奔星劲有声

◆ 人间直道穷

第六部分：厦门（图2-9）　图片22幅，实物24件（套）

　　1926年8月，鲁迅赴厦门任厦门大学国文系教授和国学研究院教授。他在厦门大学讲授中国文学史和中国小说史。其文学史讲义，后整理为《汉文学史纲要》出版，显示了其文学史研究的扎实功底与独到眼光。在厦门

图2-8　"北京"部分（上）
图2-9　"厦门"部分（下）

期间，鲁迅与时在广州的许广平不断通信，写下多篇回忆性散文，记述青少年时代的经历，并创作《眉间尺》（后改名为《铸剑》）、《奔月》等新历史小说。

二级标题：
◆ 白眼看鸡虫
◆ 两间余一卒

第七部分：广州（图2-10）　图片29幅，实物26件（套）

1927年1月，鲁迅应邀担任广州中山大学教授和教务长。鲁迅在广州期间多次发表演讲，有力地反击尊孔复古逆流，并写了多篇文章，唤醒人们警惕反革命阴谋。1927年，蒋介石发动"四一二"反革命政变，第一次国共合作破裂，多名中山大学学生被逮捕。鲁迅多方奔走，然而营救被捕学生无效。怀着对革命阵营内部自相残杀的愤怒和失望，鲁迅辞职，离开广州。

二级标题：
◆ 城头变幻大王旗
◆ 芳荃零落无余春

第八部分：上海（图2-11）　图片107幅，实物178件（套）

鲁迅与许广平1927年定居于上海，1929年生一子。作为独立写作者，鲁迅为报刊写了大量杂文随笔，坚持早年形成的"立人"信念，抨击专制政治和社会丑恶现象。自1932年至去世是他最为多产的时期，出版历史小说集1部、杂文集9部。除担任中国左翼作家联盟领导人外，还加入中

图2-10　"广州"部分（上）
图2-11　"上海"部分（下）

国自由运动大同盟和中国民权保障同盟。其间，他与中国共产党的领导人有过很多接触，对中国共产党的拥护和热爱是真挚的。他积极倡导新兴木刻艺术，编辑出版多种中外版画作品，指导培养了中国第一代木刻版画家。因外忧时艰，内感郁愤，他积劳成疾，于 1936 年去世，终年 56 岁。

二级标题：

◆ 十年携手共艰危

◆ 无情未必真豪杰

◆ 寒凝大地发春华

◆ 弄文罹文网

◆ 敢有歌吟动地哀

◆ 斯世当以同怀视之

◆ 度尽劫波兄弟在

◆ 愿乞画家新意匠

◆ 中夜鸡鸣风雨集

◆ 从兹绝绪言

纪念厅（图2-12）

纪念部分：身后　照片78幅，实物156件（套）

二级标题：

◆ 又为斯民哭健儿

◆ 斗士诚坚共抗流

◆　只研朱墨作春山

结语：

　　要估定人的伟大，则精神上的大和体格上的大，那法则完全相反。后者距离愈远即愈小，前者却见得愈大。

　　……他就和我们一样，不是神道，不是妖怪，不是异兽。他仍然是人，不过如此。但也惟其如此，所以他是伟大的人。

——鲁迅《战士和苍蝇》

（一）内容导览

1.北京鲁迅博物馆

鲁迅说："地上本没有路，走的人多了，也便成了路。"北京鲁迅博物馆馆区常设展览紧扣"鲁迅的道路""生命的路"主题，向观众呈现从青年时期的"我以我血荐轩辕"到晚年"俯首甘为孺子牛"的道路选择。

2.鲁迅的家乡——浙江绍兴

鲁迅的家乡浙江绍兴，是一座历史悠久的文化名城。绍兴，古名会稽，会稽为会集计议的意思。据《史记》记载，古代治水的大禹，曾会集诸侯于此地。绍兴也是古越国所在地，越王勾践卧薪尝胆、艰苦复国的故事在这里发生。"会稽乃报仇雪耻之乡，非藏垢纳污之地！"鲁迅在《女吊》中曾自豪地引用这句名言，热诚地赞颂故乡可贵的韧性复仇的精神。

鲁迅的祖父周福清，考中进士后，入翰林院为庶吉士，是一个高傲旷达的人。

图2-12　纪念厅

他很关心子孙的学习，曾将一部木版《唐宋诗醇》由杭州寄回家中，书中夹着一张字条"示樟寿诸孙"，指导子孙阅读。鲁迅的继祖母蒋氏，是一位很会讲故事的老太太。每到夏夜，她总会在大桂树下给鲁迅讲故事，给童年鲁迅带来很多快乐。父亲周伯宜，也是读书人，考中秀才后屡试不第，心情郁闷，三十几岁就病逝了。母亲鲁瑞，性格坚韧，凭自修到能看书看报的程度。她同情劳苦大众，能接受新生事物，鲁迅一生都十分敬重她。

3.周家诞生了一个男婴

1881年9月25日，新台门周家（图2-13）诞生了一个男婴。家长给他起名"樟寿"，字"豫才"，后改名"树人"。"鲁迅"是他发表《狂人日记》时使用的笔名。

展厅内有鲁迅小时候佩戴过的牛绳、银八卦、银筛等饰物。不到1岁时，父母就把他带到长庆寺，拜了一个和尚为师父，鲁迅由此得到一个法名——"长根"，后来鲁迅也将其谐音"长庚"用作笔名。

此处展出的一张色彩斑斓的年画，绍兴叫作"花纸"，也就是民间年画，名为"老鼠娶亲"，当时贴在鲁迅床头，年幼的鲁迅十分喜欢。

《山海经》是古代神话传说的结集。保姆长妈妈想方设法买来图文并茂的《山海经》给鲁迅看。鲁迅说，这是他最初得到的最为心爱的宝书。

鲁迅7岁时进入本家私塾，开蒙先生是堂叔祖父玉田老人。《启蒙鉴略》是鲁迅学习的第一本书，它是一种初级历史读物。长辈还曾赠送鲁迅一本通俗读物——《二十四孝图》，鲁迅写的回忆散文《二十四孝图》，特别提到了他读过这本书后的反感。

图2-13　鲁迅诞生地

4.鲁迅的童年

鲁迅小说《故乡》中的主人公闰土，给读者留下了深刻的印象。闰土的生活原型，就是鲁迅家里的帮工章福庆的儿子运水。运水住在有碧绿西瓜地的杜浦村，鲁迅在自家的厨房中，第一次见到了运水。

鲁迅家中的后园——百草园，是鲁迅童年的乐园。他的散文《从百草园到三味书屋》为这里的一草一木增添了无穷的魅力。

鲁迅的外祖母家在安桥头村。在那里，鲁迅能够和许多农民的小伙伴相亲近，和他们一起钓鱼捉虾，与他们一起看社戏。农村的生活，跟农民的接触，给鲁迅的思想以深刻的影响。

鲁迅本来生活在一个小康之家，但在他13岁时，遭受了一场重大变故。鲁迅的祖父为几个参加科举考试的亲友向主考官通关节，被判为斩监候。鲁迅和二弟周作人被送到舅父家避难。这件事刚有所缓和，鲁迅的父亲又病倒了。为了给父亲治病，年幼的鲁迅经常要从比自己高一倍的当铺柜外送上衣服或首饰去，在侮蔑里接了钱，再到和他一样高的药铺的柜台前买药。在家庭的变故中，鲁迅饱尝了世人甚至亲人的冷眼，深深体会到了社会的残酷。但鲁迅也曾说："我很感谢我父亲的穷下来（他不会赚钱），使我因此明白了许多事情。"

5.少年求学

这里展示了"三味书屋"的复原场景（图2-14）。三味书屋是鲁迅12岁至17岁时读书的地方。鲁迅在私塾的老师寿镜吾是一个"方正，质朴，博学的人"。鲁迅对他十分敬重，到南京求学以后，回乡时仍时时向老师求教。有一次，鲁迅上学迟到了，受到先生的批评，鲁迅就在桌上刻了一个"早"字以自勉，以后再也没有迟到过。

鲁迅在求学中也曾经为科举考试做过准备，书桌上摆放的便是鲁迅抄写的考试用书书目。但是经历过科举考试训练的他，还是毅然决然地选择了与科举不一样的路，"走异路，逃异地，去寻求别样的人们"。鲁迅带上母亲为他筹备的8元川资，就到南京求新学去了。

6. 南京报考新式学堂

1898年5月，鲁迅来到南京，投考免费的江南水师学堂。鲁迅堂叔祖周椒生在江南水师学堂任职，但其对洋务学堂极为蔑视，认为本族的后辈不走科举正路，有失翰林家风，不宜使用家谱中的名字报考新式学堂，遂取"十年树木，百年树人"之意，将鲁迅"樟寿"的本名改为"树人"。改名为周树人的鲁迅考入免费的江南水师学堂管轮班。

鲁迅到南京求学的这一年，也就是1898年6月，光绪皇帝任用康有为、

图2-14　三味书屋内景

梁启超、谭嗣同等推行新法，同年9月，便发生了戊戌政变，维新运动仅仅百余天就失败了，史称戊戌变法或百日维新。两年后的1900年8月，八国联军侵占北京。1901年9月，清政府与11个帝国主义国家签订了不平等的《辛丑条约》。中国面临亡国危机。

因为不满于江南水师学堂的守旧和腐败，1898年10月，鲁迅改考入江南陆师学堂附设的矿务铁路学堂。

7.在矿务铁路学堂的学习

关于矿务铁路学堂的学习内容，鲁迅曾回忆："在这学堂里，我才知道世上还

图2-15　1902年1月，鲁迅获得清政府颁发的矿务铁路学堂毕业执照

有所谓格致，算学，地理，历史，绘图和体操。生理学并不教，但我们却看到些木版的《全体新论》和《化学卫生论》之类了。……而且从译出的历史上，又知道了日本维新是大半发端于西方医学的事实。"

1901年，矿务铁路学堂换了一位有维新思想的总办（校长）俞明震，学校里看新书的风气大盛。《天演论》里面的"生存竞争""物竞天择，适者生存"的进化论观点令鲁迅"耳目一新"，这成为他早期反封建的思想武器。

当时文坛上还大量流行翻译小说，鲁迅很注意林译小说，随出随买，约买二三十种。鲁迅在这一时期还阅读了大量维新派主编的刊物。

1902年1月27日，鲁迅以一等第三名从矿务铁路学堂毕业（图2-15），并获得了"南洋矿路学堂毕业奏奖五品顶戴"的资格，被两江总督刘坤一批准官派留学日本。

8.戎马书生

"戎马书生"是鲁迅当年的自况，这既是他在军事学校读书生活的反映，也是他早年爱国思想的体现。1898 年鲁迅购买的《徐霞客游记》第一册内盖有"戎马书生"印。1900 年冬末，鲁迅重订《徐霞客游记》时手书卷目并"题跋"。展厅中的这枚"戎马书生"印章也是鲁迅印章中较早的一枚。

9.开启七年日本留学生涯

1902 年，鲁迅来到日本东京，开启了七年的留学生涯。

受到排满思潮的影响，到东京近一年后，鲁迅不顾留学生监督以停发公费相威胁，毅然剪去了象征民族压迫的辫子，是弘文学院普通科江南班第一个断发的留学生(图2-16)。他还拍了断发照赠给好友许寿裳，并在照片背面题写了著名的爱国诗篇：

> 灵台无计逃神矢，风雨如磐暗故园。
> 寄意寒星荃不察，我以我血荐轩辕。

这首诗后来被称为《自题小像 》，是鲁迅发自内心的誓言。身在异国的鲁迅，无法摆脱对祖国的深切怀念和忧思，决心为祖国流血牺牲，贡献生命。鲁迅后来曾重录此诗五次，"我以我血荐轩辕"是他一生不变的追求。

在弘文学院，由于志趣相投，鲁迅很快与浙江班的学生许寿裳结为好友。他们常常在一起讨论："怎样才是最理想的人性，中国国民性中最缺乏的是什么，它的病根何在。"鲁迅对这三大问题的研究，毕生孜孜不懈。

10.到仙台医专学医

经过两年的学习，鲁迅在弘文学院顺利毕业了。这里展示了他的毕业照和毕业证书。鲁迅深感应该防止像父亲那样被庸医治死，而新的医学对日本明治维新有很大的帮助，他希望通过新医学的运用和传播，来提高国人对维新的信仰，决定到仙台医学专门学校学医。鲁迅是第一位到仙台医专留学的外国学生，因为"物以稀为贵"，仙台医专不但批准鲁迅免试入学，还给免了学费。仙台当地报纸于 7 月 15 日报道了医专录取鲁迅一事。

鲁迅留学时，因为留学生少，没有专门的留学生宿舍，因此需要租住公寓。这里有鲁迅曾经住过的"佐藤屋"和"宫川宅"（图 2-17）的照片。

从仙台医专医学科一年级第一学期的课程表中可以看出，每周有八节独逸语也就是德语课程。鲁迅在南京矿务铁路学堂时便接触过德语，现在学习医学，更要全面系统地学习德语。

11.藤野先生

展厅内一张照片上端坐在一堆人骨、头骨标本中间的先生就是鲁迅在仙台医专的恩师——藤野严九郎。鲁迅后来深情地写道："在我所认为我师的之中，他是最使我感激，给我鼓励的一个。"鲁迅入学时，藤野先生刚刚评上解剖学教授，他还是一年级的副班主任，对仙台医专第一个中国留学生非常负责任。他认真地给鲁迅修改讲义，连他不担任的课目笔记也作了批改。由于当时没有教材和辅导书，学生必须认真听讲，才能够准确地记录下课堂知识。藤野先生不仅帮鲁迅订正画图，还订正语法和修辞，这使鲁迅的日文水平都得到了极大的提升。

鲁迅在校期间的学习成绩怎样呢？仙台医专将成绩分为甲乙丙丁戊五个档次。丙以上为及格。鲁迅只有解剖学一科是丁，第一学年鲁迅的总平均成绩是65.5，即丙；席次在 142 人中居第 68 位。

图2-16　鲁迅在弘文学院普通科江南班第一个剪去象征民族压迫的辫子，拍照留念。照片摄于1903年（左）

图2-17　1905年秋，鲁迅与合租"宫川宅"公寓的日本同学大家武夫、三宅、矶部浩策、吉田林十郎和施霖到仙台东一番丁照相馆合影（右）

12.弃医从文

鲁迅就读仙台医专时，正值日俄战争，日本与俄国开战，争夺中国东北领土。此处展出了仙台医专细菌学教研室在鲁迅就读时使用过的 15 张幻灯片，另有关于日俄战争的新闻报道照片和鲁迅述及此事的文摘。

这种把中国人作为看客和示众材料的情景，令鲁迅深受刺激。他痛切地感到，精神麻木的国民，即使体格多么健壮，"也只能做毫无意义的示众的材料和看客"。要改造中国，看来"医学并非一件紧要事"，"第一要著"，是改变人们的精神，而那时他以为改变精神当然"首推文艺"。鲁迅于是做出了人生的重大选择：放下人体的解剖刀，拿起解剖人类灵魂的笔——弃医从文。

13.告别仙台

在离开仙台前几天，鲁迅曾到藤野先生家告别，藤野先生送给鲁迅一张相片。背面用毛笔写着："惜别　藤野　谨呈　周君"。这张照片至今还挂在北京阜成门内宫门口西三条周宅老虎尾巴的东壁上。

鲁迅终其一生也没能再见藤野先生一面。鲁迅逝世以后，日本朋友终于找到了藤野先生。他已是一个普通的乡间医生。他没有想到，"周君"后来竟成为大文豪。

14.跟朱安女士完婚

1906 年夏天，一封"母病重"的信把鲁迅催回绍兴老家。他到家才知道，这是母亲让他跟朱安女士完婚的借口。朱安女士比鲁迅大三岁，小脚，没有文化。鲁迅考虑到自己常年离家，生死无定，怕伤母亲的心，违心同意。鲁迅后来说："这是母亲送给我的一件'礼物'，我只能好好的供养她，爱情是我所不知道的。"

鲁迅结婚后不久就带他的二弟周作人返回东京。

15.在日本接触浙江籍革命志士

鲁迅在日本留学期间，接触了不少浙江籍的革命志士。徐锡麟与秋瑾都曾在日本留学，与鲁迅见过面。1905 年 11 月，浙江的光复会骨干徐锡麟、陶成章、范爱农等为了准备起义，来到日本，鲁迅和留日浙籍学生一起去横滨迎接。鲁迅在《论"费厄泼赖"应该缓行》《范爱农》《病后杂谈》等作品中多次提及秋瑾。秋瑾也是鲁迅小说《药》中牺牲的革命志士"夏瑜"的原型之一，小说中"古□亭口"的原型就是秋瑾的就义之地"古轩亭口"，该地现建有秋瑾纪念碑。

此处展出了鲁迅在东京时期的老师章太炎的照片。有大半年时间，鲁迅与许寿裳、钱玄同等八位同学每星期日清晨一起去民报社听太炎先生讲授文字学。此处还展出了鲁迅听讲《说文解字》的笔记。鲁迅敬仰太炎先生的思想学问和风骨，称他为"有学问的革命家"。

16.在东京的住宅——伍舍

东京西片町十番地乙字七号曾是日本作家夏目漱石的旧宅。1908 年，鲁迅与许寿裳、周作人等五人同居于此，取名"伍舍"。1909 年，浙江兴业银行创办人蒋抑卮到东京治疗耳疾，曾在伍舍暂住，鲁迅协助其翻译和外联等。蒋抑卮是个银行家，资助周氏兄弟出版了《域外小说集》一、二册。

《域外小说集》是鲁迅与周作人致力于搜集、翻译世界被压迫民族文学的成果展示，于 1909 年在日本东京印行，共两册，收录波兰、捷克、芬兰等国短篇小说 16 篇。但这两册书销路不佳，后来因为中国的寄售处失火，书和纸型都化为灰烬，所以存世极少，成为近代小说的罕见版本。

17.在日本购买和阅读了大量图书

展厅内"金字塔"里摆放的是鲁迅在日本时购买的书籍，很多观众熟知的经典作家，比如现实主义作家塞万提斯、屠格涅夫、陀思妥耶夫斯基、显克微支、莫泊桑，现代主义作家波德莱尔、魏尔伦等等，他们的作品鲁迅那时都已经购买和阅读了。鲁迅的藏书中还包括一些至今还没有翻译过来的作家作品。并且有的书的日译本、德译本甚至英译本、俄译本乃至中译本，只要能买得到，他就全部买下来。另外，鲁迅在日期间还买了不少在中国已经散失不见了的古籍，如《游仙窟钞》。还有中国古典名著的日译本，如《忠义水浒传》。当然，他也不是只买文学书籍，还买生物学和美术方面的书籍。

鲁迅在日本时还做了两本剪报。他从所阅读的报纸杂志中拆解下文章，装订成书。

18.在杭州、绍兴、南京任职

1909 年，鲁迅结束了七年的留学生活，回到了阔别多年的祖国。他到杭州的浙江两级师范学堂担任化学和生理学教员，并兼任日本植物学教员的翻译（图2-18）。1910 年 7 月，鲁迅回到绍兴，担任绍兴府中学堂监学，并兼任生物学教员。

越社是同盟会领导的南社设于绍兴的分社，《越社丛刊》是该社的机关刊物，辛亥革命之际，越社邀请鲁迅参加在开元寺召开的群众大会，并公推鲁迅为主席，组织武装讲演队宣传革命的意义。

对于辛亥革命，鲁迅是冷静观察的。鲁迅曾在革命之前就写了短篇小说《怀旧》，描述的是在风传革命军即将到来的过程中，社会上各种人物的反应。这也是鲁迅公开发表的第一篇小说。

辛亥革命后，中华民国临时政府在南京成立。1912 年 2 月，鲁迅应中华民国临时政府教育总长蔡元培邀请赴南京，任教育部部员。1912 年 5 月，南京临

图2-18　1909年，鲁迅摄于杭州

时政府北迁，在北迁之前，南京临时政府教育部于1912年3月22日由总长正式宣布解散，并向北洋军阀政府推荐了部分官员，以备新教育部之任用，鲁迅在其中。1912年4月中旬，鲁迅返绍兴安顿家事，准备随临时政府迁往北京。1912年5月初，鲁迅离南京北上，随教育部迁到北京。

19.开始在北京的生活

　　1912年5月5日，鲁迅抵达北京，从此在北京生活14年有余。鲁迅在北京居住的第一个地点是位于宣武门外南半截胡同的绍兴县馆。鲁迅在此一直居住到

1919 年，是他在北京居住时间最长的一个地方。就是在这里的补树书屋，教育部官员周树人开始以"鲁迅"之名写作，《狂人日记》《孔乙己》《药》等作品在此创作完成。

1919 年 8 月，鲁迅与两个弟弟合买新街口八道湾十一号宅。在八道湾居住期间，鲁迅创作了《阿 Q 正传》（图 2-19）、《故乡》、《社戏》等 11 篇小说，翻译了大量外国文学作品。

1923 年 7 月，鲁迅与周作人失和。1923 年 8 月 2 日，鲁迅携朱安租住砖塔胡同六十一号 9 个多月。1924 年 5 月，鲁迅又迁居于自己亲自设计改建的阜成门内宫门口西三条二十一号。这是鲁迅在京的最后一处居所，他在此完成大量著译，包括《野草》及《彷徨》中的部分作品，《华盖集》的全部，《华盖集续编》《朝花夕拾》《坟》中的大部分文章，共计 200 余篇。

20.在教育部的工作

鲁迅在教育部长期担任佥事、社会教育司第一科（原第二科）科长，主管图书馆、博物馆、文艺等方面的工作。鲁迅参与确定了中华民国的国歌，并与同事合作设计了国徽。他还参与了我国第一座国立博物馆——历史博物馆的筹备工作，并对京师图书馆，也就是今天的国家图书馆改组、迁徙，付出大量时间和精力。1917 年 1 月 26 日，京师图书馆新馆在鲁迅等的努力下在方家胡同开馆（图 2-20）。

1915 年 7 月，教育部议决增设以"研究通俗教育事项、改良社会、普及教育"为宗旨的通俗教育研究会，9 月 1 日指定鲁迅为该会小说股主任。鲁迅主持制定审核小说标准、编译小说标准，审读大量中外小说，对如何创作中国"新小说"有了现实的调研和理论的思考。

1917 年 8 月，鲁迅应北大校长蔡元培之请为北大设计了校徽，至今北京大

图2-19　鲁迅为《阿Q正传》俄译本拍照，摄于1925年5月28日

学仍将他设计的图案作为校徽的核心元素。

21.整理传统文化遗产

　　在北京期间，鲁迅利用有利的工作条件，悉心整理传统文化遗产，他"废寝辍食，锐意穷搜"，校勘、钩稽古小说和乡邦文献，阅读佛经，搜集、研究造像墓志碑帖，好友许寿裳称赞他"考证精审，一无泛语"。现存鲁迅辑校古籍手稿60余种，鲁迅抄校的书有《嵇康集》、谢承《后汉书》、《石屏集》等，对整理、保存古籍做出了突出贡献。

　　汉画像石是汉代墓室、祠堂等建筑上刻有画像的建筑构石，将这些石面上的画

图2-20　京师图书馆新馆开馆纪念合影，摄于1917年1月26日。前排左5为蔡元培，二排左4为教育部社会教育司司长夏曾佑，左5为鲁迅

像用墨和纸拓印下来，就是汉画像拓片。这里展出了鲁迅收藏的一幅武氏祠汉画像。鲁迅认为，汉代是中国历史上一个鼎盛的时代，"虽然也有边患"，但"人民具有不至于为异族奴隶的自信心"，这些展现到艺术中，有一种"深沈雄大"的美。鲁迅先生特别推重汉画像石，在后期提倡新兴木刻运动时就曾希望木刻青年能从以汉画像为代表的"汉唐的古刻"中汲取营养。

　　鲁迅会在古籍或拓片上盖上自己的印章。在北京时期，鲁迅的同事兼好友陈师曾为他刻了多枚印章。

22.用创作实践文学革命

中华民国建立后，并没有给中国带来预期的民族解放和社会进步，为此，一些先进的知识分子决心发动一场新的启蒙运动，使人们从封建思想的束缚中解放出来，这就是新文化运动。

1917 年 1 月，胡适在《新青年》第 2 卷第 5 号上发表《文学改良刍议》，首倡白话文，掀起文学革命。鲁迅用自己的创作实践，显示了"文学革命"的实绩，弥补了胡适"提倡有心，而实行无力"的不足。胡适是最早认识鲁迅的小说价值的人之一。

在《新青年》编辑部，陈独秀是与鲁迅交往较多的一个。作为首先举起"文学革命"这面大旗的先驱者，他对鲁迅的思想、创作都产生了积极的影响。陈独秀是最早敦促鲁迅将小说结集出版的人。对于鲁迅的小说，陈独秀也给予了很高的评价，他说："鲁迅兄做的小说，我实在五体投地的佩服。"

23.与钱玄同关于"铁屋子"的对话

钱玄同，语文改革活动家、文字音韵学家、五四新文化运动的倡导者之一。钱玄同留日时期，与鲁迅成为好友。1917 年 8 月，钱玄同与周树人在补树书屋的老槐树下开启了著名的关于"铁屋子"的对话。

钱玄同说："我想，你可以做点文章……"

周树人答："假如一间铁屋子，是绝无窗户而万难破毁的，里面有许多熟睡的人们，不久都要闷死了，然而是从昏睡入死灭，并不感到就死的悲哀。现在你大嚷起来，惊起了较为清醒的几个人，使这不幸的少数者来受无可挽救的临终苦楚，你倒以为对得起他们么？"

钱玄同反驳道："然而几个人既然起来，你不能说决没有毁坏这铁屋的希望。"

24.开始以"鲁迅"为笔名创作

1918 年 4 月，周树人以"鲁迅"为笔名创作了中国现代文学史上的第一篇现代体式的白话短篇小说《狂人日记》，发表在《新青年》第 4 卷第 5 号上（图2-21）。鲁迅借狂人之口，"意在暴露家族制度和礼教的弊害"。小说通过狂人眼中折射出的生活现实，揭露了礼教吃人的事实，发出了"救救孩子"的呐喊。

由此，鲁迅"一发而不可收"，又在《新青年》上相继发表了《孔乙己》《药》《故乡》等小说，并"勉力"创作白话新诗，还写下《我之节烈观》《我们现在怎样做父亲》等著名杂文，批判封建礼教，倡导妇女解放、家庭革命。鲁迅还在《新青年》上发表随感录 27 篇，对当时的中国社会进行痛切的讽刺批评。鲁迅关注新文化运动中另外一份非常重要的杂志《新潮》，在上面发表了小说《明天》。鲁迅这些形式全新、思想"独特"的作品，显示了"文学革命"的实绩，使他成为新文化运动的英勇旗手。

25.为新文化运动呐喊助威

1921 年 12 月至 1922 年 2 月，鲁迅在《晨报副镌》连载了小说《阿 Q 正传》。《阿 Q 正传》一经发表，就获得了崇高的国际声誉，很快有了法、英、日、俄等多种译本出版。法国作家罗曼·罗兰把《阿 Q 正传》推荐给法国《欧罗巴》杂志时说，"这部讽刺的写实作品是世界的"，《阿 Q 正传》"是高超的艺术底作品"。

鲁迅曾说："有时候仍不免呐喊几声，聊以慰藉那在寂寞里奔驰的猛士，使他不惮于前驱。"1923 年 8 月，鲁迅的第一本小说集《呐喊》由新潮社出版，收入《狂人日记》《孔乙己》《药》《阿 Q 正传》等小说共 15 篇，封面由鲁迅亲自设计。"呐喊"就是为新文化运动呐喊助威之意。《呐喊》在鲁迅生前共印了 23 版。

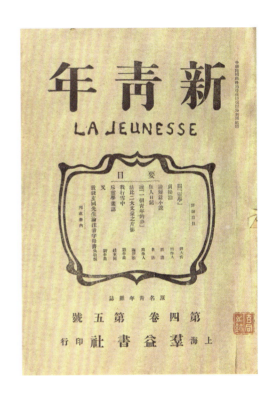

图2-21　刊登鲁迅小说《狂人日记》的
　　　　《新青年》第4卷第5号

26.在苦闷、彷徨中探索前进的道路

　　1922 年 10 月，"新青年"团体分化，北京文化界显出荒凉、寂寞的景象。鲁迅后来在《题〈彷徨〉》诗中写道：

　　　　寂寞新文苑，平安旧战场。

　　　　两间余一卒，荷戟独彷徨。

　　"路漫漫其修远兮，吾将上下而求索。"鲁迅在苦闷、彷徨中，探索着前进的道路。1926 年 8 月，鲁迅的第二本小说集《彷徨》出版，收入《祝福》《孤独者》《伤逝》等小说 11 篇。封面由陶元庆设计，鲁迅对这个封面极为赞赏，称"《彷徨》的书面实在非常有力，看了使人感动"。

从 1924 年 9 月起，鲁迅写下《秋夜》《影的告别》等散文诗 23 篇，集为《野草》出版。封面由孙福熙设计，"野草"二字为鲁迅自书。《野草》寄托着作者孤独寂寞的情怀，也饱含作者严肃的反思和执着的探索，内容丰富、深奥，意象复杂、多变，艺术手法独特，是中国散文诗的奠基之作。

鲁迅这时期的杂文，大部分收在《坟》《热风》《华盖集》《华盖集续编》等几个杂文集中。

1912 年至 1926 年在北京的 14 年间，鲁迅翻译了约 80 部（篇）外国作品，字数占其一生翻译总量的一半。

27.在北京八所大、中学校兼课

从 1920 年起，鲁迅先后在北京大学、北京女子高等师范学校（简称女高师）等八所大、中学校兼课，主要讲授中国小说史。鲁迅以渊博学识折服了广大青年学生。其讲义《中国小说史略》后结集出版，结束了"中国之小说自来无史"的局面。

1923 年 12 月 26 日，鲁迅在女高师演讲《娜拉走后怎样》，这是一个关于妇女问题的著名的讲演，在这个讲演中，鲁迅提出，中国妇女的解放之路，必须从经济独立开始，这样才不致被旧势力所扼杀，妇女也才能取得真正的发言权。

28.创办和支持出版机构

莽原社成立于 1925 年 4 月，鲁迅编辑《莽原》，特别为青年提供发言之地，旨在使青年对中国的社会、文明都能毫无忌惮地加以批评。展厅内有鲁迅保存的莽原社印章和青年的文稿。1925 年夏，鲁迅等人发起成立未名社。这既是一个文学社团，也是一个出版机构，出版《未名新集》专收创作，《未名丛刊》专收翻译作品。值得一提的是，《未名丛刊》翻译的多半为俄国和苏联的著作和理论。

北新书局是 1925 年 3 月鲁迅支持原新潮社社员李小峰创办的出版机构。鲁迅不但把自己的多部著作交由北新书局出版，还为北新书局义务编辑丛书。鲁迅为北新书局编辑的《乌合丛书》，除收入了自己的文集《呐喊》《彷徨》《野草》之外，其余都是青年作家的创作。

鲁迅不但亲自替青年校阅，修改文稿，还为他们撰写序言及出版广告。鲁迅为青年编辑图书，特别注重装帧设计，封面及插画都请专人设计，其中不乏名家作品。

29.支持学生的正义斗争

1924 年 2 月，杨荫榆被任命为北京女子高等师范学校校长。同年 5 月，女高师改名为国立北京女子师范大学（简称女师大）。杨荫榆任职期间，因推行封建家长式教育，压制学生运动，引起学潮，学生宣布不承认她为校长。1925 年 5 月，学校当局宣布开除许广平、刘和珍等学生，女师大学生决定驱逐杨荫榆。此事件被称为"女师大风潮"。

鲁迅始终站在进步学生一边，两次帮助学生起草驱逐杨荫榆呈文。此外，他还不断地在报上发表文章，支持学生的正义斗争。1925 年 11 月 30 日，女师大复校，女师大风潮以进步师生的全面胜利而告结束（图 2-22）。

女师大风潮期间，女师大学生许广平就学校风潮事于 1925 年 3 月 11 日写信请教鲁迅。鲁迅收信后，当即复函。他们从此开始了通信往来。1925 年 4 月 12 日，许广平第一次踏入西三条二十一号小院探访，同年 10 月，她与鲁迅产生了纯真热烈的爱情。

图2-22　"国立北京女子师范大学欢迎易寅村校长大会合影"，摄于1926年1月13日。前排左6为鲁迅，右1为许寿裳，右20为易培基。二排左36为刘和珍。三排左31为许广平

30.痛斥刽子手们惨无人道的行径

　　为抗议帝国主义的侵略行径，1926年3月18日上午，北京的学生和爱国群众在天安门前集会、游行。游行队伍前行至段祺瑞执政府门前，竟遭卫队的枪击，当场死伤200多人。女师大学生刘和珍、杨德群也惨遭杀害。

　　闻知这一消息，鲁迅感到极大的震惊和愤怒。他奋笔疾书，痛斥刽子手们惨无人道的行径。3月25日，女师大师生和北京各界代表在该校大礼堂隆重举行追悼大会，沉痛悼念刘和珍、杨德群烈士，鲁迅参加了追悼大会。会后，鲁迅先生饱蘸血泪写下了著名的杂文《记念刘和珍君》。段祺瑞执政府通缉李大钊等民众领袖，传闻鲁迅也在被通缉的名单内。为躲避军阀的通缉，鲁迅不得不多次离家避难。

　　1926年8月，为脱离北京的恶劣环境，鲁迅南下厦门任教。

31.在厦门大学担任教授

鲁迅应林语堂之邀南下，任厦门大学国文系教授和国学研究院教授。鲁迅主要讲授小说选及小说史、文学史纲要两门课程。鲁迅在厦门大学讲授的文学史教案，后整理成《汉文学史纲要》出版。这部教材虽然简略，但对中国文学有许多精辟的评价，如被引用最多的"史家之绝唱，无韵之离骚"，成为评价《史记》的文学价值的经典论述。

在厦门期间，鲁迅创作了多篇回忆性散文，如《从百草园到三味书屋》《父亲的病》《藤野先生》《范爱农》。根据神话故事嫦娥奔月改编的历史小说《奔月》、对《嵇康集》的本来面目及流传情况进行详细准确考证的《〈嵇康集〉考》等，也是在厦门时期创作的。

图2-23　鲁迅、林语堂与泱泱社青年合影，摄于1927年1月2日

32.辞去厦门大学一切职务

在厦门大学几个月，鲁迅感到"此间……所谓国学院者，虚有其名，不求实际"，看到学校"中枢是'钱'，绕着这东西的是争夺，骗取，斗宠，献媚，叩头，没有希望的"。鲁迅决定辞去厦门大学一切职务。

1927年1月2日，鲁迅与林语堂应泱泱社几位青年之邀，在长满龙舌兰的南普陀寺西南小山岗上合影，并单独坐在坟中间留影（图2-23）。坟的主人姓许。根据泱泱社俞荻回忆，鲁迅想把"这张照片寄到上海去，赶印到那本《坟》上去。因为《坟》里面的文章，有几篇是用古文写的。这张照片就算表示那集子里几篇杂文，是被埋葬了的坟"，但该设想未能实现。

1927年1月16日，鲁迅离开厦门前往广州。

33.赴广州中山大学任职

　　1927 年 1 月，鲁迅赴广州中山大学，担任该校文学系主任兼教务主任。

　　初到广州，鲁迅住在中山大学大钟楼内。同年 2 月，经鲁迅推荐，好友许寿裳也来到中山大学任历史系教授，与鲁迅在大钟楼内同居一室。

　　大钟楼一层就是中山大学礼堂，国民党第一次全国代表大会就是在这里召开的。鲁迅在欢迎会上说"广州地方实在太沉寂了"，号召青年们"有声音的，应该喊出来了"。鲁迅在中山大学开设中国小说史、中国文学史、文艺论三门课程，有 204 人选修了鲁迅先生的课程。据当时的学生回忆，每次上课，教室里都挤得满满的。同年 3 月 29 日，鲁迅同许广平、许寿裳一同移居白云路白云楼二十六号二楼。图 2-24 为同年 9 月鲁迅、许广平及其好友蒋径三合影。

图2-24　鲁迅、许广平、蒋径三合影。1927年9月11日摄于广州

34.中国共产党组织第一次有意识地联系鲁迅

陈延年是陈独秀的长子。鲁迅到广州中山大学任教后，当时任中共广东区委负责人的陈延年敏锐地捕捉到这一讯息，认为鲁迅"是彻底反封建的知识分子"，要做好他的工作。鲁迅到广州不久，他即派中山大学英文系学生，中共党员、中共广东区委学生运动委员会副书记毕磊与鲁迅联系，送鲁迅党团刊物《支部生活》《少年先锋》《做什么？》等。这是中国共产党组织第一次有意识地联系鲁迅。在毕磊陪同下，鲁迅与陈延年秘密会晤，对广州的政治形势有了进一步了解。因为鲁迅和陈延年的父亲陈独秀是同辈好友，鲁迅亲切地称延年是他的"老仁侄"，陈延年也尊鲁迅为"父执"。

35.辞去职务离开中山大学

1927 年 4 月 12 日，蒋介石在上海发动"清党"运动。4 月 15 日，广州也开始大屠杀，当天下午，为了营救被捕学生，鲁迅冒雨赶到中山大学，主持各系主任紧急会议，希望学校对学生负责，出来担保、营救。但会议没有收到预期效果，营救希望成为泡影。因此，鲁迅愤而辞去了中山大学的一切职务。

离开中山大学后，鲁迅编定回忆散文集《朝花夕拾》、杂文集《而已集》和《唐宋传奇集》，集子于 1927 年至 1928 年由未名社和北新书局出版。

1927 年 9 月，鲁迅致台静农信，拒绝作诺贝尔文学奖的候选人。鲁迅在信中说："倘这事成功而从此不再动笔，对不起人；倘再写，也许变了翰林文字，一无可观了。还是照旧的没有名誉而穷之为好罢。"

1927 年 9 月 27 日，鲁迅同许广平离开广州前往上海。

图2-25　鲁迅53岁生日前夕拍摄的全家福。1933年9月13日摄于上海

36.定居上海度过人生最后时光

　　1927年10月，鲁迅抵达当时革命文化的中心——上海，在这里度过了他一生的最后九年。

　　定居上海后，鲁迅与许广平终于建立了一个"相依为命，离则两伤"的家庭。

　　展厅内有一张1933年9月鲁迅一家的合影（图2-25）。鲁迅与许广平女士相爱甚笃，鲁迅虽然工作很忙，但不忘经常赠送许广平一些书。在题赠许广平的《芥子园画谱》扉页上，鲁迅作诗一首：

　　　　　十年携手共艰危，以沫相濡亦可哀。
　　　　　聊借画图怡倦眼，此中甘苦两心知。

1930 年 5 月 12 日，经内山完造介绍，鲁迅租住了位于内山书店对面的拉摩斯公寓 A 三楼四室。在此，鲁迅两次接待了前来避难的瞿秋白夫妇。冯雪峰曾经住在拉摩斯公寓地下室，来此拜访鲁迅。1932 年红四方面军将领陈赓秘密来沪，鲁迅在拉摩斯公寓与他会谈至夜深。

1933 年 4 月，鲁迅化名周裕斋，以内山书店职员的名义租赁施高塔路大陆新村九号，鲁迅在此一直住到 1936 年 10 月 19 日逝世。

37.杂文创作高峰期

上海时期是鲁迅杂文创作的高峰期。他在《且介亭杂文二集》的后记里写道："我从在《新青年》上写《随感录》起，到写这集子里的最末一篇止，共历十八年，单是杂感，约有八十万字。后九年中的所写，比前九年多两倍；而这后九年中，近三年所写的字数，等于前六年。"从这些文字中，我们不单能看到鲁迅在左翼文坛坚韧的奋战，也能感受到 20 世纪 30 年代普通中国民众面临的深重苦难和不屈的抗争。

因为参加了党领导下的进步社会团体的活动，发表了大量的"论时事不留面子，砭锢弊常取类型"的杂文，鲁迅遭到了国民党当局的监视和迫害。面对重重压迫，鲁迅不得不经常更换笔名。据统计，他先后使用过的笔名达 140 多个，其中，鲁迅在广州和上海时期使用的笔名就占到笔名总数的 2/3 以上。

38.推动左翼文艺运动

大革命失败后，上海文坛倒显得十分活跃，不同思想和流派的文化人都聚集在这里。鲁迅采用论辩的方式，发表了《"醉眼"中的朦胧》《文艺与革命》等文章，批评了革命文学阵营中的宗派主义和教条主义，对如何发展无产阶级革命文学的问题发表了精辟的见解。

　　这一时期，鲁迅阅读了大量的科学文艺理论著作，并且有计划地着手翻译、介绍、传播。1928 年下半年，陈望道主持的大江书铺正式开业。在鲁迅等人的支持下，大江书铺以出版进步书刊、宣传马克思主义、介绍科学的文艺理论为特点活跃在上海文化界，成为推动左翼文艺运动的一个重要据点。

　　毛泽东同志曾说过："鲁迅后期的杂文最深刻有力，并没有片面性，就是因为这时候他学会了辩证法。"

39.中国左翼作家联盟成立

　　1929 年 11 月，时任中共中央宣传部长的李立三指示创造社和太阳社停止对鲁迅的批判，要尊重鲁迅，并团结在鲁迅的旗帜下，准备组建左翼作家联盟，由此这场持续近两年的论战才平息下来。

　　1930 年 3 月 2 日，中国左翼作家联盟在上海成立。鲁迅是发起人之一。在成立大会上，鲁迅做了《对于左翼作家联盟的意见》的重要讲话，他指出，"左翼"作家如果不和实际社会斗争相接触，是很容易变成"右翼"作家的。联合战线必须以共同目标为必要条件，那就是"目的都在工农大众"。

40.参加各种社会活动

　　鲁迅到上海后，曾应友人之邀在上海的几所大学做了几次演讲，对在大革命后处于迷茫时期的青年学生产生了深刻的影响。1932 年 11 月，鲁迅赴北平探望母亲，分别应邀到北京大学、辅仁大学等五所学校讲演，后被合称为"北平五讲"。

　　1930 年 2 月，中国共产党领导的中国自由运动大同盟在上海成立，鲁迅列名为发起人之一。国民党浙江省党部以此为罪名，呈请国民党中央通缉"堕落文人鲁迅"。

　　1933 年 1 月，鲁迅被选为中国民权保障同盟上海分会执行委员。同盟的宗旨是援救被迫害的进步人士，争取民主权利，争取人民言论、出版、结社、集会的自由。同盟成立之后，开展了多项营救活动。总会成员还曾前往德国驻上海领事馆，抗议希特勒屠杀犹太人，摧残进步文化。以上这些活动，鲁迅都曾积极参与。

41.结交中国共产党人

鲁迅曾把中国共产党人称颂为"切切实实，足踏在地上，为着现在中国人的生存而流血奋斗者"，虽然他不是共产党员，却把很多共产党人与进步青年当作自己"大战斗却为着同一的目标"的同道者。据不完全统计，鲁迅结交的共产党人有 60 余人，他们的交往与殊途同归的文化选择，也成为中国现代文学史上难忘的红色记忆。

早在 1920 年，也就是中国第一个共产主义小组诞生的这一年，小组成员之一——陈望道就把他刚翻译完成的《共产党宣言》中译本寄赠鲁迅。周作人晚年回忆，鲁迅在接到书后当天就翻阅了一遍，并称赞说："这个工作做得很好，现在大家都在议论什么'过激主义'来了，但就没有人切切实实地把这个'主义'真正介绍到国内来，其实这倒是当前最要紧的工作。望道在杭州大闹了一阵之后，这次埋头苦干，把这本书翻译出来，对中国做了一件好事。"

方志敏是中国共产党第六届中央委员会委员，赣东北革命根据地和中国工农红军第十军主要创建人，1935 年 1 月 24 日被国民党俘虏，7 月在南昌英勇就义。

方志敏临刑前处理遗稿《可爱的中国》《清贫》等，在一封信中写道："一信给鲁迅先生，在右角上点了两点。"1935 年 11 月，鲁迅收到了方志敏在狱中所写的信、《可爱的中国》和《清贫》两篇文稿，以及给中共中央的报告，鲁迅后来在 1936 年 5 月把文稿和报告通过冯雪峰转交给了中共中央。方志敏与鲁迅素不相识，但他却把鲁迅当作可以信赖的人来委托。鲁迅也没有辜负方志敏烈士同志般的信任。

冯雪峰，以鲁迅研究的"通人"而闻名。1929 年 10 月，受时任中央宣传部干事兼文委书记潘汉年委派，冯雪峰去同鲁迅商谈成立左联事宜，从此开始了和鲁迅在左翼文化战线上的亲密合作。

瞿秋白来到上海从事革命文化工作，通过冯雪峰与鲁迅相识，并结为好友。当时，国民党政府悬赏 2 万元捉拿瞿秋白。瞿秋白和夫人杨之华不得不躲避到鲁迅家中，二人在鲁迅寓所住了约一个月，中共地下组织派陈云同志前去接应协助他们，以便转移到另一安全的处所。为了纪念鲁迅逝世一周年，陈云曾写下《一个深晚》，记述这个难忘的夜晚。

在互相了解的基础上，瞿秋白在很短的时间内编成《鲁迅杂感选集》，并写好了序言。瞿秋白在这篇序言中分析了鲁迅在新文化运动和左翼文艺运动及整个思想、文化斗争史上的重要地位及其杂文的价值。鲁迅认为瞿秋白的评论是"用心"之作，他录写了条幅"人生得一知己足矣，斯世当以同怀视之"赠送瞿秋白。

42.结识国际友人

20 世纪 30 年代的上海，汇聚了各国来此交流的人士，鲁迅在此也结识了很多国际友人（图 2-26）。

鲁迅到达上海的第四天，就到内山书店购书，与书店老板内山完造相识并成为挚友。内山完造先生也是跟鲁迅交往最为密切的日本友人之一。

《送增田涉君归国》是鲁迅 1931 年 12 月题赠增田涉的辞别诗。增田涉后来回忆鲁迅时深情地说："这首诗充满了鲁迅对日本人民的深厚的友好感情。"

展厅内有一幅日本画家堀尾纯一在内山书店为鲁迅画的像，画像背面有画家题

图2-26　鲁迅在内山完造寓所避难时与日本友人合影，摄于1934年8月29日。左起：内山完造、林哲夫、鲁迅、井上芳郎（上）

图2-27　中国民权保障同盟总会欢迎英国作家萧伯纳时的合影，1933年2月17日摄于上海中山故居。左起：史沫特莱、萧伯纳、宋庆龄、蔡元培、伊罗生、林语堂、鲁迅（下）

词：“以非凡的志气，伟大的心地，贯穿了一代的人物。”

此外，鲁迅与史沫特莱、萧伯纳（图2-27）、埃德加·斯诺、瓦扬·古久里、普实克等众多国际知名人士也有过往来和交集。

43.大力倡导新兴木刻

鲁迅到上海后，大力倡导新兴木刻。他认为木刻版画是“正合于现代中国的一种艺术”。据统计，鲁迅收藏了100多位中国现代版画家的1000多幅、国外20个国家200多位版画家的2000多幅作品。

鲁迅希望中国的木刻青年“参酌汉代的石刻画像，明清的书籍插图，并且留心民间所赏玩的所谓‘年画’，和欧洲的新法融合起来”，“创造一种更好的版画”。他还把“绍介欧美的新作”和“复印中国的古刻”比作“中国的新木刻的羽翼”。

在鲁迅先生这个中国新兴木刻艺术的倡导者的感召和影响下，20世纪30年代初的中国大地上，相继出现了许多热心木刻创作的青年和小团体。鲁迅热情、积极地扶助一切木刻团体，并和木刻青年们保持亲密的联系。

44.最后时刻仍抱病工作

1936年5月中旬开始，鲁迅病情日渐恶化，其间数度病危，但仍坚持工作。9月5日，他在《死》一文中拟定了七条遗嘱（图2-28）：

一，不得因为丧事，收受任何人的一文钱。——但老朋友的，不在此例。

二，赶快收敛，埋掉，拉倒。

三，不要做任何关于纪念的事情。

四，忘记我，管自己生活。——倘不，那就真是胡涂虫。

五，孩子长大，倘无才能，可寻点小事情过活，万不可去做空头文学家或

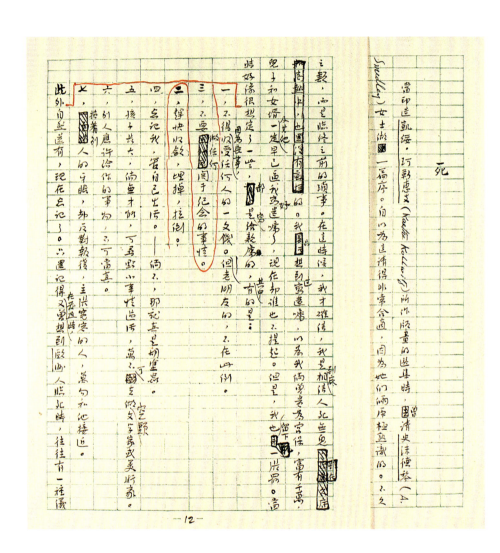

图2-28　1936年9月5日，鲁迅写完《死》，自述重病时对"死"的预感及态度，并拟七条遗嘱

美术家。

　　六，别人应许给你的事物，不可当真。

　　七，损着别人的牙眼，却反对报复，主张宽容的人，万勿和他接近。

逝世前三天，鲁迅还在写文章，回忆他的老师章太炎先生，对章太炎一生的革命精神和业绩给予了高度评价。

逝世前一天，鲁迅写给内山完造的便条，成为他的绝笔。

45.民族魂

1936 年 10 月 19 日晨 5 时 25 分，伟大的文学家、思想家、革命家鲁迅，在他上海的最后一处寓所大陆新村九号因病逝世，终年 56 岁。

盖在鲁迅棺木上的锦旗，上书三个大字——"民族魂"。这是沈钧儒代表民众所写，称赞鲁迅的精神是中华民族的灵魂。

众多在鲁迅关怀下成长起来的文学、美术青年，义无反顾地奔赴革命圣地延安，投入抗日救亡的洪流中。1938 年 4 月，延安鲁迅艺术学院成立。同年 2 月，中共中央发布的由毛泽东、周恩来、林伯渠、徐特立等联名签署的延安鲁迅艺术学院《创立缘起》指出："这不仅是为了纪念我们这位伟大的导师，并且表示我们要向着他所开辟的道路大踏步前进。"毛泽东同志在《新民主主义论》中指出："鲁迅是中国文化革命的主将，他不但是伟大的文学家，而且是伟大的思想家和伟大的革命家。……鲁迅的方向，就是中华民族新文化的方向。"

"什么是路？就是从没路的地方践踏出来的，从只有荆棘的地方开辟出来的。"习近平同志在庆祝改革开放 40 周年大会上的讲话引用了鲁迅先生这句关于"路"的名言。回顾鲁迅之路，展望中华民族未来的伟大征程，只要我们不忘初心、矢志不渝，沿着中国特色社会主义道路坚定不移走下去，就一定能开创更加光明的未来，实现中华民族伟大复兴。

（二）空间解析

　　空间与空间中的事物所生发出的情感和环境对观众的感知产生直观的影响。博物馆必须将空间与展品充分融合，使空间设计成为连接观众与展品的媒介，并让空间起到烘托、延展每件展品内涵的作用。

　　"鲁迅生平陈列"采用传统的陈列展览空间布局方式，上下两层展厅相互串联，参观路径明确连贯（图2-29至图2-34）。陈列厅的展厅面积为1400平方米，展线长270米，在原有建筑格局不变的情况下，进行展示空间的重新规划。展厅整体空间依据大纲内容的九大部分划分，在布局上每部分空间相对围合，营造独立空间，以串联的形式连接。展览分为序厅、主厅和纪念厅三个部分，分布于一层和负一层展区。一层展区以序厅开端，序厅以鲁迅文章《呐喊》中的"铁屋子"为元素，以"冲破铁屋子"为主题思想进行了设计；然后主要讲述鲁迅前半生的成长发展期，即他在绍兴、南京、杭州、北京时的生活和留学日本的经历。展览以楼梯为分界线呈现了鲁迅的南下之路。负一层主要讲述鲁迅在厦门、广州、上海的经历；展示鲁迅逝世后的纪念活动及后世影响。厅内主影片再次回顾鲁迅的一生。

　　观众参观结束后，上楼梯经过文创商店出展厅，走出展厅即正对着下一个参观地点：全国重点文物保护单位北京鲁迅旧居。

图2-29　陈列厅一层空间规划

图2-30　陈列厅负一层空间规划

图2-31　陈列厅一层参观流线

图2-32　陈列厅负一层参观流线

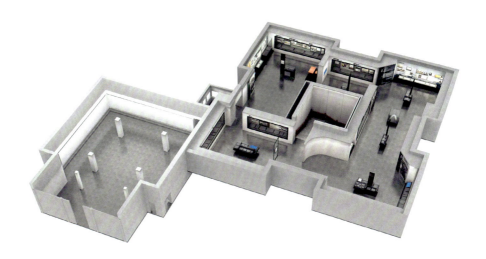

图2-33　陈列厅一层俯瞰效果（上）

图2-34　陈列厅负一层俯瞰效果（下）

生命的路

The Road
of Life

策 展

沿着『鲁迅的道路』

一、研究转化

我们有独树一帜的馆藏，有创刊 40 余年的学术阵地《鲁迅研究月刊》，在学术界最早披露鲁迅研究的新史料，发布鲁迅研究的新成果，保持与当代鲁迅研究专家的思想碰撞，条件可谓得天独厚，新的"鲁迅生平陈列"必然彰显新时代"鲁新馆"的使命及形象。策展前我们做好功课，除了掌握鲁迅生平，勘察业界动态，并特别针对历年"鲁迅生平陈列"大纲做研究，还赴各地兄弟馆实地调研、交流经验，围绕展览主旨，做好研究成果的转化。

（一）历年"鲁迅生平陈列"大纲研究

回顾北京鲁迅博物馆 65 年的发展史，我们不禁思考，基本陈列的主题与阐释方式最初如何创立，又发生了哪些变化；曾经的精品展览采用的是哪些叙事方式；鲁迅藏品一直以来是如何被组合与展示的。建馆伊始，北京鲁迅博物馆的基本陈列就定位为"鲁迅生平展"，历次陈列均按照鲁迅从出生到去世的时间轴，次第展开一代文宗波澜壮阔的一生。我们重点分析了馆史档案中的 1956 年、1974 年、1981 年、1996 年、2006 年五个"鲁迅生平陈列"大纲，以及有关陈列展览的研究文章，深度解析前辈在策划展览时所秉承的文化理念、使用的叙事框架和展示策略，以此作为此次改陈的基础。[1]

历年展览大纲均由以下文本类型构成：序厅导言、每一部分标题前言、组标题及说明、展品说明、引语。

　　在一个展览中，序厅具有点题与导入的功能，通过高度概括的导言与独具匠心的艺术形式交代展览主题，营造艺术氛围，进而调动观众情绪，激发观众继续参观的欲望。1956—1995 年近 40 年的展览序厅中所展示的都是毛泽东同志对鲁迅的经典评价，并竖立鲁迅标准雕塑像。

　　　　鲁迅是中国文化革命的主将，他不但是伟大的文学家，而且是伟大的思想家和伟大的革命家。鲁迅的骨头是最硬的，他没有丝毫的奴颜和媚骨，这是殖民地半殖民地人民最可宝贵的性格。鲁迅是在文化战线上，代表全民族的大多数，向着敌人冲锋陷阵的最正确、最勇敢、最坚决、最忠实、最热忱的空前的民族英雄。鲁迅的方向，就是中华民族新文化的方向。

　　　　　　　　　　　　　　　　　　　　　　　　——毛泽东《新民主主义论》

　　标题文本具有一定的解释功能。只有 1974 年的展览将每一部分展览的主题性内容在标题中明确地呈现了出来，其他时期的展览大纲大部分是以鲁迅生活过的地点为标题。鲁迅一生曾在绍兴、南京、杭州、北京、厦门、广州、上海生活，又曾留学日本，展览以地点为分割点，每个部分又有详细的划分，例如鲁迅在北京与上海生活的时间较长，博物馆收藏这两个时期的文物较多，展现给观众的内容也更加丰富。

　　展品说明可以将历史与实物、实物与实物、实物与图像串联起来。鲁迅生平展览的说明文字更具有文学性和思想性，博物馆持相对"中立"的语气，对鲁迅及其相关文物尽量客观公正地讲述。

　　引语是语录的一种形式，对主题进行评价与说明，与主题之间互相评估、补充，有如对话。鲁迅以文学家著称，在鲁迅生平展览中引用鲁迅的自我讲述，让其作为展览主题的体现，既能凸显鲁迅的主体精神，也能给观众留下遐想的空间。当然展览中也引用部分其他人的话语。20 世纪 90 年代以后的"鲁迅生平陈列"去掉主观性评价与过多的他人引语，更加突出鲁迅的自我表述。

1996 年的"鲁迅生平陈列"曾经被评为"十大陈列展览精品"，这是一代代鲁博人，在时间的长河中逐渐形成的叙事，我们本身就植根于其历史之中。2021 年新展览策划前，首要考虑的问题必须是如何超越 1996 年的精品陈列。我们对展览参与者进行访谈，对其"从鲁迅出发，回到鲁迅之中"的策展原则有了较为全面的认识，对采用"以生平为线索，局部的阶段性事迹则相对集中表现"的内容框架，营造庭院与序厅的庄重氛围，运用"质朴、凝重、自然、本色、流畅、和谐"的色调，以及通过陈列语言引导观众思考的展示策略有了较为深切的体会。新的改陈借鉴 1996 年版的成功之处，既在内容体系上力求创新，也时刻兼顾当下观众的认知水平与需求，结合新媒体与新技术，在形式设计上增强参与性和互动性。

（二）对鲁迅相关纪念馆的调研

目前全国共有 6 家公益性的鲁迅纪念馆（博物馆），主要集中在鲁迅曾经居住过的城市。对全国其他鲁迅纪念馆的调研也是 2021 年北京鲁迅博物馆"鲁迅生平陈列"策展前重要的准备工作。策展团队先后走访了北京以外的其他 5 家鲁迅纪念馆。绍兴是鲁迅的出生地，这里有鲁迅故里，绍兴鲁迅纪念馆就建在鲁迅故里，依托周家台门展现鲁迅儿时的生活；鲁迅曾在南京求学，南京鲁迅纪念馆着重展现青少年鲁迅在南京学洋务时的情况与心理转型；鲁迅离开北京后曾先后到厦门大学和中山大学任教，厦门大学鲁迅纪念馆和广州鲁迅纪念馆展示鲁迅在厦门和广州的教学与创作；鲁迅在上海度过了人生最后近十年的高光时期，上海鲁迅纪念馆侧重于展示鲁迅的思想转向与文学成就。

1.绍兴鲁迅纪念馆

绍兴鲁迅纪念馆成立于 1953 年，是新中国成立后浙江省最早建立的人物类纪念馆，被中宣部命名为"全国爱国主义教育示范基地"。

绍兴鲁迅纪念馆位于绍兴市越城区鲁迅中路 235 号，总占地面积为 6000 平方米，总建筑面积约 5000 平方米。它以"老房子、新空间"的设计理念，与该地区传统街巷肌理保持统一。绍兴鲁迅纪念馆收集鲁迅及近现代文物、文献共计 2 万余件，馆藏文物近 6000 件，分手迹、书籍、文件、照片、书画和实物等六大部分。

2.南京鲁迅纪念馆

南京鲁迅纪念馆基于江南陆师学堂及其附设的矿务铁路学堂旧址而建立。1898年，18 岁的鲁迅到南京去求学，在那里，他接触到了自然科学、外国政治、法律等方面的新知识。1902 年，鲁迅获得了赴日留学的机会。

南京鲁迅纪念馆的主体建筑建造于 1895 年，是一栋砖木结构的西式小洋楼。鲁迅就读期间，这栋洋楼是江南陆师学堂附设的矿务铁路学堂总办办公楼，后三江优级师范学堂附属中学堂沿用此建筑作教学和办公场所。整栋建筑为二层八间，在绿树浓荫之下，红瓦青砖，长廊幽深，有一种古朴简洁、静谧雅致的风格。

纪念馆位于南京市鼓楼区察哈尔路 37 号南京师范大学附属中学内，展示内容包括"鲁迅在南京""鲁迅与附中""与鲁迅相遇""与鲁迅同时代的人"等，纪念鲁迅，弘扬鲁迅精神，进行爱国主义教育、革命传统教育。

3.厦门大学鲁迅纪念馆

1926 年 9 月至 1927 年 1 月，鲁迅任厦门大学国文系教授和国学研究院教授，讲授中国文学史和中国小说史。在厦门大学期间，鲁迅最开始住在生物学院三楼东南靠海的国学院,不久即迁居集美楼上左边第二间房,他在这里创作了《写在〈坟〉后面》《范爱农》《奔月》等作品。

1952 年,厦门大学在学校的集美楼创设了鲁迅纪念室。1976 年 10 月,在全国各地鲁迅纪念馆的支持下,厦门大学对鲁迅纪念室进行全面整修,补充大量从全国各地征集、复制来的照片和纪念文物,增辟了陈列室,扩建了馆舍,并将鲁迅纪念室改为厦门大学鲁迅纪念馆。陈列经过多次调整与布置,如今的纪念馆是厦门市爱国主义教育基地,担负着对全市大中小学生进行课外教育的重任。

4.广州鲁迅纪念馆

1927 年 1 月 18 日,鲁迅应中山大学之邀来到广州,担任中山大学文学系主任兼教务主任。从 1927 年 1 月 19 日到 3 月 28 日,鲁迅在中山大学大钟楼二楼办公、居住。之后鲁迅移居白云路白云楼。

广州鲁迅纪念馆筹建于 1957 年,1959 年 10 月 1 日,和广东省博物馆同时开放,归广东省博物馆管辖。2007 年闭馆修缮。2012 年广东省编办批复广州鲁迅纪念馆从广东省博物馆单列出来,独立建制为公益一类事业单位,直属广东省文化厅。2016 年 11 月 12 日重新开馆。现辖有全国重点文物保护单位中国国民党第一次全国代表大会旧址和广东省文物保护单位广东贡院明远楼。2021年,广州鲁迅纪念馆与广东省博物馆合并。

5.上海鲁迅纪念馆

上海鲁迅纪念馆建于 1951 年,是新中国成立后的第一座人物类纪念馆,现为国家一级博物馆。上海鲁迅纪念馆同时管理全国重点文物保护单位鲁迅墓和上海市文物保护单位鲁迅故居,现为全国爱国主义教育示范基地。上海鲁迅故居位于虹口区山阴路 132 弄 9 号（大陆新村九号），为三层新式里弄房屋。1933
年 4 月鲁迅租下其中第一排的 9 号为居所，与夫人许广平和儿子海婴在此度过了人
生最后三年半时光。1936 年 10 月 19 日凌晨，鲁迅在这里与世长辞。纪念馆内藏
品以手稿、遗物、文献和版画为大宗；基本陈列"'人之子'——鲁迅生平陈列"，
曾获第十届全国博物馆十大陈列展览精品奖和 2011 年度上海市博物馆陈列展览评
选精品奖。

　　策展团队对"鲁迅的道路"进行重访，了解各鲁迅馆的收藏体系与展示策略，
从鲁迅走过的人生道路中感悟鲁迅的精神，为策展工作提供重要参考。其中，上海
鲁迅纪念馆与广州鲁迅纪念馆的展览具有一定的特色，值得我们学习和借鉴。

　　上海鲁迅纪念馆的展览"'人之子'——鲁迅生平陈列"打破该馆几十年的编
年体陈列体系，改为完全专题式陈列，将"人之子"作为展览的主题，在"人之子"
的新定位下，提炼出"立人"的陈列总主题。由此，分立出"生命的路"（人生道
路）、"首在立人"（基本思想）、"画出国人的魂灵"（创作成就）、"保存者、
开拓者、建设者"（文化贡献）、"精神界战士"（社会活动）和"人之子"（逝
世及影响）六个部分。[2] 展览注重文物的展示，在形式设计上采用三维设计理念，
增强整体空间的感染力。辅助展项包括：开场大型视频、阴雕像、触摸屏、互动投
影、复原场景、其他视频等。

　　广州鲁迅纪念馆于 2016 年推出了"在钟楼上——鲁迅与广东"展览。这次
展览完全摆脱了以前按照时间叙述鲁迅生平经历的形式，采用专题的形式，重点
展示鲁迅在广东期间的生活与创作，以及与广东人的交往，更是首次展示鲁迅
与许广平的恋爱经过。[3] 展览包括五个部分："人生之路——鲁迅生平掠影"
"南下之梦——鲁迅的广州岁月""名人之交——鲁迅与广东名人""青年之谊——
鲁迅与广东木刻青年""风子之爱——鲁迅与许广平"。展览整体为民国复古设计
风格，对广东街道进行空间氛围的营造，还有多处场景复原。

　　通过对各馆的走访，结合"鲁新馆"藏品全面性、综合性的优势，落地北京的

鲁迅生平展当然不能只彰显北京的地域特色，因为西翼的鲁迅旧居小院已经突出了北京风情，我们希望，和其他兄弟馆比较，"鲁新馆"能够从一个更高的站位全面展示鲁迅先生不凡的一生，这也是由"鲁新馆"丰富的藏品体系决定的。当然，我们也会重点突出一下北京的地域文化特色，毕竟"鲁迅"这个笔名诞生于北京，而鲁迅在北京期间取得的文学成就是独一无二的。我们力争在宏观叙事与微观表达上都有所兼顾，并综合采用各种艺术表现手法呈现，否则就是又一个可以被简单复制的鲁迅生平展而已。

二、藏品挖掘

北京鲁迅博物馆藏品主要由博物馆成立前故居内藏鲁迅遗物、鲁迅纪念馆筹备处暂保管文物和博物馆成立后新入藏品三部分组成，其中大部分来源于许广平及其子周海婴的捐赠，还有鲁迅亲友与美术家的捐赠。馆藏核心文物分为鲁迅藏书和手迹两大类，另外还有与鲁迅相关的史料和物品、鲁迅收藏品、亲友捐赠的文物等。1956年北京鲁迅博物馆建馆后，美术家捐赠了大批以鲁迅相关题材创作的美术作品，作为"一般藏品"入藏。2014年与北京新文化运动纪念馆合并为"鲁新馆"后，增加了鲁迅同时代人相关文物4000余件，藏品体系更加完善、系统。博物馆藏品具体分类如下。[4]

（1）鲁迅藏书类。以中文藏书为主，兼有日文、俄文、英文等藏书。共4000多种、1.3万余册，其中，大部分中文藏书配有副本。

（2）鲁迅手稿手迹类。手稿主要包括著作文稿、日记、书信、辑校古籍和金石录稿、翻译稿。鲁迅的抄书稿、题赠等被视为"手迹"。共 1349 件，包括书信1138 封、著作文稿、辑校古籍和金石录稿、日记、题赠。

（3）鲁迅生平活动史料类。比如毕业文凭、聘书、版税合同、诉讼文件、女师大风潮的各种资料等。

（4）鲁迅日常生活学习类。如各种用具、文具、衣物等。

（5）鲁迅收藏的美术品类。如版画、国画、油画、拓片等。

（6）鲁迅亲友捐赠类。分为"亲友文物"和"特藏文物"两种。"亲友文物"为鲁迅亲属许广平、周作人等人的文物；"特藏文物"为鲁迅生前好友（如许寿裳、钱玄同、江绍原、胡风等）的文物。

（7）一般藏品类。包括馆藏美术品、参考品、纪念品等。

（8）图书及复制件类。包括旧资料、版本图书、文物复制件等。

鲁迅手稿是鲁迅精神的重要载体，是博物馆极为珍贵的藏品，也是展览中最重要的展品之一。鲁迅逝世后，手稿就被影印出版。2021 年，国家图书馆出版社、文物出版社联合出版了新版《鲁迅手稿全集》。新版《鲁迅手稿全集》全套共 78 册，分为文稿编、译稿编、书信编、日记编、辑校古籍编、辑校金石编、杂编 7 编，共收录鲁迅手稿影像 3.2 万余页，较已出版的手稿增加近 1.5 万页，囊括了至出版当年所能搜集并确认的全部鲁迅手稿，彩色影印出版。鲁迅手稿主要收藏于国家图书馆、北京鲁迅博物馆、上海鲁迅纪念馆、绍兴鲁迅纪念馆、广州鲁迅纪念馆等机构，因此，这项鲁迅手稿的编辑整理工作由这几家鲁迅手稿收藏机构合作完成。此书对每一件手稿都加以鉴定、考证和审核，不仅提供其名称、时间、数量、尺寸、收藏者等信息，还就相关问题详加备注。北京鲁迅博物馆作为鲁迅手稿的重要收藏机构，在参与《鲁迅手稿全集》的出版工作过程中，也对鲁迅手稿进行了再次梳理与深度研究。扎实的藏品研究是做好陈列展览工作的基础，只有充分掌握馆藏文物数量与类别，通晓鲁迅相关其他文物收藏于哪些机构，才能高效地组织展览中的精品，让鲁迅展览有"血"又有"肉"，让文字与展品紧密配合述说鲁迅生平的故事。

　　"鲁新馆"的收藏体系既像一张时间之网，又像一个社群，汇集的是鲁迅与同时代人的作品、思想和情感。这些文物讲述了多个故事，而非单一事件。围绕着"鲁迅的道路""生命的路"主题，根据展览叙事结构，我们特别对之前没有展出过的藏品进行了再挖掘，深入考察其背后的故事，将之镶嵌进历史脉络之中。

　　鲁迅藏书类藏品，几乎各个时期都会涉及，我们重点选择鲁迅曾经在文章中多次提到的书、精心阅读过的书、朋友题签本等，兼及多个学科。为了保护珍贵版本，在展出时尽量选择文物的副本。鲁迅生平活动史料类藏品，我们主要选择与其思想、所历事件和生活直接相关联的，比如毕业文凭、教育部委任状等。鲁迅日常生活学习类藏品，我们选用其使用过的修书工具、戴过的眼镜、穿过的衣物、爱人缝制的生活用品等，还原生活化的鲁迅，拉近鲁迅与观众的距离。鲁迅收藏的美术品类藏品，"北京"部分我们集中展示了各类"古物"。上海时期，鲁迅大力倡导新兴木刻运动，培育青年版画家，我们选择了鲁迅收藏的部分青年版画家的作品集中展示。鲁迅亲友捐赠类藏品，在展览中所用数量不多，主要是与鲁迅相关藏品相配合，多角度呈现鲁迅所历重要事件、所取得的文学业绩，以及同仁交游等。比如，兄弟失和，二弟写给鲁迅的绝交信足以表现这一对鲁迅人生产生极大影响的事件。而我们展示鲁迅在《新青年》杂志上发表的文章时，配合选用他与编辑部同仁的往来书信，则更加丰富地呈现出鲁迅新文学活动的过程及其所取得的业绩。其他图书和旧资料类藏品，我们重点选择了期刊，如《新青年》杂志、《新潮》杂志、《太白》半月刊等。"一般藏品"中的馆藏美术品类藏品，我们主要在"身后"部分展示了当代美术家创作的鲁迅肖像版画作品。

　　鲁迅遗物当年特意分散于多个机构收藏而非集中一地，以避风险。因此，在遴选馆藏文物的基础上，我们必须向国家图书馆、广州鲁迅纪念馆、厦门大学鲁迅纪念馆、上海鲁迅纪念馆和北京档案馆等兄弟单位寻求帮助，当然也得到了各收藏机构的大力支持。国家图书馆提供了一部分鲁迅手稿的原版影印资料；广州鲁迅纪念馆提供了鲁迅在广州时期创作的作品手稿及与工作、生活相关资料；厦门大学鲁迅纪念馆提供了鲁迅在厦门大学的资料；上海鲁迅纪念馆提供了鲁迅相关手稿及当年留存于上海的与鲁迅逝世相关的档案资料；北京市档案馆提供了《京师公立通俗图书馆阅图书规则》和鲁迅手稿的原版影印资料。对外馆机构提供的资料，我们都进行了高清复制，以复制品的形式在展览中展出。

　　历年"鲁迅生平陈列"中曾高频亮相的核心文物，此次改陈自然是照单全收，但这不是改陈的重点，重点在于藏品再挖掘、再遴选、再组合，重新编码，对鲁迅生平史构成有益的补充。

三、重新编码

　　"鲁迅生平陈列"的大纲撰写团队主要来自研究室，也有陈列部的同志，展览按照鲁迅生前足迹所至及身后纪念分为九个单元，每一位成员负责一至两个单元。尽管研究方向各有侧重，对于鲁迅研究也存在薄弱环节，但是，本着精诚合作的精神，团队充分发挥集体智慧。在策展的过程中，我们经常开会讨论，请教专家同行，碰撞思想，激发灵感，经历了学术成长的蜕变，品尝到了进步的喜悦，仿佛追随鲁迅的脚步，走了一条披荆斩棘之路。每位主创人员都有一番难忘的心得，也都有说不尽的酸甜苦辣，当然也不乏有趣的故事。

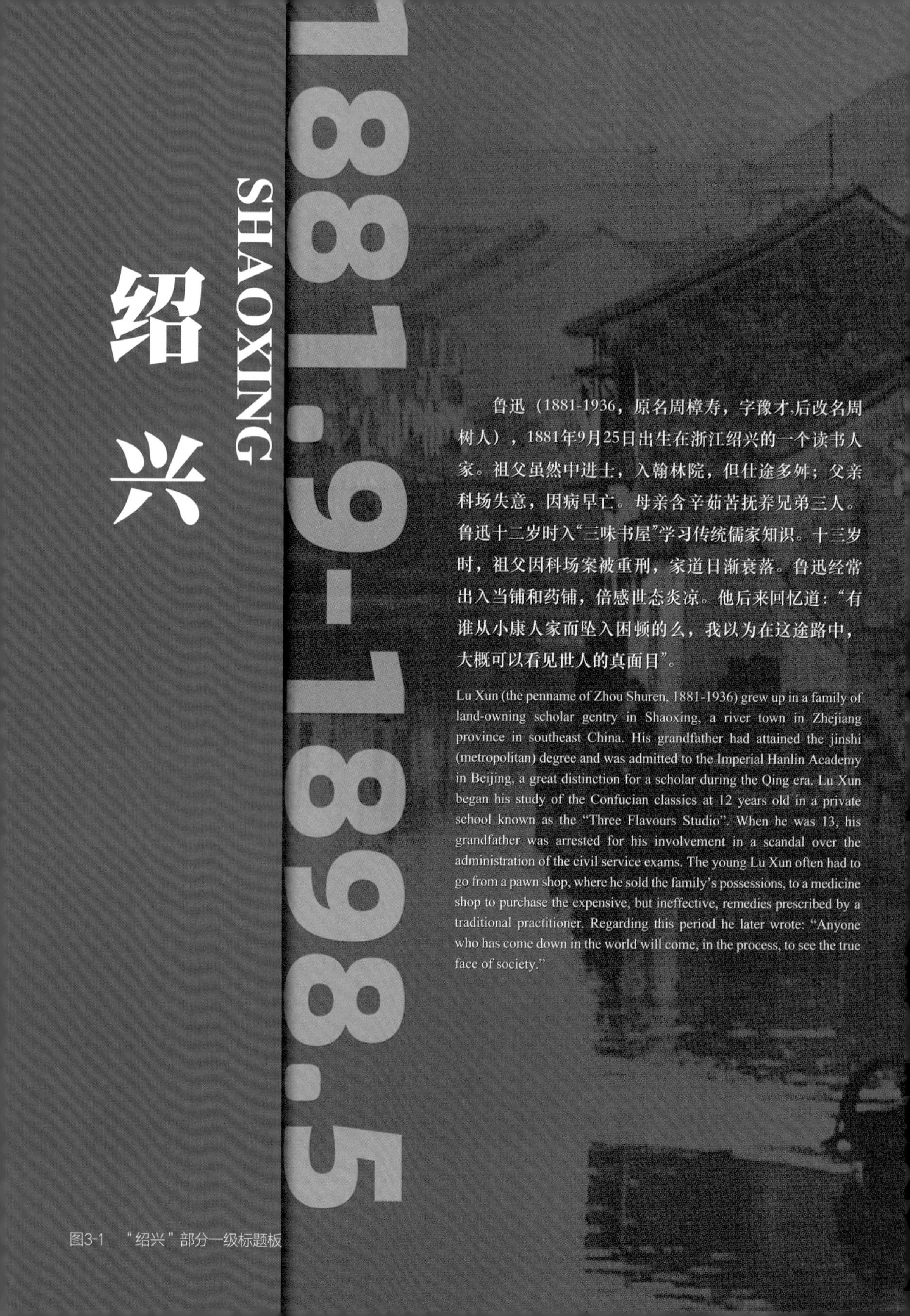

绍兴

SHAOXING

1881.9-1898.5

鲁迅（1881-1936，原名周樟寿，字豫才,后改名周树人），1881年9月25日出生在浙江绍兴的一个读书人家。祖父虽然中进士，入翰林院，但仕途多舛；父亲科场失意，因病早亡。母亲含辛茹苦抚养兄弟三人。鲁迅十二岁时入"三味书屋"学习传统儒家知识。十三岁时，祖父因科场案被重刑，家道日渐衰落。鲁迅经常出入当铺和药铺，倍感世态炎凉。他后来回忆道："有谁从小康人家而坠入困顿的么，我以为在这途路中，大概可以看见世人的真面目"。

Lu Xun (the penname of Zhou Shuren, 1881-1936) grew up in a family of land-owning scholar gentry in Shaoxing, a river town in Zhejiang province in southeast China. His grandfather had attained the jinshi (metropolitan) degree and was admitted to the Imperial Hanlin Academy in Beijing, a great distinction for a scholar during the Qing era. Lu Xun began his study of the Confucian classics at 12 years old in a private school known as the "Three Flavours Studio". When he was 13, his grandfather was arrested for his involvement in a scandal over the administration of the civil service exams. The young Lu Xun often had to go from a pawn shop, where he sold the family's possessions, to a medicine shop to purchase the expensive, but ineffective, remedies prescribed by a traditional practitioner. Regarding this period he later wrote: "Anyone who has come down in the world will come, in the process, to see the true face of society."

图3-1 "绍兴"部分一级标题板

（一）绍兴：从小康人家而坠入困顿（1881年9月—1898年5月）

    1881 年 9 月 25 日，鲁迅诞生于绍兴都昌坊口周氏新台门。绍兴多有先贤，他们既是历史长河大浪淘沙所萃存的文化记忆，也是鲁迅精神孕育之源。展示好鲁迅精彩描绘过的故乡，提炼他少时所汲取的精神源流，突出在风雨飘摇的历史情境下，面对家国困境，其所做出的艰难抉择，是这一部分展览的重点。此部分展览有图片 30 幅，实物 29 件（套）。策展人员充分吸收此前展陈的宝贵经验，读透每件展品所要传达的寓意与信息，希望传承精粹。需说明的是，本部分所展示鲁迅少时照片为现代技术虚拟，并非真实照片。

    去绍兴调研时，季节虽已迈入秋天，但令人感受深刻的却是鲁迅家园中所缀满的绿。鲁迅故居后院的石阶上生满了细腻的青苔，正映衬着"苔痕上阶绿"的诗意；兰亭悠悠的渠水恰如翠色的碧玉，闪烁起粼粼的波光，又岂非"雨过青天云破处"的颜色？"绍兴"部分的展板预想为青绿色基调，背景为水乡图片，乌篷船摇曳于水中，欸乃一声山水绿（图3-1）。鲁迅之路由此开始。

1.海岳精液　善生俊异

    鲁迅出生于绍兴都昌坊口。绍兴多有先贤，展览选取大禹、勾践、王羲之等乡贤的遗迹图片，以展示孕育了鲁迅的这方水土的丰厚文化积淀（图3-2）。迅哥儿在百草园玩耍，在三味书屋学习，在恒济当铺感受到人间百味，他笔下的长庆寺、咸亨酒店、土谷祠矗立于此，咸欢河水川流而过。墙壁上的立式沙盘显示了鲁迅此时居住生活的环境与位置，形成开篇的时空坐标，呈现"海岳精液，善生俊异"的初貌。随后，时空坐标转至"鲁迅的家世"，周氏家族聚族而居的老台门照片和蓝底金字的翰林匾额承载着历史，"鲁迅的家世简谱"书写着血脉，威严庄重的祖父母的画像和鲁迅幼时听故事依傍的桂花树图片保存着情感。下方展柜中展陈着鲁迅手抄的祖父治家格言《恒训》及诗集《桐华阁诗钞》，抄稿清晰工整，一丝不苟，显示着传承。鲁迅儿时佩戴的饰物展示了当时的民俗，其中的"牛绳"上面挂着历本、银筛之类的"辟邪物"。银筛是鲁迅婴儿时代所佩戴的，是当时留存至今的唯一纪念物，一直由母亲随身携带，至鲁迅回北京探亲时才交付鲁迅。展览展出了父亲周伯宜的画像、母亲鲁瑞的照片和鲁迅出生地的照片，并配以《鲁迅自传》中鲁迅的自述："我于一八八一年生于浙江省绍兴府城里的一家姓周的家里。父亲是读书的；母亲姓鲁，乡下人，她以自修得到能够看书的学力。"

本单元的多媒体为《好的故事》中描写的水乡记忆。展览以多媒体演绎鲁迅记忆中的水乡景色。

　　我仿佛记得曾坐小船经过山阴道，两岸边的乌桕，新禾，野花，鸡，狗，丛树和枯树，茅屋，塔，伽蓝，农夫和村妇，村女，晒着的衣裳，和尚，蓑笠，天，云，竹，……都倒影在澄碧的小河中，随着每一打桨，各各夹带了闪烁的日光，并水里的萍藻游鱼，一同荡漾。诸影诸物，无不解散，而且摇动，扩大，互相融和；刚一融和，却又退缩，复近于原形。边缘都参差如夏云头，镶着日光，发出水银色焰。凡是我所经过的河，都是如此。

——鲁迅《好的故事》

《好的故事》已收入教育部统编语文教材六年级上册，与孩子们有密切的联结。对《好的故事》的阐释有许多种，其中有表达理想破碎、追求美好、回忆江南水乡风情、思索"黑暗"与"虚无"、寄寓心理"回乡"、追寻生命意义等观点。鲁迅文字中对水乡记忆的描述是真实的，是发之于情感的。从心理学角度看，童年时代的记忆，是受到钟爱的，可以称为"暖记忆"，它对其后经历过诸多黑暗的鲁迅来说，是一种创伤的修复。在鲁迅少时，有过数不清的水上行舟经验。比如新年后坐小船到小南山、印山、啸唫、安桥头、鲁圩、道圩、

图3-2 "绍兴"部分"海岳精液 善生俊异"单元

吴融，开舟至调马场等拜坟，往灌英桥，由若耶溪回家，等等。坐船时间有晨时，有午时，亦有夜间，其感受也是多种多样的。山阴之水流过，在悠长的时间序列里，这些儿时的感受被记录、演化并形成记忆，深深嵌入鲁迅的潜意识中。我们可以从这些充满想象的描述出发，探寻和回溯鲁迅的精神世界。

2.宁召书癖兮来诗囚

鲁迅的少年生活这一部分的难点是如何去呈现百草园。百草园不仅是一处植物园，它已经成为鲁迅记忆空间的专名，是其童年乐园的永恒象征，也是其文学精神的"后花园"。谁能忽视这样一段有如神来之笔的文字呢？

> 我家的后面有一个很大的园，相传叫作百草园。……不必说碧绿的菜畦，光滑的石井栏，高大的皂荚树，紫红的桑椹；也不必说鸣蝉在树叶里长吟，肥胖的黄蜂伏在菜花上，轻捷的叫天子（云雀）忽然从草间直窜向云霄里去了。单是周围的短短的泥墙根一带，就有无限趣味。
>
> ——鲁迅《从百草园到三味书屋》

这次展陈原设想陈列出云雀、鸣蝉、皂荚、桑葚的标本，建构一个微观百草园，满足孩子们的好奇心，让他们明确这些生物究竟是什么样子的，但是因顾虑标本存放的温湿度控制，以及摆放后是否会有虫害引起通柜中其他纸质文物的破坏，最终放弃了这一想法，而选择了一张百草园旧照作为历史情境的再现。在黑白的光线中，一方狭小的水塘倒映着日影，高低不平的园地、颓垣断壁、肥硕的菜叶还有枝枝杈杈的小树组建出一个审美世界，时光仿佛回归。也许，在某一个傍晚，少年鲁迅就在水塘边注目、沉思、徘徊，或轻吟又或欢跳，为一只受伤的黄蜂而难过，为收获一颗果实而欣喜。这是一个真实的、生动的、自然的天地。

但是，除了物之世界中的百草园外，还有没有其他的令孩子们感兴趣的地方呢？鲁迅小时候其实是非常有好奇心的，他3岁时曾将万花筒拆开，对此一直记忆犹新。少年鲁迅是否另有一个精神世界中的"百草园"和"动物园"呢？这也许就是其所读的图书《山海经》，书中有"人面的兽，九头的蛇，三脚的鸟，生着翅膀的人，没有头而以两乳当作眼睛的怪物"；或是《毛诗品物图考》中那些被真实描绘出的鸟兽鱼虫等自然生物。那些动物，形色逼真，香臭艳净、狠驯猛顺之情，都直观地郁然呈现，大人们指示给儿童看，孩子们则能一目了然，可以不用再烦扰大人去解释。在书里，无论是呦呦鹿鸣，还是维熊维罴，或是鲁迅后来考证的"螟蛉有子，果蠃负之"，都有着种种的线索。图画比文字更加形象、具体，能给人以直观印象。可以想象，10岁左右的鲁迅，拿到这些宝书时的欣喜雀跃之情。这个丰沛开阔、奇幻无垠的书本世界营造出孩童自得其乐而又乐在其中的想象空间。儒学启蒙中"多识于鸟兽草木之名"的博物君子之教对鲁迅产生了深远的影响。

这一时期也是鲁迅所经历过的"读图时代"。从《老鼠娶亲》的花纸,到《山海经》《毛诗品物图考》《诗画舫》,再到《古今名人画谱》等,鲁迅自少时起就很悦意看这样的图画,并一直保持了这一爱好,有了初步的美育熏陶。爱读书的鲁迅并没有仅仅局限于文字之中,少年鲁迅还喜欢亲自去做,在实践中参照已有的说法看到底对不对。比如,鲁迅种植花草,他以自己的实际观测纠正或补充书本的记载。他在阅读《花镜》时,将"深春开小白花"改为"春深开小白花",等等。展品《花镜》所展示的页面,正是鲁迅结合自己的种植经验,对《花镜》文字进行批改的页面。

值得一提的是几份新藏品。一是鲁迅手抄的《镜湖竹枝词百首》。鲁迅读完堂叔祖也即其启蒙老师周玉田的《镜湖竹枝词百首》后,认真抄录一册(图3-3),卷

图3-3 鲁迅手抄的《镜湖竹枝词百首》

末写上六个工整的小楷字：侄孙樟寿谨录。这种抄录书写行为，不仅构成鲁迅诗词写作的起点，夯实了语言，也在不断强化着家族的文脉传承记忆。二是鲁迅藏书《越谚》。《越谚》的作者范寅（1827—1897），别署扁舟子，皇甫庄人。鲁迅外婆家典住的正是范寅家旗杆台门西半部的房子，这是一个多么难得的文缘相系。在皇甫庄玩耍的鲁迅应听说过这样的近邻，他在后面的文字书写中，也常以此书为依据，颇受其影响。

这一单元主要是展现少年鲁迅的读书生活，所以选用"宁召书癖兮来诗囚"的诗句，显示其当时的嗜书之深。书本打开了知识的世界，滋润着鲁迅少时的精神天地。他如同翱翔的鹰隼，在文字的大千世界、宇宙洪荒里驰骋，陪伴他的不仅有生活中的好友，更有他脑海里的种种奇异的动植物，而这影响了他的一生。

3.风雨如磐暗故园

本单元反映的是家国困顿，映衬着当时风雨如晦的时代背景。鲁迅13岁时，遭受了一场重大变故，祖父被逮捕下狱，鲁迅被送到舅父家避难；父亲病倒，鲁迅常来往于当铺和药店，饱尝了时世的冷眼与艰辛。

> 我有四年多，曾经常常，——几乎是每天，出入于质铺和药店里，年纪可是忘却了，总之是药店的柜台正和我一样高，质铺的是比我高一倍，我从一倍高的柜台外送上衣服或首饰去，在侮蔑里接了钱，再到一样高的柜台上给我久病的父亲去买药。……然而我的父亲终于日重一日的亡故了。
>
> ——鲁迅《〈呐喊〉自序》

展览以图片的形式展现了清政府处理周福清文书和鲁迅常去的当铺与药店，以周伯宜的借约实物，显示其家境的中落。在帝国主义列强妄图瓜分中

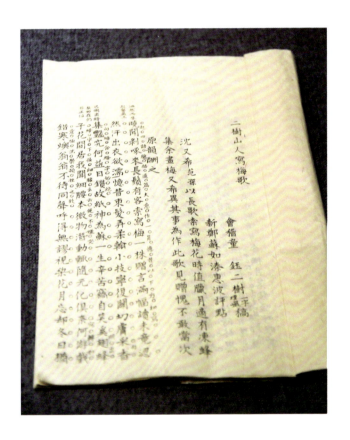

图3-4　鲁迅抄录的清童钰《二树山人写梅歌》，共25页

国，国家处于风雨飘摇之际，《时局图》《知新报》展示出时局艰危。鲁迅曾在书信中对《知新报》中所报道的祖国存亡和故乡安危表现出深沉忧虑。他求学励志、振奋自勉。展览以其所读图书的实物如《酉阳杂俎》《明季稗史汇编》等展现他当时求学若渴之精神，这些书帮助他认识了中国的历史和社会；以鲁迅手书的《拟购书目》展现其读书之广；以鲁迅手书乡人童钰的《二树山人写梅歌》（图3-4）展现其爱乡、爱国情怀。

4.文章得失不由天

　　鲁迅 12 岁时到三味书屋读书，师从寿镜吾。寿镜吾先生教书极其认真，他不喜八股文，所教授的多是经史纲要、唐宋诗、古文词等，鲁迅在此学习，耳濡目染、心领神会，为他的传统文化修养打下了坚实基础。本单元展示了三味书屋外景和内景照片（图3-5），寿镜吾先生的像置于背景墙上，同时复原了鲁迅读书的场景——带"早"字的书桌。"早"字书桌复原场景的右侧面是前一单元的《时局图》和《知新报》，它们相互照应。这个场景亦可展示出在风雨如晦的时局之下，于书桌前求学的鲁迅怀有的复杂心情。本次展陈在鲁迅的"早"字书桌上，摆放了科举考试用书。他从 1896 年开始，奉祖父之命，跟从寿镜吾之子寿洙邻读制艺教程《曲园课孙草》，1897 年，奉塾师之命，在家做八股文、试帖诗，送寿洙邻批改，后寄杭州，送祖父审阅。在周作人的日记中，记有鲁迅 1898 年发自绍兴的信函，其中附其所作的诗文两篇。文题一云《义然后取》，二云《无如寡人之用心者》，诗题一云《百花生日（得花字）》，二云《红杏枝头春意闹（得枝字）》，由寿洙邻修改。这也与此时祖父送他《唐宋诗醇》密切相关。但是鲁迅个人并不喜欢八股，认为这种描头画角之事不能启发心灵。所以，本次展览尊重历史事实，摆上科举用书，说明鲁迅受过传统儒学的教育，并为应付科举考试做过准备，但他日后弃考的实际行动也证明了他对科举考试的态度。

　　本单元重点展出了鲁迅祖父周福清寄给鲁迅兄弟的《诗韵释音》《唐宋诗醇》二书，以表现他对鲁迅兄弟读书的指导（图3-6、图3-7）。1889 年，鲁迅得到祖父从北京寄回的《诗韵释音》两部。祖父在给鲁迅父亲的信中说，该书"可分与张、魁两孙逐字认解，审音考义，小学入门（吾乡知音韵者颇少，蒙师授读别字连篇），勉之"。1898 年，祖父又将一部木版《唐宋诗醇》由杭州寄回家中，书中夹一字条"示樟寿诸孙"，指导子孙"初学先诵白居易诗，取其明白易晓，味淡而永。

图3-5　三味书屋场景复原

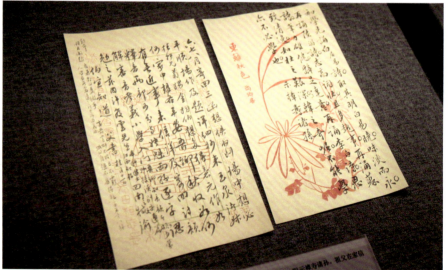

图3-6 祖父从杭州寄《唐宋诗醇》给鲁迅兄弟（上）

图3-7 鲁迅祖父致鲁迅父亲的信与示樟寿诸孙的字条。祖父在家信中指示鲁迅兄弟读书学习的路径
（下）

再诵陆游诗，志高词壮，且多越事。再诵苏诗，笔力雄健，辞足达意。再诵李白诗，思致清逸。如杜之艰深，韩之奇崛，不能学亦不必学也"。在教育儿童的方法上，祖父主张先让儿童读一点历史书，然后再读《西游记》一类小说。这些都反映了祖父关心子孙的学习，希望他们学有所成。

（二）南京：走异路，逃异地（1898年5月—1902年3月）

1898—1902 年的鲁迅，从水乡绍兴到南京城，从周樟寿到周树人，从接受传统科举训练到就读新式学堂，从少年到青年……"鲁迅的'立人'思想、进化论观念、对西医的认同等等，均可在其南京求学生活中找到原点"[5]。南京时期是其成长和世界观形成的关键时期。

鲁迅就读南京的史料记载多散见于鲁迅、周作人等所写回忆性文章中，留存文物较少，仅有 25 件（套）。因展陈空间提升改造，展厅封闭了原有的窗户，虽占地面积不变，但展示空间扩大了一倍，这一时期使用了 24 件（套）文物（《原富》因需回库养护，未展出），23 幅图片。其中，重要文物有一枚刻有"戎马书生"的印章、一页鲁迅重订《徐霞客游记》时自拟的卷目和"题跋"、一套《徐霞客游记》、一套六卷《金石识别》、五件鲁迅在南京时期的手抄讲义、一张毕业执照。另有《周作人日记》抄录的鲁迅这一时期的一些诗文，本次展出《别诸弟》《庚子送灶即事》《祭书神文》。鲁迅当时先后就读的江南水师学堂、江南陆师学堂附设的矿务铁路学堂这样的不可移动文物因历史沿革，遭到不同程度的破坏，只能用拍摄于 1949 年后的老照片。上述文物中的手抄讲义、《金石识别》等藏于绍兴鲁迅纪念馆。此外，藏于中国第二历史档案馆、南京鲁迅纪念馆、中国近代影像资料库等机构的照片，策展人均积极联络上述机构获取。

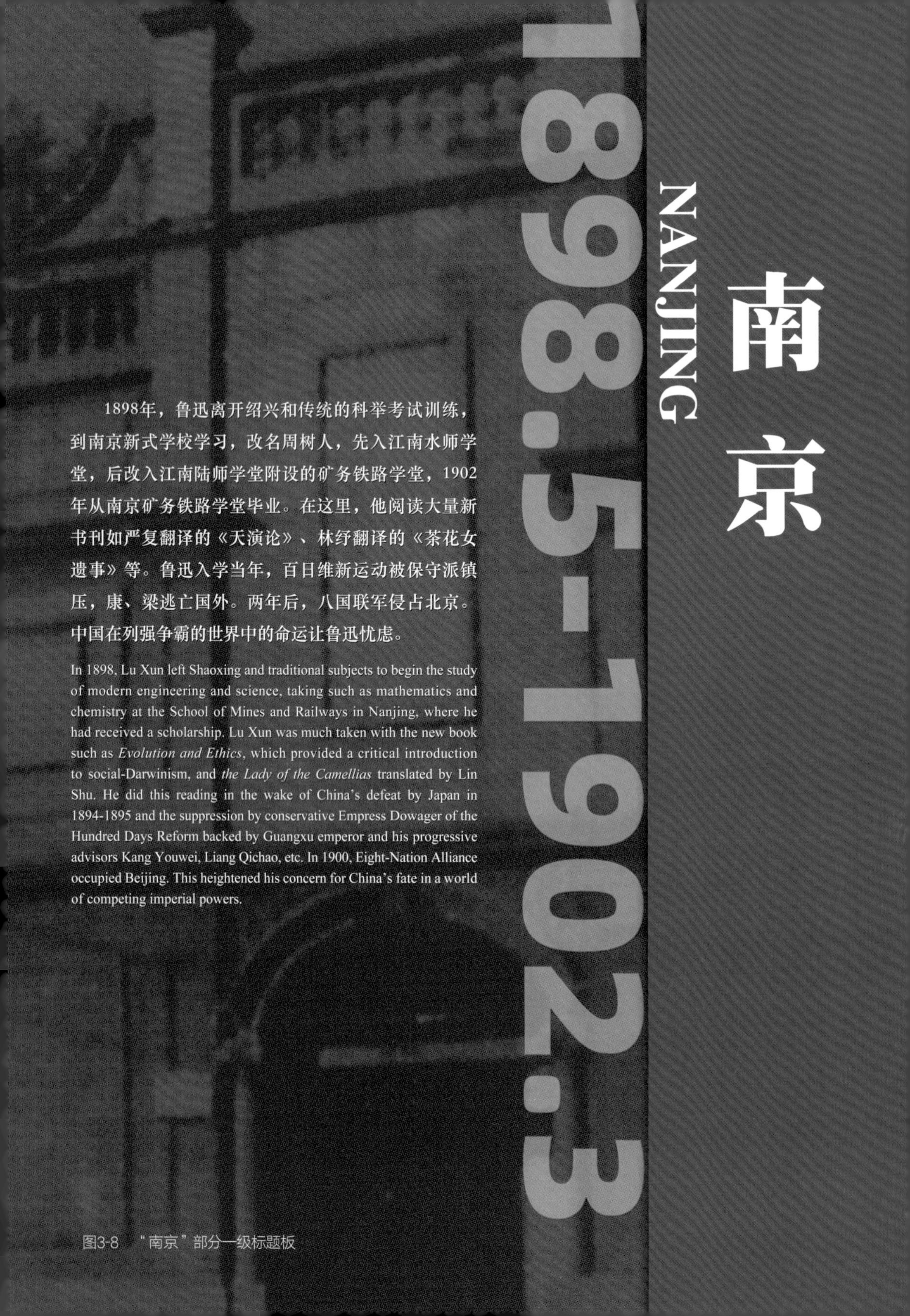

南 京

NANJING

1898年，鲁迅离开绍兴和传统的科举考试训练，到南京新式学校学习，改名周树人，先入江南水师学堂，后改入江南陆师学堂附设的矿务铁路学堂，1902年从南京矿务铁路学堂毕业。在这里，他阅读大量新书刊如严复翻译的《天演论》、林纾翻译的《茶花女遗事》等。鲁迅入学当年，百日维新运动被保守派镇压，康、梁逃亡国外。两年后，八国联军侵占北京。中国在列强争霸的世界中的命运让鲁迅忧虑。

In 1898, Lu Xun left Shaoxing and traditional subjects to begin the study of modern engineering and science, taking such as mathematics and chemistry at the School of Mines and Railways in Nanjing, where he had received a scholarship. Lu Xun was much taken with the new book such as *Evolution and Ethics*, which provided a critical introduction to social-Darwinism, and *the Lady of the Camellias* translated by Lin Shu. He did this reading in the wake of China's defeat by Japan in 1894-1895 and the suppression by conservative Empress Dowager of the Hundred Days Reform backed by Guangxu emperor and his progressive advisors Kang Youwei, Liang Qichao, etc. In 1900, Eight-Nation Alliance occupied Beijing. This heightened his concern for China's fate in a world of competing imperial powers.

图3-8 "南京"部分一级标题板

　　南京是"周树人"诞生的地方，鲁迅"走异路，逃异地"，去南京投奔堂叔祖
周椒生，考入了江南水师学堂。周椒生认为鲁迅入新式学堂实在有失翰林家风，不
宜使用家谱中的名字，遂将"樟寿"的本名改为"树人"。策展时本想突出展示这
一历史事件，但文物中刻有"周树人"的印章并不是这一时期所刻制并使用的，因
缺少相关文物作支撑，对于周樟寿改名为周树人这一事实只好在讲解词中予以强调，
另外就是在这部分最后所展示的清政府颁发的矿务铁路学堂毕业执照中予以体现。

　　"南京"部分的展陈策划始终紧紧围绕"鲁迅的道路""生命的路"主题(图3-8)。
时代洪流的裹挟，家庭境遇的变化，站在人生的"十字路口"，鲁迅的选择令人深
思。这部分同样贯彻用鲁迅的旧体诗、自述、照片、手稿、藏书这五条线索来表现
主题的思路，串联起鲁迅的生平。

1.石头城上月如钩

　　该句出自1931年6月14日鲁迅为宫崎龙介所书之诗：

> 大江日夜向东流，聚义群雄又远游。
> 六代绮罗成旧梦，石头城上月如钩。

　　1931年的鲁迅有感于时政而作此诗，诗中投射了鲁迅对南京的记忆与情感。
但此处用作单元标题，只是借用诗句中南京的旧称"石头城"。"石头城上月如钩"，
顾名思义南京城上空挂着如钩的弯月。鲁迅从水乡绍兴走水路到六朝古都南京，从
下关上岸，一进仪凤门，便"看见它那二十丈高的桅杆和不知多高的烟通"。南京
城巍峨的城门、江南水师学堂里高高的桅杆和烟囱，给初到南京的鲁迅留下了极深
的印象。"可爱的是桅杆。……乌鸦喜鹊，都只能停在它的半途的木盘上。人如果
爬到顶，便可以近看狮子山，远眺莫愁湖，——但究竟是否真可以眺得那么远，我
现在可委实有点记不清楚了。而且不危险，下面张着网，即使跌下来，也不过如一

条小鱼落在网子里；况且自从张网以后，听说也还没有人曾经跌下来"。鲁迅对桅杆那种"可爱"的记忆是不是因为爬上桅杆远眺便能获得片刻的轻松？夜深人静，鲁迅看到明月如钩挂在天上，思念着故乡、亲人，迷茫于前路，思索着家国命运……

这一单元主要展示当时的社会背景和鲁迅的学习生活。展览以 8 幅图片展示南京城和江南水师学堂的环境，文摘选用《朝花夕拾·琐记》中的"功课也简单，一星期中，几乎四整天是英文：'It is a cat.''Is it a rat？'一整天是读汉文：'君子曰，颍考叔可谓纯孝也已矣，爱其母，施及庄公。'一整天是做汉文：《知己知彼百战百胜论》《颍考叔论》《云从龙风从虎论》《咬得菜根则百事可做论》。初进去当然只能做三班生，卧室里是一桌一凳一床，床板只有两块。头二班学生就不同了，二桌二凳或三凳一床，床板多至三块。不但上讲堂时挟着一堆厚而且大的洋书，气昂昂地走着，决非只有一本'泼赖妈'和四本《左传》的三班生所敢正视；便是空着手，也一定将肘弯撑开，像一只螃蟹，低一班的在后面总不能走出他之前"。鲁迅在江南水师学堂入的是管轮班，因为这"乌烟瘴气"的氛围，鲁迅决定转考入江南陆师学堂附设的矿务铁路学堂。这一主动选择，说明鲁迅不是被动消极地被命运推着走，而是有自己的思考和选择并为之努力的。展览用江南陆师学堂的宿舍、饭厅、礼堂、德籍教员楼、1898 年全体教职人员合影等 5 幅老照片和《金石识别》《求矿指南》《通物电光》《化学分原》《金工教范》5 本鲁迅当时所学习的课本，来营造展示鲁迅在江南陆师学堂的学习生活。用 5 幅图片表现当时重大的历史事件：康有为、梁启超、谭嗣同三人像展示 1898 年百日维新失败；八国联军总司令瓦德西率军穿过午门进入紫禁城、八国联军士兵全副武装随意站在紫禁城破败的大殿外，这两张图片中代表皇权的紫禁城成了八国联军的演武场，直观展示了 1900 年八国联军侵占北京的情景。

南京读书时期的展示空间呈一个不规则的"口"字形，左右两端因上承"绍兴"部分下启"日本"部分而留有通道，参观动线要"回头看"，相对不那么流畅，

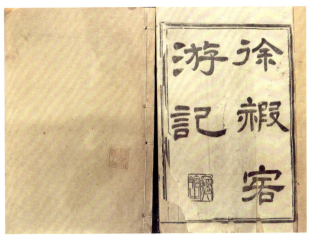

图3-9　"戎马书生"印章（左）
图3-10　1898年鲁迅购买的《徐霞客游记》，第一册内盖有"戎马书生"印（右）

于是在这一区域的中部设独立展柜，既展示了这一时期最重要的一组展品，也使参观动线相对流畅。独立展柜中展出"戎马书生"印章和此时期鲁迅购入的加盖有此印章的《徐霞客游记》以及1900年冬末鲁迅重订《徐霞客游记》时自拟卷目和"题跋"手稿。鲁迅在南京除了学习书本知识，还会骑马，经常骑马到旗人驻防的明故宫。他后来在《杂忆》中说："这里本是明的故宫，我做学生时骑马经过，曾很被顽童詈骂和投石，——犹言你们不配这样，听说向来是如此的。"1935年，他在给萧军、萧红的信中也说："我是南边人，但我不会弄船，却能骑马，先前是每天总要跑它一两点钟的。"他也以"戎马书生"自况。"戎马书生"印章（图3-9），突出鲁迅的血性和"热"，辅以此时期购入的加盖有此印章的《徐霞客游记》（图3-10）以及1900年冬末鲁迅重订（由原来的八册重订为四册）《徐霞客游记》时所拟的卷目和"题跋"，表达鲁迅当时阅读《徐霞客游记》的认真，以及对徐霞客的科学探索精神的推崇。

　　　鲁迅转考入的南京陆师学堂附设的矿务铁路学堂，课程内容仿德制，有三名德国洋教习。鲁迅曾回忆，"这回不是 It is a cat 了，是 Der Mann，Das Weib，Das Kind。汉文仍旧是'颍考叔可谓纯孝也已矣'，但外加《小学集注》。论文题目也小有不同，譬如《工欲善其事必先利其器论》，是先前没有做过的。此外还有所谓格致，地学，金石学，……都非常新鲜。但是还得声明：后两项，就是现在之所谓地质学和矿物学，并非讲舆地和钟鼎碑版的。只是画铁轨横断面图却有些麻烦，平行线尤其讨厌"。鲁迅的回忆可与目前鲁迅所留下的手抄讲义《几何学》《开方》《开方提要》《八线》《水学入门》对应，从这些可看出他上课专心，做笔记认真。如何将这种良好的学习习惯和求学精神直观地体现出来呢？莫过于利用多媒体装置展示其读书时的手抄讲义以及阅读书籍的批注。用中国古老的书写工具——毛笔，书写"新知识"，旧学传统、新学训练看似矛盾，在鲁迅身上却熔铸在一起，成为形塑鲁迅的重要一环。首先，在多媒体装置上方我们选用出自《〈呐喊〉自序》的文字："在这学堂里，我才知道世上还有所谓格致，算学，地理，历史，绘图和体操。生理学并不教，但我们却看到些木版的《全体新论》和《化学卫生论》之类了。……而且从译出的历史上，又知道了日本维新是大半发端于西方医学的事实。"从江南水师学堂转考入江南陆师学堂附设的矿务铁路学堂，鲁迅眼前打开了一扇新的大门。其次，除将手抄讲义和批注用图片形式直观展示外，我们还挑选适合的内容转换为三选一或二选一的选择题（正确选项为蓝绿色，错误选项为红色）并设置答案解析将相关内容的笔记展示出来，增加趣味性和互动性。最后，在多媒体屏幕高度设计上我们也充分虑及青少年观众的身高，增加他们观看的舒适度（图3-11）。多媒体翻页方式最初设计的是符合现代人阅读习惯的从右往左翻，为了贴合那个时代的阅读习惯便改成了从左往右翻。多媒体界面及背景我们选择素雅的颜色、纸纹肌理，以鲁迅笔记中的手绘图案，如《水学入门》中的水秤、《几何学》中画辅助线的组合图形为点缀，每一级标题以颜色渐淡作区分。在题目在这学堂里，我才知道世上还有所谓格致，算学，地理，历史，绘图和体操。生理学并不教，但我们却看到些木版的《全体新论》和《化学卫生论》之类了。……而且从译出的历史上，又知道了日本维新是大半发端于西方医学的事实。

图3-11　"鲁迅在南京时期的课本"多媒体互动装置

设计的广度和难度上，我们因缺乏专业学科的知识背景未能完全体现鲁迅学习的内容，后期，我们会对多媒体题目定期进行调整，也可增加内容，比如增加鲁迅阅读的《译书汇编》《苏报》等书报。

2.扫除腻粉呈风骨

此句出自鲁迅 1900 年所写的《莲蓬人》（这首诗录自周作人日记所附《柑酒听鹂笔记》，署名戛剑生，是与"戎马书生"意思相近的又一个号。周作人抄录后注明"庚子旧作"）。全诗为：

> 芰裳荇带处仙乡，风定犹闻碧玉香。
> 鹭影不来秋瑟瑟，苇花伴宿露瀼瀼。
> 扫除腻粉呈风骨，褪却红衣学淡妆。
> 好向濂溪称净植，莫随残叶堕寒塘！

该诗将莲蓬比拟成人，意为莲蓬人用菱叶做裙子，用水草做腰带，静静矗立在仙乡水池，风停了，仍可闻到清新的香气。鹭鸶已经很少见了，这是秋天瑟瑟的季节，只有苇花和秋露伴夜而眠，何其清凉。这个季节，风扫尽花蕊，莲蓬人呈现了不一样的风骨，脱去了红色的衣裳，呈现出清雅的淡妆。她应该去周敦颐的《爱莲说》里接受亭亭净植的称赞，不要随着残叶在秋天里落入荷塘。选用此句不仅是因其为鲁迅在南京读书时期所写，更是因其能表现鲁迅的风骨。

这一单元用4幅图片、6种图书展示鲁迅在南京读书时期所阅读的书籍，文摘选用《朝花夕拾·琐记》中的句子："原来世界上竟还有一个赫胥黎坐在书房里那么想，而且想得那么新鲜？一口气读下去，'物竞''天择'也出来了，苏格拉第，柏拉图也出来了，斯多噶也出来了。"鲁迅曾写道："看新书的风气便流行起来，我也知道了中国有一部书叫《天演论》。星期日跑到城南去买了来，白纸石印的一厚本，价五百文正。翻开一看，是写得很好的字，开首便道：'赫胥黎独处一室之中，在英伦之南，背山而面野，槛外诸境，历历如在机下。'"周作人1902年2月2日的日记中记："晴，冷。上午看《今水经》。饭后步行至陆师学堂，道路泥泞，下足为难。同大哥谈少顷，即偕至鼓楼一游。同乡张君协和（邦华、镶生）同去，啜茗一盏而返。予循大路回堂，已四下钟矣。晚饭后大哥忽至，携来赫胥黎《天演论》一本，译笔甚好。夜同阅《苏报》等，至十二钟始睡。"[6] 两相印证，当时读新书、阅新报风气正盛，鲁迅通过阅读得以"睁眼看世界"，《天演论》中的"社会进化论"给予鲁迅强烈的冲击，而且，他广泛接触西方自然科学和社会科学，阅读《苏报》《原富》《仁学》《时务报》，深受维新思想和进化论学说的影响。

3.春风容易送韶年

此句选自《和仲弟送别元韵并跋》。全诗为：

梦魂常向故乡驰，始信人间苦别离。
夜半倚床忆诸弟，残灯如豆月明时。

日暮舟停老圃家，棘篱绕屋树交加。
怅然回忆家乡乐，抱瓮何时共养花？

春风容易送韶年，一棹烟波夜驶船。
何事脊令偏傲我，时随帆顶过长天！

仲弟次予去春留别元韵三章，即以送别，并索和。予每把笔，辄黯然而止。越十余日，客窗偶暇，潦草成句，即邮寄之。嗟乎！登楼陨涕，英雄未必忘家；执手消魂，兄弟竟居异地！深秋明月，照游子而更明；寒夜怨笳，遇羁人而增怨。此情此景，盖未有不悄然以悲者矣。

辛丑仲春戛剑生拟删草

选此句用于鲁迅在南京读书的最后一单元非常贴切。鲁迅因成绩优异获得官费留学日本的机会，离乡远行、东渡求学……对家人的思念、韶华易逝的感慨都包含

图3-12　用现代科技手段虚拟的鲁迅南京时期形象

在这诗句中。此单元用 1 幅鲁迅和矿务铁路学堂同学一同实习的青龙山煤矿的图片和 7 件鲁迅所抄笔记与讲义展示鲁迅的专业学习，选用一级文物矿务铁路学堂毕业执照直接展示其学习成绩的优异。

根据目前所占有的资料，鲁迅在南京读书期间并未拍过照片。依据目前的新技术，我们"虚构"了一个那时的鲁迅，表现他南京读书时期的典型"特征"，也与毕业执照中模糊的描述相对照（图3-12）。南京时期最为重要的手迹就是鲁迅当时的手抄讲义《几何学》《开方》《开方提要》《八线》《水学入门》，以及鲁迅在《金石识别》中的批注。鲁迅这一时期的藏书留存下的比较少，主要是他的专业课本和阅读的书籍。展览用这些手迹和藏书，呈现出鲁迅的读书生活。

（三）日本：到东洋去（1902年4月—1909年9月）

鲁迅留学日本七年，在其个人生平史上是很独特的一个时期。22—29岁，正是葱茏的青春华年，更是最美好的读书时光，也同时是鲁迅人生历程中离开自身文化母体，以日本为观察点，融入世界文化思潮的生命高阶。这段时期留下来的文物、史料主要是照片与纸质文物，包括图片77幅、实物80件（套）。众所周知的历史事件有"幻灯片事件"、弃医从文，当然还有一些不为人所关注的历史细节。如何以最新最全的研究成果、最严密的叙事结构、最丰富的技术手段、最灵动的展陈语言，再现第一代留日生的个人成长史，同时也是中华民族的悲怆命运在某一个体生命点的镜像折射，呈现一个非同寻常的留日生周树人，需要学术积累，更需要创新性思考。策展充满了诱惑与挑战。

一方面，呼应整个策展主旨，我们在日本地图上标记出鲁迅曾经去过的东京、仙台、横滨、长崎、箱根、伊豆、松岛等七个地点，以使观众对鲁迅在日本的足之所至有初步的了解。

另一方面，我们在形式设计上引入浮世绘元素。浮世绘兴盛于日本江户时代（1603—1867）。"浮世"一词来自禅宗，原指人的生死轮回和人世的虚无缥缈。浮世绘意即"描绘虚浮的世界的绘画"，一度被西方视为日本绘画的代名词。自幼喜欢绘画的鲁迅，留日时期便搜集了不少浮世绘作品及这方面的书。1934年1月27日在给日本歌人山本初枝的信中，鲁迅说："我年轻时喜欢北斋，现在则是广重……"为了突出"日本"部分的东洋风情，展墙虚化底纹选择了葛饰北斋的《富

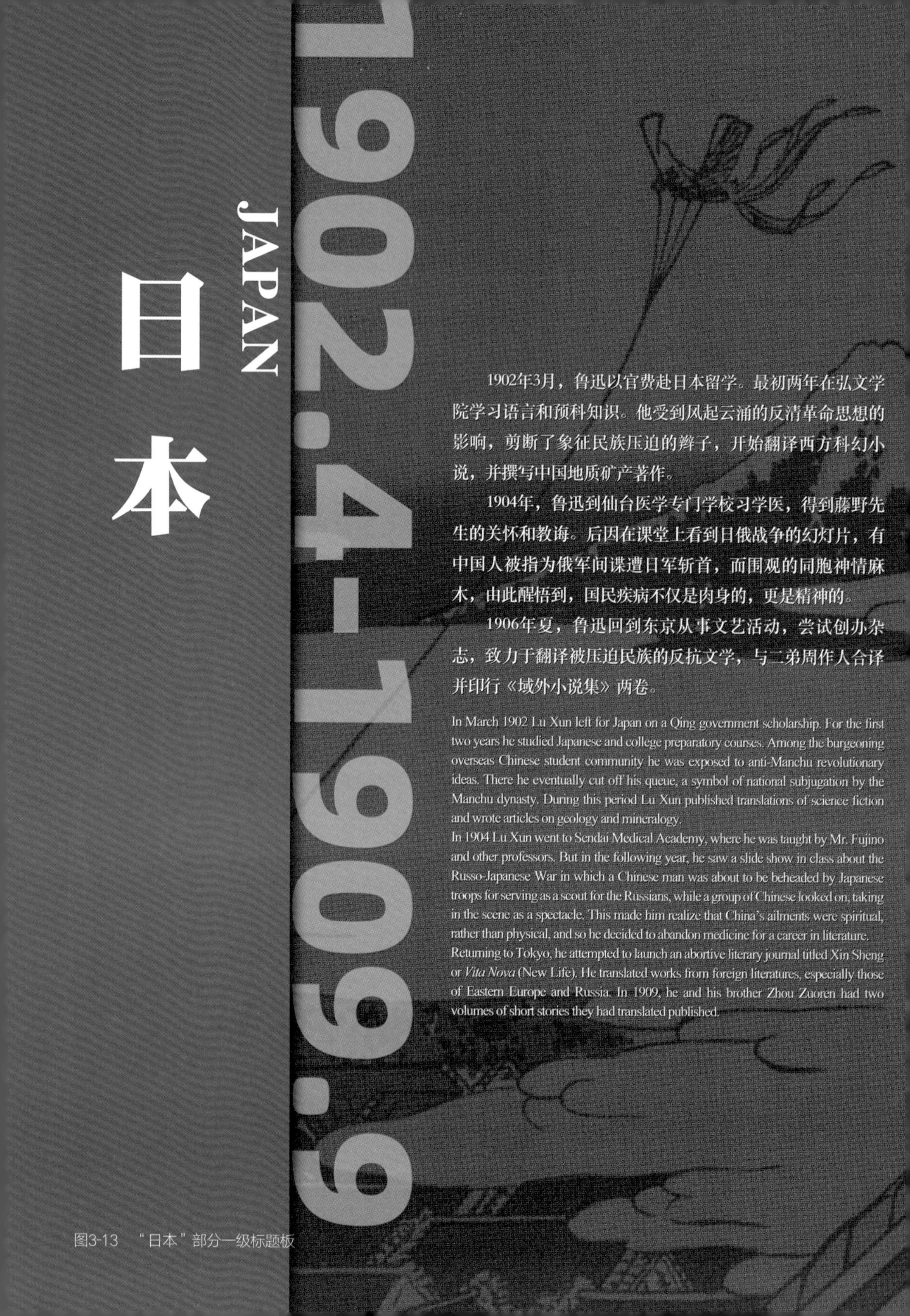

日本

JAPAN

1902.4-1909.9

1902年3月，鲁迅以官费赴日本留学。最初两年在弘文学院学习语言和预科知识。他受到风起云涌的反清革命思想的影响，剪断了象征民族压迫的辫子，开始翻译西方科幻小说，并撰写中国地质矿产著作。

1904年，鲁迅到仙台医学专门学校习学医，得到藤野先生的关怀和教诲。后因在课堂上看到日俄战争的幻灯片，有中国人被指为俄军间谍遭日军斩首，而围观的同胞神情麻木，由此醒悟到，国民疾病不仅是肉身的，更是精神的。

1906年夏，鲁迅回到东京从事文艺活动，尝试创办杂志，致力于翻译被压迫民族的反抗文学，与二弟周作人合译并印行《域外小说集》两卷。

In March 1902 Lu Xun left for Japan on a Qing government scholarship. For the first two years he studied Japanese and college preparatory courses. Among the burgeoning overseas Chinese student community he was exposed to anti-Manchu revolutionary ideas. There he eventually cut off his queue, a symbol of national subjugation by the Manchu dynasty. During this period Lu Xun published translations of science fiction and wrote articles on geology and mineralogy.

In 1904 Lu Xun went to Sendai Medical Academy, where he was taught by Mr. Fujino and other professors. But in the following year, he saw a slide show in class about the Russo-Japanese War in which a Chinese man was about to be beheaded by Japanese troops for serving as a scout for the Russians, while a group of Chinese looked on, taking in the scene as a spectacle. This made him realize that China's ailments were spiritual, rather than physical, and so he decided to abandon medicine for a career in literature.

Returning to Tokyo, he attempted to launch an abortive literary journal titled Xin Sheng or *Vita Nova* (New Life). He translated works from foreign literatures, especially those of Eastern Europe and Russia. In 1909, he and his brother Zhou Zuoren had two volumes of short stories they had translated published.

图3-13　"日本"部分一级标题板

岳三十六景》与歌川广重的《东海道五十三次》。整个底色选择日本学生制服的湖蓝色、浅灰色交替相衬，基调沉稳又不失活泼。

"日本"部分整个内容分为三个单元，前言以不超过 300 字的精粹语言，高度概括鲁迅留日七年的学习历程与所取得的文艺成就（图3-13）。

三个单元以与鲁迅精神相应的旧体诗作为标题，展现他的外在人生道路所隐含的心路历程。此部分用重点文物独立展柜三组、多媒体幻灯一处、鲁迅自我讲述及同时代人回忆文摘四处。

1.我以我血荐轩辕

该句出自脍炙人口的《自题小像》。全诗为：

灵台无计逃神矢，风雨如磐暗故园。

寄意寒星荃不察，我以我血荐轩辕。

此诗为鲁迅剪辫后所写，慷慨激昂，充满了爱国情怀与忧患意识。特别是"我以我血荐轩辕"一句，典型概括了刚刚踏上东洋土地，初入弘文学院时鲁迅的雄心与远大抱负。

第1单元展示的是鲁迅1902—1904年在弘文学院两年间的学习与生活（图3-14）。此期间遗留下来的文物主要有照片、毕业证书、矿产地图、地质学手稿、杂志、科幻书籍、带印章签名册等，史料有课程表、入学文件（9张）、规则章程、出版物序言、弘文学院及中国留学生会馆照片等。展墙上主要展示照片、史料、手稿、证书，便于观众驻足时仔细打量思考。其中精选鲁迅与许寿裳文摘三处，也就是以当事人的口吻告知观众，他们到日本如何获取新知，如何思考国民性以及为何要翻译科幻小说。

　　凡留学生一到日本，急于寻求的大抵是新知识。除学习日文，准备进专门的学校之外，就赴会馆，跑书店，往集会，听讲演。

——鲁迅《因太炎先生而想起的二三事》

　　有一天，谈到历史上中国人的生命大不值钱，尤其是做异族奴隶的时候，我们相对凄然。从此以后，我们就更加接近，见面时每每谈中国民族性的缺点。因为身在异国，刺激多端……我们又常常谈着三个相联的问题：

（一）怎样才是理想的人性？

（二）中国民族中最缺乏的是什么？

（三）它的病根何在？

——许寿裳《我所认识的鲁迅》

　　我国说部，若言情谈故刺时志怪者，架栋汗牛，而独于科学小说，乃如麟角。智识荒陋，此实一端。故苟欲弥今日译界之缺点，导中国人群以进行，必自科学小说始。

——鲁迅《〈月界旅行〉辨言》

　　新上展品为许寿裳保存的鲁迅 24 岁时的照片，后面有许寿裳亲笔所书"鲁迅廿四岁小像　一九〇四在东京"，系第一次展出。关于《自题小像》诗何时所作，学界一直有争议，未有定论。目前展示的是 1932 年 12 月 9 日鲁迅给上海篠崎医院日本医生冈本繁博士的题赠。文物照片包括两张鲁迅单人照、两张合影，其中既有与绍兴籍同学合影，又有浙江同乡会合影。史料照片则有弘文学院、

图3-14 "日本"部分"我以我血荐轩辕"单元

中国留学生会馆、向国内绍介的科学家与文学家人物像等。以上展品完全可以支撑这一时段鲁迅丰富多彩的校园生活，彰显自身主体性。展墙下面的展柜中是鲁迅刊发编译习作的杂志及翻译的科幻小说。

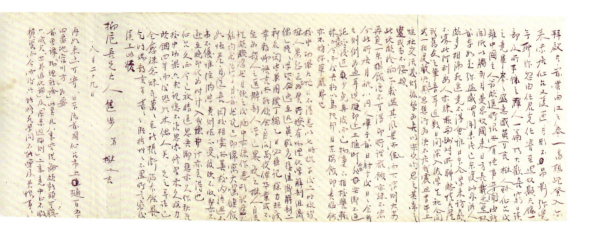

图3-15　1904年10月8日，鲁迅致蒋抑卮信，谈及在仙台的生活学习。这是目前唯一存世的鲁迅在仙台的书信，又称"仙台书简"

2.杀人有将　救人为医

　　第2单元展示的是在仙台医专一年零七个月的学习与生活（1904年9月—1906年3月）。展品类别与第1单元基本相同，多了成绩单与书信手迹，也就是唯一存世的"仙台书简"（图3-15）。新上展品为"留学生监督李宝巽署名的鲁迅退学申请书""仙台医专学生名册中周树人的名字被红笔勾掉"的图片（图3-16）。

　　这一单元在人物的生平史上故事性最强。由于鲁迅的经典叙述，幻灯片事件、泄题事件、故意将血管画得对称、批改医学笔记、弃医从文等桥段已广为人知，而且还有与生死直接相关的神秘的医学院、监狱署。这一单元的策展要有强大的叙事推动力，以发展的人物性格和推进故事的叙事思考来推动展览。照片里出现了尸体、实验室、幻灯机，这一系列现代科学符号，迥异于第1、3

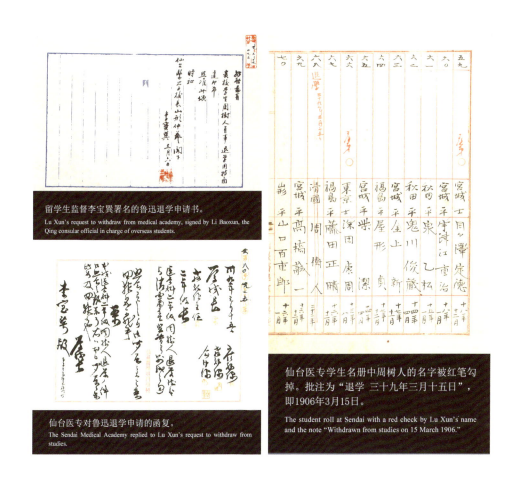

留学生监督李宝巽署名的鲁迅退学申请书。
Lu Xun's request to withdraw from medical academy, signed by Li Baoxun, the Qing consular official in charge of overseas students.

仙台医专对鲁迅退学申请的函复。
The Sendai Medical Academy replied to Lu Xun's request to withdraw from studies.

仙台医专学生名册中周树人的名字被红笔勾掉。批注为"退学 三十九年三月十五日",即1906年3月15日。
The student roll at Sendai with a red check by Lu Xun's name and the note "Withdrawn from studies on 15 March 1906."

图3-16 "留学生监督李宝巽署名的鲁迅退学申请书""仙台医专学生名册中周树人的名字被红笔勾掉"等展品组合

单元的人文元素。单元标题取自20世纪30年代鲁迅在上海题赠冯蕙熹的一首旧体诗:"杀人有将,救人为医。杀了大半,救其子遗。小补之哉,乌乎噫嘻!"实际上是在提醒观众深思,弃医从文的另一种深层内涵,侵略者的野蛮杀人比之强权逼迫下的所谓"看客",才是使习医救人呈现虚无的真正原因,帝国镜头下塑造的"麻木的神情"才是促使鲁迅以文艺来立人的深层动因。

鲁迅的辍学众所周知,周树人的名字在花名册上被勾掉,我们之前所见都是黑白照片,原件现藏仙台医专的后身也就是日本东北大学史料馆。我们向仙台鲁迅研究会求助,秘书长佐藤弘康先生热心联络,史料馆馆长加藤谕准教授很快发来表格,让我们办理手续,我们在填写了申请表后,很快收到了对方发来的授权使用的鲁迅仙台医专的退学文件及记录的高清图片。这样,就会有更多的观众清晰地看到周树人的名字在仙台医专的花名册上被红笔勾掉了。

3.人立而后凡事举

再度东京三年(1906—1909)是鲁迅专门从事文艺运动的时期。他把学籍落在独逸语专修学校,同时追随章太炎学习文字学,又习俄文,创办文艺杂志而不得,还大量阅读东欧文学作品,翻译出版了两册《域外小说集》。这一单元的标题是整个展览唯一没有采用旧体诗的,而是选自鲁迅此期间所写的《文化偏至论》,突出强调"立人"的现代文化主张。

第3单元最多的是人物像,共有七组群像(图3-17)。

第一组是家人。1906年夏天,鲁迅回乡结婚,迎娶朱安,并携二弟周作人来日留学。这在其留日史上又是非常重要的一次转折。朱安像与周作人像并置,观众由此可感知作为长子的鲁迅于现实中的负担与限制。

第二组是革命派。章太炎、陶成章、徐锡麟、秋瑾,鲁迅在日本都曾经与之有直接间接的交集。鲁迅留日时期,革命为时代主潮,回国后两年便发生了辛亥革命,而仁人志士大部分都是留日者。革命派人像成组出现,正是对革命思潮风起云涌的时代精神的凸显。

第三组是八位摩罗诗人。鲁迅在《摩罗诗力说》中对他们均有详细介绍。此处新上照片为波兰诗人克拉辛斯基与斯洛伐茨基。这两位诗人在之前的展览

图3-17　"日本"部分"人立而后凡事举"单元

中长期缺席，我们联络波兰驻华大使馆，J．Jerzy Malicki（中文名字马志伟）先生安排提供了《摩罗诗力说》中提到的三位波兰诗人的高清照片。

第四组是《文化偏至论》中提到的哲学家尼采、施蒂纳、叔本华、克尔凯郭尔。这些均是深刻影响了鲁迅生命观、价值观的大哲。

第五组是《人之历史》中提到的林奈、海克尔，《科学史教篇》中提到的培根、笛卡尔等科学家。有几位科学家的学说、经历均为鲁迅首次介绍到中国。

第六组是鲁迅最关注和喜爱的19世纪的作家，包括俄国"神秘幽深"之安特来夫、悲世甚深之迦尔洵、带着"含泪的微笑"之果戈理，日本低徊超绝之夏目漱石、清淡腴润之森鸥外，挪威呼吁"救出自己"之易卜生，波兰警拔锋利之显克微支。

　　第七组是鲁迅在日本最后三年与友人的合影。合影中少不了挚友许寿裳、赞助者蒋抑卮。我们最后以赠送给朱家的鲁迅单人照结束这一单元。这与开首的朱安照片——"母亲送我的礼物"，隔空呼应，是一个象征性的句点，一段生命历程的停留，也是新的生命阶段的开启。

　　固定展柜里主要陈列的是鲁迅用雅驯的古语发表的五篇文章，对应上面的人物群像。面对鲁迅所绍介的人文科学、自然科学等领域的重要人物，观众会调动起自身的知识储备，惊讶于鲁迅当年涉猎广博，目光超群。

　　除了人物群像，上墙部分最重要的文物是《新生》杂志封面及稿纸。这是鲁迅年轻时代破碎的文艺梦。女盲诗人抚弄的诗琴与展柜中陈列的《域外小说集》封面的诗琴，构成和谐，象征鲁迅终其一生追寻不息的文艺梦。整个单元里还植入了鲁迅在东京的足迹图、经常去购书的书店手绘图。

　　再度东京的三年，鲁迅将学籍落在独逸语专修学校，专门习德语，同时追随章太炎习文字学，还跟流亡日本的俄国人玛利亚·孔特夫人学了一段时间俄语，可以说参加了三个语言培训班。此单元学习的物证以课本、笔记来支撑。展柜里陈列的是《民报》、《说文解字》笔记、俄语学习班课本，另有刊发了奠定其一生重要思想的五篇文言文章的杂志《河南》。鲁迅学习德语、俄语，是为了独自翻译东欧文学作品，留下拟购德文书目，以及自己所做的两本剪报册，并有手书目次。此单元与"金字塔"里的原版书籍相呼应，隐含着的正是鲁迅独特的域外阅读史。

　　文摘所选用的鲁迅的话来自《我怎么做起小说来》：

　　　　注重的倒是在绍介，在翻译，而尤其注重于短篇，特别是被压迫的民族中的作者的作品。因为那时正盛行着排满论，有些青年，都引那叫喊和反抗的作者为同调的。

图3-18 幻灯·看客

　　这提示观众，弃医从文的鲁迅，与郭沫若、郁达夫等具有创作冲动的作家，其心灵轨迹是不同的。鲁迅怀抱的是盗火煮肉的文化启蒙理想，这理想的践行首先从绍介外国文艺，引入异域之声开始。

　　就像大多数叙事性文章在概述和戏剧性叙事之间不断切换一样，展览一通上图下说、图文结合的固定模式之后，必然要有一个场景呈现，不断更换视角的观众才不会厌倦。场景往往是呈现复杂性的最好手段，类似于文章中的果壳段。作为策展人，应该发掘与观众分享历史复杂性的能力，开拓观众的理解域。毫无疑问，鲁迅的弃医从文经历了复杂艰难的心灵挣扎，如何才能让这个重要的时刻生动再现呢？我们调动了多种不同类型的史料——新闻图片、文字报道、回忆录，以多媒体方式重构了"看与被看"的场景，标题就叫"幻灯·看客"（图3-18）。我们把日本东北大学1965年找到的鲁迅就学时细菌学教研室留存至今反映日俄战争的15张幻灯片，以及当年有关俄探枭首的新闻照片、文字报道及鲁迅述及此事的文摘，一并录入做旧，滚动播出，共20次切换。透过对受难者之认同及经验式场景重构，引发观众的同理心（sympathy）。观众驻足观看时，仿佛重回那个屈辱的年代，构成审视情境。这样的设计和叙事，观众至少可以从两个角度来体会展示：见证者与"看客"。而现实中的观者身份又使他们有历史的疏离感，既可以进入历史人物的视域，又能够回到外在的位置，通过这种视域之往返，达到新的视域之融合，也就是批判性思维的高度，从而增强反省意识，而不仅仅是情移神入，悲愤不已。

决定选取大时序中的哪一部分来集中展现，是展品排序组合的关键。把所有藏品都展出来，不仅不现实，从展览叙述法则来讲，也显得相当混乱、散漫，突出哪一组重点展品，才能让鲁迅的故事更有力量？这在"日本"部分里似乎不难确定。

如果说博物馆试图通过展品以转喻的手法表现整个世界，那么玻璃展箱便是通往这个世界的窗口。当策展人以展品及其布置格局向观众讲述故事时，玻璃展箱可以保证这个讲述过程不受任何文字或其他情况干扰。观众的目光透过玻璃紧盯着展品，心中所想只有展品本身，进而是它与邻近的其他展品之间的关系。

"日本"部分的独立展柜共有三组。一是藤野先生专题组合独立柜（图3-19）。这个展柜含5件文物，包括藤野先生赠送给鲁迅的"惜别"照片、藤野的履历书、他为周君批改的医学笔记、鲁迅《藤野先生》的手稿，以及鲁迅去世后，藤野先生写的《谨忆周树人君》。这一组集中亮相的专题文物，也是彰显中日友好，感恩师情主题的永恒明证。上方中心立板鲁迅照片突出的是断发照。文摘选用《文化偏至论》中强调"立人"的话：

> 外之既不后于世界之思潮，内之仍弗失固有之血脉，取今复古，别立新宗，人生意义，致之深邃，则国之自觉至，个性张，沙聚之邦，由是转为人国。人国既建，乃始雄厉无前，屹然独见于天下，更何有于肤浅凡庸之事物哉？

二是《域外小说集》专柜（图3-20）。专柜集中展示东京神田初版一、二册，

图3-19　藤野先生专题组合独立柜（上）

图3-20　《域外小说集》专柜（下）

图3-21　金字塔造型的鲁迅留日书籍专柜

鲁迅《〈域外小说集〉序言》手稿，《日本及日本人》杂志对于周氏兄弟翻译外国文学的报道。如果从这篇报道算起的话，鲁迅研究至今已有114年的历史。这篇报道是第一次展出，这要感谢旅日学者张明杰教授。在东京紧急事态宣言期间，他冒着感染新冠的风险，专程到庆应大学图书馆拍照发过来。

三是金字塔造型的展柜(图3-21)。展柜展示了鲁迅留日时期所购买的德文、日文、中文书籍，包括文学、美术、科学书籍等，充分彰显书之力，激发观众读书的热忱。鲁迅嗜书之笃，遐迩闻名。他留日时期最大的乐趣就是到日本桥大街的丸善书店淘书，体会猎书的喜悦、得书的悸动、读书的沉醉，饶有兴致地去探究它们的语言、内容、来源、印刷、装帧、装订，并且自己译书、编书、校书，常常为了造一个字而跑印刷所，全方位迅速融入当时领先世界的东京出版界。

站在这位饱学之士的藏书之前，观众虽不能伸手摩挲珍本，却能够被书的魔力深深吸引，并深刻感知，鲁迅曾经如何将其翻旧，与之共老，而又无迂腐炫学之味。鲁迅青年时代的海量阅读对于后人的文学趣味，影响深远。他以润物无声的方式让藏书在身后得以重生，而这也恰是我馆与手稿同样珍贵的馆藏。

站在"金字塔"旁的某一角度回望，可见展墙上众多世界文豪像，在历史交织的时空中，集体发出情感的混响，而中心板上的中国文学大师鲁迅像，正与"金字塔"里的作品遥相辉映。这会引发观众思考：鲁迅如何与这些作家如遇故交，会心颔首，通过翻译来自我发现、建立认同，与自身的文化和历史进行角力；此后的人生旅途中，自己如何持续与这些作品对话，与作家们携手共同创造新的意义。

（四）杭州—绍兴—南京：回国……走出……又走出……（1909年8月—1912年5月）

1909年8月，鲁迅回国。他先后停留于杭州、绍兴、南京三座城市。其间发

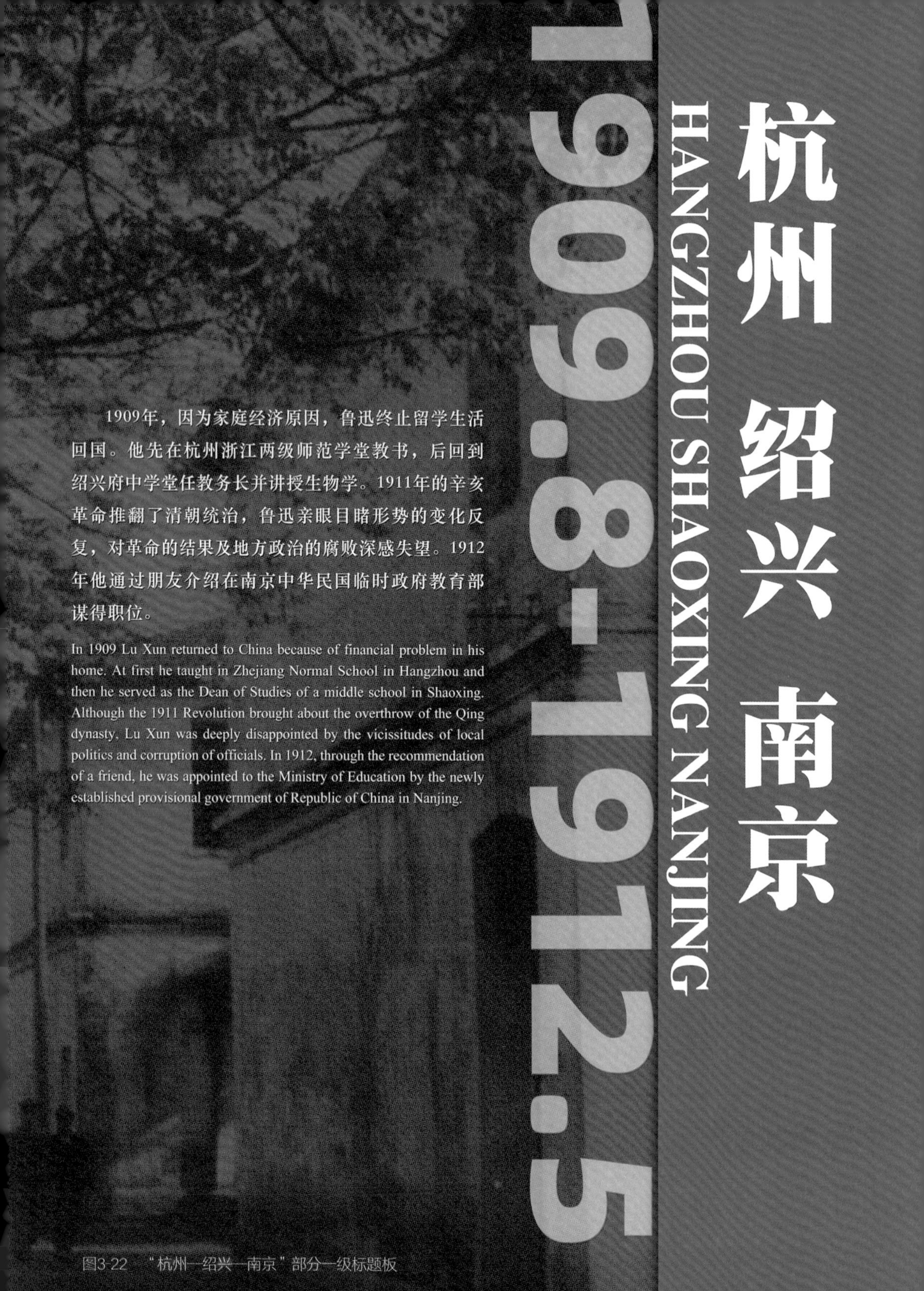

杭州 绍兴 南京

HANGZHOU SHAOXING NANJING

1909.8-1912.5

　　1909年，因为家庭经济原因，鲁迅终止留学生活回国。他先在杭州浙江两级师范学堂教书，后回到绍兴府中学堂任教务长并讲授生物学。1911年的辛亥革命推翻了清朝统治，鲁迅亲眼目睹形势的变化反复，对革命的结果及地方政治的腐败深感失望。1912年他通过朋友介绍在南京中华民国临时政府教育部谋得职位。

In 1909 Lu Xun returned to China because of financial problem in his home. At first he taught in Zhejiang Normal School in Hangzhou and then he served as the Dean of Studies of a middle school in Shaoxing. Although the 1911 Revolution brought about the overthrow of the Qing dynasty, Lu Xun was deeply disappointed by the vicissitudes of local politics and corruption of officials. In 1912, through the recommendation of a friend, he was appointed to the Ministry of Education by the newly established provisional government of Republic of China in Nanjing.

图3-22 "杭州—绍兴—南京"部分一级标题板

生了影响其一生的最具重大意义的历史事件——辛亥革命。在勇往直前的文化拓荒之路上，归国后的三年是鲁迅生平故事一个恰到好处的小回溯，给了鲁迅反省人生道路，再次做出重大抉择的历史机遇，同时也给了观众重整思路的机会。由于此部分文物不多，尽管历史事件重大，然而其对鲁迅精神世界的影响显现于后来，因而，叙述节奏加快，以起到承上启下的衔接作用（图3-22）。

1.故乡黯黯锁玄云

回到故乡后，鲁迅先后在杭州的浙江两级师范学堂和绍兴府中学堂、山会初级师范学堂任职。此单元的展览从教学工作、业余辑译和革命实践三个方面呈现，使用图片18幅，实物11件（套）。

鲁迅的第一份职业是生理学、化学教员，并为日籍教师当翻译。这时的鲁迅投身于现代学堂的新式教育和他所重视的博物工作，付出了极大的热情和行动。展板展现了杭州的浙江两级师范学堂和绍兴府中学堂、山会初级师范学堂，还包括他在绍兴府中学堂工作的办公室的图片。鲁迅在杭州的浙江两级师范学堂认真编写讲义，显露了他少时对动植物学的兴趣爱好及传统名物学基础。他认为在当时的中国，要研究自然科学，设备太差，只有植物可以随时采集，所以他带领学生们到葛岭、孤山和北高峰一带去采集植物标本，并到野外去实习。展览展示了鲁迅带领学生所采集的植物标本实物和采集植物标本记录手稿实物（图3-23）。据当时的学生回忆，在采集归来的第二天，一般是星期天的上午，鲁迅就会对植物进行整理。鲁迅自己编译了油印本生理学讲义《人生象教》及附录《生理实验术要略》《植物学教材》等。他当时还想自己编一本《西湖植物志》，可惜没有编成。在这段时间里，他在杭州参加了驱逐校长夏震武的运动"木瓜之役"，反对这位顽固守旧的学堂监督的倒行逆施；回到绍兴后，他还带领学生去南京参观南洋劝业会感受新知。这些事件都突出体现了鲁迅在教学工作中力行实践的精神。他在工作中，始终是奔行在前的实践者。

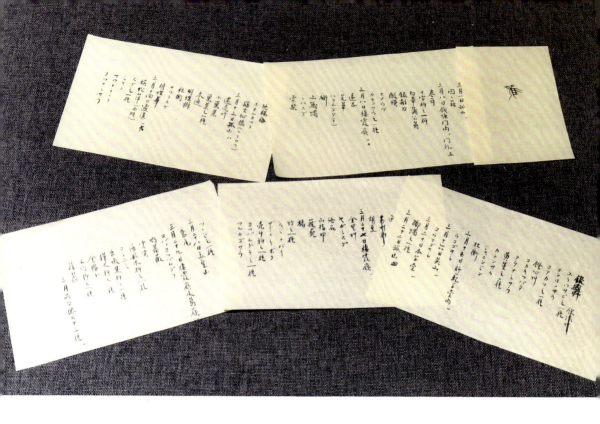

图3-23　1910年3月鲁迅采集植物标本记录手稿

　　回到杭、绍之后的鲁迅，立足于保存越中故实，在工作之余，继续少年时代辑录古籍的工作，默默进行着乡邦文献的辑校。他辑录唐代刘恂《岭表录异》三卷，并作"拾遗"十八条和"校勘记"；从《说郛》中抄辑《说郛录要》；抄辑备校古小说《搜神记》《十洲记》等，题集名为《小说备校》；辑录《古小说钩沉》《会稽郡故书杂集》；辑录《南方草物状》；等等。此次展览新展陈的一件文物为1911年正月鲁迅在绍兴府中学堂任职期间工笔抄录的徐衷《南方草物状》手稿（图3-24）。展览另展陈了鲁迅手记《旧绍兴八县乡人著作目录》。鲁迅自留日开始的翻译工作，在此阶段依然延续，并开启了后期翻译之大要。鲁迅翻译了《〈察罗堵斯德罗如是说〉绪言》，他在自己装订的译稿本的封面上，手绘了一个独特的图案，在几乎同尺寸大小的采集植物的记录本封面上，也画上了这个图案。有研究者指出此图案为隼。二者并列展览，相互呼应，展示鲁迅勇猛迅疾、搏击长空的品格。另外，在绍兴禹庙内，有一块两米有余的圆锥形石块，即"窆石"。鲁迅对窆石题刻的考证一直很感兴趣，他在绍兴生活时曾多次往观。关于窆石的历史、形制和用途，前人已有描述，并形成了关于此的种种传说和文化记忆。鲁迅此时面对满目疮痍的故土，以及厚重的历史遗迹，实际上面对的是中华优秀传统文化留下的丰厚宝藏，心有所寄。1911年春，他带领学生外出游览禹陵，并在大禹陵留影。因此，展览将禹陵窆石亭的照片特别展出，既与开首的大禹陵相互呼应，展现鲁迅对大禹精神的传承，也为日后鲁迅在北京的抄碑时代埋下伏笔。由此他进入传述者、过渡人、中间物的历史秩序之中，履行着保全者、补救者和推进者的职责。

图3-24　鲁迅辑录的《南方草物状》抄稿

辛亥革命爆发，时代变革的潮流浩浩荡荡，迎面涌来。鲁迅并不是一个叱咤风云的革命人物，他以文化启蒙的方式积极投身于时代的激流中，热情参加民主革命运动。越社是同盟会领导的南社设于绍兴的分社，成立于1911年春夏间。1911年10月10日武昌起义的消息传到绍兴后，越社在开元寺集会，鲁迅被推举为大会主席并发表演说。会后，鲁迅带领学生组成武装演说队上街宣传革命。王金发后任绍兴军政分府都督，率领光复军进入绍兴，鲁迅与师生到城外迎接。为了监督日渐腐化的军政府，越社创办《越铎日报》，鲁迅大力支持，并以"黄棘"为笔名撰写《〈越铎〉出世辞》。"黄棘"含有以棘策马、驱驰迅行之意。《越社丛刊》是越社的机关刊物，鲁迅主编，仅出一辑。鲁迅在此刊分别以周建人、周作人的名义发表了《辛亥游录》和《〈古小说钩沉〉序》两篇文章。另外，鲁迅作文言短篇小说《怀旧》，刻画了辛亥革命时的人物、世态，发表于《小说月报》。展览以实物《〈越铎〉出世辞》《越社丛刊》《小说月报》，图片《武昌起义及各省宣布独立图》《开元寺旧址》《越铎日报社旧址》等展示鲁迅投身革命的行动。自此，鲁迅走上了战斗的道路，并越走越远。

此处采用的文摘为：

迩又拟立一社，集资刊越先正著述，次第流布，已得同志数人，亦是蚊子负山之业，然此蚊不自量力之勇，亦尚可嘉。

——鲁迅《书信·110412致许寿裳》

爱立斯报，就商同胞，举文宣意，希翼治化。纾自由之言议，尽个人之天权，促共和之进行，尺政治之得失，发社会之蒙覆，振勇毅之精神。

——鲁迅《〈越铎〉出世辞》

2.大江日夜向东流

本次改陈为了突出辛亥革命的伟大历史意义及其对鲁迅的影响，将鲁迅任职南京临时政府教育部这短暂的一个时期独立为一个展示单元，使用5幅图片，文物2件（套）。

鲁迅在南京临时政府教育部任职的单元标题出自1931年6月14日鲁迅为宫崎龙介所书之诗：

图3-25　鲁迅抄录的《沈下贤文集》

大江日夜向东流，聚义群雄又远游。

六代绮罗成旧梦，石头城上月如钩。

1931年的鲁迅有感于时政，作此诗意指国民政府内部派系斗争激化，讽刺国民政府内部的钩心斗角。正与1912年怀揣了希望和光明的鲁迅任职南京临时政府教育部形成一种对比。此处选择的文摘是《坟·杂忆》中的"但那时的所谓文明，却确是洋文明，并不是国粹；所谓共和，也是美国法国式的共和，不是周召共和的共和"。一句诗、一则文摘，表现了鲁迅对辛亥革命的深刻反思。此处选用孙中山任中华民国临时政府大总统时拍摄的照片和中华民国临时政府各部总长、次长为孙中山饯行后合影这两幅照片，以表明中华民国临时政府的成立与结束。用蔡元培、南京临时政府教育部办公地点、江南图书馆陶风楼3幅图片和鲁迅抄录的《沈下贤文集》（图3-25）及其中的《秦梦记》，展示鲁迅的"入仕"生活。

整个展板使用赭红色做底色，象征着辛亥革命推翻了千年封建帝制，山河为之色变。中国历史步入重大转折期，一个崭新的历史舞台为鲁迅敞开。

北京

1912.5-1926.8

1912年5月，鲁迅随国民政府教育部迁至北京，任职于社会教育司。公务之余，致力于中国古代小说研究、钞校古籍，收集汉画像等金石拓片。

1918年，应《新青年》同人邀请，他第一次使用笔名鲁迅发表白话小说《狂人日记》，揭露了中国历史上虚伪礼教的"吃人"本质，发出中国新文学的第一声呐喊。随后著译不断，作品丰瞻。1926年3月18日，北京发生政府军枪杀学生惨案，鲁迅称其为"民国以来最黑暗的一天"。因著文抨击时事，遭当局通缉，曾四处避难；又因与许广平恋爱并计划建立新家庭，遂于8月赴厦门大学任教。

Lu Xun was invited to serve in the new Ministry of Education under the Republic. During this period, aside from official work, Lu Xun did textual scholarship on ancient works of fiction, edited local historical records of the Shaoxing region and collected stone rubbings from the Wei, Jin and Six Dynasties.

During the literary revolution, the magazine *New Youth* solicited and published Lu Xun's first vernacular short story *A Madman's Diary* in May 1918. It fiercely lampooned the inhumanity, hypocrisy and cannibalism of traditional Chinese morality. Here he first used the penname Lu Xun. Then followed many other literary creations. On March 18, 1926, troops of the warlord government fired on unarmed student protesters, leaving over 200 dead and wounded, including two of Lu Xun's students. Lu Xun called the day "the blackest day since the founding of the Republic". As a result, he was placed on a wanted list and forced into hiding in French, German, and Japanese-run hospitals throughout the city. Meanwhile he had fallen in love with Xu Guangping, and in part out of consideration for the future of this relationship, he left Beijing in August to accept an appointment at the newly founded Xiamen University.

图3-26 "北京"部分一级标题板

（五）北京：肩住了黑暗的闸门（1912年5月—1926年8月）

　　鲁迅 1912 年 5 月到北京工作，1926 年 8 月离京南下。北京，是其除了故乡绍兴之外居住时间最久的城市。在这里，他向《新青年》投稿，第一次以"鲁迅"为笔名发表短篇小说《狂人日记》，参与新文化运动，重拾留日时期用文艺改造国民精神的梦想。北京时期是鲁迅生命中的一个重要转折点。鲁迅最重要的几部作品《呐喊》《彷徨》《野草》都是在北京完成的。这决定了"北京"部分是"鲁迅生平陈列"中非常重要的一部分。

　　考虑到鲁迅在北京期间在多方面取得显著成就，相关文物也相当丰富，"北京"部分的叙事结构我们决定采用专题式。与上一版"鲁迅生平陈列"相比，此版陈列我们希望更多展示鲁迅启蒙者、作家的身份，重视他的作品，着重突出鲁迅参加新文化运动、创作与翻译、编辑等方面的成就。"北京"部分共分为 8 个单元，展出图片 68 幅、实物 176 件（套）、鲁迅自述 11 处、多媒体互动 6 项。独立矩形组合展柜两组，一组位于第 1、2、3 单元区域，一组位于第 5、6、7 单元区域，用于陈列相关区域的重点文物。独立展柜中心竖有一直抵天花板的立板，上印有北京时期的鲁迅大幅照片与鲁迅自述文字。

　　鲁迅在日记中记载了北上北京途中的观感："弥望黄土，间有草木，无可观览。"他后来还说过，"黄河以北的几省，是黄色和灰色画的"。因此，土黄色作为鲁迅对北京及北方城市的"印象"，成为这一部分展板背景所应用的主要色彩，各单元略有变化。

　　步入展区"北京"部分，首先映入眼帘的是印在典型北京民居照片上的前言（图3-26）。235 字高度概括了鲁迅来京原因、在北京取得的成就，以及为何离京南下。

1.炎天凛夜长

　　"北京"部分第 1 单元向观众讲述鲁迅在北京的四处居所。本单元以教育部颁发给鲁迅的佥事委任状和鲁迅 1912 年 5 月 5 日抵达北京当天的日记开头，说明鲁迅来京原因。然后按时间顺序依次交代鲁迅在绍兴县馆、八道湾十一号、砖塔胡同六十一号、西三条二十一号等四处居所创作的重要作品。在绍兴县馆，教育部佥事周树人开始使用"鲁迅"这一笔名，展览通过对比展示"周树人""鲁迅"印章、名片，揭示其身份的转变，点明北京对于鲁迅的重要意义。"炎天凛夜长"，语出鲁迅诗《哀范君三章·其二》。"故里彤云恶，炎天凛夜长"，形容鲁迅好友范爱农所处恶劣的社会环境，炎热的夏天都感觉十分寒冷难熬。民国初立，鲁迅为了生计任职教育部，不能实现年青时的梦想，深感寂寞、痛苦。本单元以"炎天凛夜长"为标题（图 3-27），揭示鲁迅初到北京时的心境。

　　本单元展示了几组鲁迅的生活用品。其中一组为君子馆砖和"大同十一年砖"砖砚（图 3-28）。这两件物品均是鲁迅的心爱之物。君子馆砖，是西汉时期河间献王建筑"君子馆"时所特制的砖，砖侧刻有"君子"二字。鲁迅于 1924 年 9 月购得此砖，放置于西三条南屋会客室的木几上。"大同十一年砖"砖砚，是用南朝梁武帝"大同十一年砖"制成的砚台，此砖购于 1918 年，当时鲁迅还住在绍兴县馆。1919 年 11 月，鲁迅与二弟周作人一起搬入新购的八道湾十一号，此砖被移到八道湾。1923 年 7 月，鲁迅和周作人失和，8 月 2 日搬出八道湾，未带走此砖。直到 1924 年 6 月，鲁迅搬到西三条新居之后，返回八道湾取书籍及个人物品，不料却遭到周作人夫妇的谩骂和殴打，但最终取回一些书及物品，此砖砚就是其中之一。砖砚取回后一直被鲁迅放在西三条鲁迅卧室与工作室（"老虎尾巴"）书桌上。砖砚与君子馆砖原本都展于鲁迅西三条故居，后因安全问题藏于库房，多年未曾展出，此次特将两件展品置于中心独立展柜。与君子馆砖一同展出的是鲁迅收录在《俟堂专文杂集》中的印有"君子"二字的该砖拓片，

图3-27 "北京"部分"炎天凛夜长"单元（上）
图3-28 君子馆砖和"大同十一年砖"砖砚（下）

图3-29 鲁迅的服饰展示组

可以使观众进一步看清"君子"二字。配合"大同十一年砖"砖砚展出的是"老虎尾巴"老照片，观众可以通过照片得知砖砚在鲁迅卧室的具体位置。

另外一组展示的是鲁迅的服饰(图3-29)。北京时期的鲁迅衣物保存下来一些。展示衣物，可大致了解鲁迅的身高、体重等个人信息，进而方便观众在心目中勾勒出鲁迅的三维影像。上一版陈列"北京"部分展出了两件长衫、一条围巾，考虑到空间有限，此次展出灰白色长衫一件、围巾一条、布鞋一双，成为一套完整搭配，统一放置在一个约 2 米高的独立展柜中。展示的这双鞋不是传统老北京布鞋，虽然也是布底，鞋面却类似球鞋，是系带的，显得非常现代。观众也许会对这双鞋产生疑问，但当观众走进"广州"部分展区，就会发现在鲁迅、许广平、蒋径三的合影中，鲁迅穿的就是这一款式的鞋，自会解去心中疑问。

　　第 1 单元展示的还包括互动多媒体两项。其中一项是鲁迅在北京的居所建筑模型。除我馆内的西三条故居，鲁迅在北京时还在绍兴县馆等三处居住过，每处都有重要作品产生。上一版陈列曾展出绍兴县馆、八道湾十一号这两处居所的建筑模型，虽然很直观，但占空间较多，而且由于模型底托较高，低幼观众很难窥其全貌，影响参观效果。此项多媒体，考虑到西三条故居就在"鲁迅生平陈列"展厅旁边，因此将其他三处居所的电脑立体模型放进一台电脑之中，并对创作《狂人日记》《阿Q正传》《祝福》处进行了标注。屏幕距地面约 70 厘米，观众，包括儿童观众，可通过触屏观看建筑的任何角度，加强观众对这三处故居的了解。

　　另外一项多媒体是"鲁迅北京足迹图"（图 3-30）。鲁迅在北京生活了 14 年，离京后又曾两次回京探亲，除他的居住地和工作地点，鲁迅还到访过北京许多场所，学界都有过细致的考证。[7] 这些场所不少建筑犹存，现在的人们还可以到访这些地点，感受鲁迅饮食起居、工作休闲的场景，与鲁迅在时空交错中产生共鸣。展览最初打算在展厅地面上做一幅北京地图，标注出鲁迅到访过的主要场所，观众可以在地图上走过，更加具体地想象鲁迅是如何行走于北京的。考虑到空间有限，地图太小没有效果，最后展览采用多屏联动技术，包括互动屏与大屏（图 3-31）。互动屏就是普通的触摸屏，标注有 47 处鲁迅所去场所的北京历史地图，点击互动屏上地图里的某一点，就可以在其前方的大屏上看到该地点的具体信息，包括鲁迅与该场所关系的简短文字介绍和该场所的历史照片。该项目以老北京风景剪影为背景，位于"北京"部分入口的辅展区，还起到了营造氛围的作用，把观众带入民国时期的北京。

图3-30 "鲁迅北京足迹图"展项初版插画

图3-31 "鲁迅北京足迹图"多屏联动展项

　　此项目的设计制作，经过一定的反复。最初设计方希望充分利用大屏的优势，请我们找出 10 个鲁迅最常去的场所，将这些场所用绘画的形式展示，渲染老北京风情，其他地点用文字加照片形式展示。最开始，我们认为这个创意很好，把鲁迅的 4 处居所，鲁迅在北京重要的工作地点教育部、北京大学、女师大，鲁迅经常购书的琉璃厂、购物的青云阁，鲁迅在北京光顾次数最多的餐馆广和居等 10 处列为重要地点，并找了很多历史资料供其参考。展览制作方也花了很多时间反复修改绘画，但绘画的最终效果出来之后，还是不能做到完全符合史实，而且相较其他地点，还缺失了文字信息，最终我们也用了文字加照片的形式展示这10处地点（图3-32）。

值得一提的是，此展项中用到的50余张照片，是策展人员四处搜集得来的。如雍和宫、先农坛、天坛、法源寺的历史照片是北京古代建筑博物馆提供的，协和医学院礼堂历史照片是协和校史馆提供的，前门火车站历史照片是中国铁道博物馆提供的，孔德学校照片是曾主持孔德学校的沈尹默之孙沈长庆先生提供的，在此向这些单位和个人表示感谢。其他照片除馆藏外，有些是我们在现场拍摄的，如青云阁和通俗图书馆的照片，更多的来自旧报纸杂志，如晨报社、劝业场、辅仁大学、北京日华同仁医院等。在有选择的情况下，我们会选择画面中有人物的场景照，比如护国寺、白塔寺，鲁迅经常去这两个地方，是因为那里经常举办庙会，我们正好找到两处举办庙会的照片，可以看到当年庙会的盛况。这些照片不仅能让观众一探鲁迅在北京的足迹，也能成为他们了解近现代北京风情的窗口。

此展项的难度主要在于历史照片的搜集。展览刚向公众开放时，只展示了35个场所，后来策展人员又多方寻求资料，增加到47个场所。展示内容可以随时修改补充，体现了多媒体展项的优势。

2.莫随残叶堕寒塘

鲁迅是因为在教育部任职才会来到北京的，所以在介绍完鲁迅在北京的四处居所后，第2单元展示的是他在北京的公务活动（图3-33）。"莫随残叶堕寒塘"，取自鲁迅诗《莲蓬人》："好向濂溪称净植，莫随残叶堕寒塘。"此诗用拟人手法，借莲蓬比人，颂扬了卓立污塘而不染的风骨。"莫随残叶堕寒塘"表面意思为莲蓬不要同残败的荷叶一同落进寒冷的池塘，表达了作者决不和世俗同流合污、出淤泥而不染的品质。鲁迅就职的北京教育部，有很多是清政府学部旧人，思想守旧，官僚作风严重。1912年7月，蔡元培辞去教育总长职务，之后教育总长更换频繁，

◆ 绍兴县馆 ◆

　　1912年5月，鲁迅随教育部到北京工作，居住的第一个地点是位于宣武门外南半截胡同的绍兴县馆，并在此一直居住到1919年11月，是鲁迅在北京居住时间最长的一个地方。在绍兴县馆，鲁迅先住在藤花馆，半年后移入"院中南向小舍"，1916年5月移到位于会馆南边院子的里进"补树书屋"。1918年4月，在补树书屋，教育部官员周树人开始以"鲁迅"之名写作，《狂人日记》《孔乙己》《药》等作品在此创作完成。

绍兴县馆

◆ 八道湾11号 ◆

　　1919年8月，鲁迅与两个弟弟合买新街口八道湾11号宅，11月21日与周作人一家迁入新居。12月29日，鲁迅母亲、夫人朱安及周建人一家来京，全家都住在八道湾。八道湾11号是一所三进院落，前院有南房9间，鲁迅住中间的3间。中院有北房3间，中间是堂屋，堂屋后面接出一间房子，冬天鲁迅就睡在这里。鲁迅住在八道湾期间，创作了《阿Q正传》《故乡》《社戏》等9篇小说，翻译大量外国文学作品。1923年7月，鲁迅与周作人兄弟失和，8月2日搬离八道湾。

八道湾11号

◆ 砖... ◆

　　1923年7月2日，鲁迅携朱安多月。61号院有朱安住在北房。《在酒楼上》《肥...走后怎样》《未...

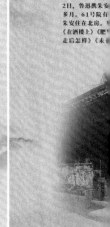

◆ 北京大学第一院红楼 ◆

　　鲁迅从1920年8月起，被北京大学聘为讲师，兼职在北大国文系讲授中国小说史等课程，一直工作到1926年6月。鲁迅在北大授课的地点是位于北京大学第一院的红楼。鲁迅除在红楼上课，也常常到位于红楼一层的新潮杂志社社小坐。1924年底，新潮社的一些成员创办语丝社，仍在新潮社社址办公，鲁迅依然常来，直到次年语丝社迁到北新书局。

北京大学第一院红楼

◆ 北京女子师范大学 ◆

　　北京女子师范大学的前身是1909年清学部设立的京师女子师范学堂，校址在宣武门内石驸马大街，1919年改为女子高等师范学校，1924年5月升级为北京女子师范大学。鲁迅于1923年7月被聘为该校国文系小说史科兼任教员，开设小说史和文艺理论课程。1926年2月鲁迅又被聘为女师大国文系教授，直至1926年8月离京。在"三一八"惨案中牺牲的烈士刘和珍、杨德群是女师大的学生。1926年3月25日，鲁迅出席了在女师大礼堂举行的刘和珍、杨德群追悼会，4月1日写下感人至深的《记念刘和珍君》。

北京女子师范大学

◆ ... ◆

　　位于宣武门外化街，以贩卖旧...还没到北京之前，1912年5月鲁迅...据日记记载，鲁...多次，是他一生...厂主要购买书籍...古玩。

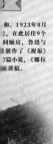

和。1923年8月
，在此居住9个
间厢房，鲁迅与
……创作了《祝福》
……7篇小说，《娜拉
……演讲稿。

鲁迅搬到砖塔胡同以后，就开始另觅新居，终于在1923年12月2日借款购下阜成门内西三条二十一号六间旧房。1924年春，鲁迅亲自设计改建，重新修缮，于同年5月25日迁入，一直住到1926年8月离京。这是鲁迅在京的最后一处居所，他在此写下二百多篇著作和翻译文章，包括《野草》及《彷徨》中的部分作品，《华盖集》中的全部文章，《华盖集续编》《朝花夕拾》《坟》中的大部分文章，共计200余篇。

西三条21号

1912年5月，鲁迅被任命为社会教育司第二科（后改第一科）科长，主管图书馆、博物馆、文艺等工作，同年8月21日被任命为教育部金事。教育部设在原清政府学部旧址，位于西单南面路西。教育部是个三进院落，鲁迅在前院东侧北房办公。

……北京最有名的文
……闻名于世。鲁迅
……璃厂为他书。
……四次光顾琉璃厂。
……，到琉璃厂400
……。鲁迅在琉璃
……笺，也购买钱币

教育部

中山公园在民国初年称为中央公园，1914年开放后，不断增修景物，开设许多饭馆茶座，渐渐成为北京人游赏的中心。鲁迅在北京期间多次赴中央公园赏花会友。1926年6月，画家司徒乔在中央公园水榭举办画展，鲁迅前往参观并评买画两幅，其中《五个警察和一个O》被他挂在书房的东墙上。1926年7月6日至8月13日，鲁迅几乎每日与友人齐寿山到中央公园对译《小约翰》。来今雨轩是公园里一家有名的西餐馆，鲁迅多次在这里与友人宴饮。1929年5月鲁迅回平探亲时，凡次到中央公园与朋友聚会。

来今雨轩

广和居是位于宣武门外菜市口附近，南北半截胡同交接处的一家南方风味的饭馆。广和居距离鲁迅居住的绍兴县馆相距不过5分钟的路程，鲁迅住在绍兴县馆的七八年间，经常与友人到广和居宴饮，日记中就记载了66次。有时不去店里吃，还会叫店家把饭菜送到县馆里。

广和居

图3-32 "鲁迅北京足迹图"展项最终版页面

图3-33 "北京"部分"莫随残叶堕寒塘""风雨飘摇日"单元

教育部人心涣散。但鲁迅不受周边环境影响，一心一意贯彻蔡元培的教育方针，提倡美育，尽心尽责工作，做到了"莫随残叶堕寒塘"。

　　此组内容以教育部大门及鲁迅办公室外景开头，展示鲁迅初到教育部的一些工作，包括发表《拟播布美术意见书》、议定国歌、设计国徽等。鲁迅任教育部社会教育司第一科（原第二科）科长，主管图书馆、博物馆、展览会等事项。展览较之上一版本，作了一些补充。如建立于1913年的通俗图书馆，鲁迅一直非常关注，经常光顾，并不断向该馆赠书，还把此图书馆写进了他的名著《伤逝》。以前展览对该馆没有呈现，此次改陈展出了北京市档案馆藏的《京师公立通俗图书馆阅图书规则》，向观众做了详细的介绍。鲁迅在教育部期间筹备了全国儿童艺术展和专门以上学校成绩展览会两个大型展览，后者在上一版展览里缺席，此次展出了教育部派鲁迅为全国专门以上学校成绩展览会干事饬令。

1915 年 9 月，教育部指定鲁迅为通俗教育研究会小说股主任。1916 年 2 月，鲁迅辞去小说股主任职务，10 月被推定为小说股审核干事，一直工作到 1926 年。鲁迅在主持通俗教育研究会小说股期间，主持制定审核小说标准、编译小说标准，审读大量中外小说，对如何创作中国"新小说"有了现实的调研和理论的思考，对鲁迅开展现代小说创作起到一定作用。[8] 因此，"教育总长签发的指派鲁迅为小说股主任饬令"这件展品被置于独立展柜之中，重点展示。

3.风雨飘摇日

在成为鲁迅之前，教育部官员周树人将主要的精力放在辑校古籍、收藏金石拓本、抄碑上，试图使自己"回到古代去"。"北京"部分第 3 单元展示的是鲁迅整理古籍方面的成就。"风雨飘摇日"取自鲁迅的《哀范君三章·其一》："风雨飘摇日，余怀范爱农。"此诗作于 1912 年 7 月 22 日，当日白天大雨，晚上鲁迅参加了蔡元培的饯别宴。蔡元培因不满于袁世凯摧残民主，辞去教育总长的职务，准备离京南下。当夜鲁迅为纪念落水而死的友人范爱农作诗三首，此为第一首第一句。"风雨飘摇日"既写出作诗当日的天气，也符合当时的政治气氛。本单元以此句作为标题，点明了鲁迅所处的严酷社会环境，鲁迅不得不远离政治，投入整理祖国文化遗产工作当中。

本单元主要展出两组内容：一是鲁迅收藏、整理古籍的成就，二是鲁迅研究金石的成就。前一组基本与上一版展览相同。上一版陈列展出了陈师曾为鲁迅篆刻的印章，其实只展出了印章的印兑。此次展览换成了印章实物，并搭配印兑展出，放置于中心独立展柜（图 3-34）。

图3-34　陈师曾为鲁迅篆刻的印章（上）

图3-35　鲁迅收藏的动物陶俑和动物雕塑展示组（下）

鲁迅金石学研究的成就这一组变化较大。上一版展出了鲁迅收藏的汉画像三幅、砖文一幅、《寰宇贞石图》一幅、碑铭一幅，此外还展出了武士俑、女乐俑、动物俑、钱币、弩机等杂项，这些展品尺寸较大，占去较多空间。此次为了节省空间，突出展示了鲁迅手绘的汉墓石阙图、鲁迅抄的《张迁碑》、鲁迅摹写的《三体石经尚书残字》等小幅作品，汉画像因尺寸较大只展出一幅。杂项方面则集中展出了动物陶俑和动物雕塑（图3-35），包括猪、鸡、羊、马、狗、鸟、狮子、螃蟹、刺猬等等。展览将它们布置成一个小小的动物园，希望这些萌萌的动物可以打动前来参观的大人和孩子，让他们联想到鲁迅关于动物的作品《兔和猫》《狗·猫·鼠》等，使他们感受到鲁迅是个喜爱动植物、有生活情趣的人。为弥补展示鲁迅收藏方面的不足，展览制作了"鲁迅北京时期的收藏"视频，全方位展示鲁迅收藏的图书、拓本、古钱币、陶俑、铜镜、字画。

4.于无声处听惊雷

1915年兴起的新文化运动，改变了鲁迅的生活轨迹。1918年，因为《新青年》编辑的约稿，他第一次使用笔名"鲁迅"发表白话小说《狂人日记》，揭露了中国历史上虚伪礼教的"吃人"本质，发出了中国新文学的第一声呐喊，"鲁迅"终于诞生。"于无声处听惊雷"语出鲁迅作于1934年的《戌年初夏偶作》。全诗为：

万家墨面没蒿莱，敢有歌吟动地哀。
心事浩茫连广宇，于无声处听惊雷。

前两句写人民处在水深火热之中，但没有人敢把哀声唱出来。后两句写在悲愤沉默之中，突然听到滚滚惊雷。鲁迅小说的发表，就如同万籁俱静中的一声惊雷，振聋发聩。

图3-36 "北京"部分"于无声处听惊雷"单元

　　本单元主要讲述"鲁迅"横空出世，参与新文化运动的内容（图3-36）。展览内容主要分为两大组，第一组讲述新文化运动的兴起，第二组讲述鲁迅参与新文化运动的具体内容。较上一版陈列，本单元内容充实较多。第一组首先展出筹安会鼓吹帝制编辑的《君宪问题文电汇编》、在袁世凯授意下由政事堂礼制馆刊行的《祀孔典礼》《祀天通礼》，揭示新文化运动兴起的时代背景是复辟帝制活动反复出现，思想界出现尊孔复古逆流。其次介绍陈独秀创办《青年杂志》（第2卷起改名为《新青年》），标志着新文化运动的兴起。展览展示《青年杂志》第1卷第1号、《新青年》第2卷第1号以及钱玄同抄陈独秀《吾人最后之觉悟》文稿，交代新文化运动的主旨之一是道德革命，要破除统治人们精神生活的中国传统伦常，而代之以自由平等独立的伦理原则，这才能使中国实现真正的民主共和。随后展示的是钱玄同抄胡适《文学改良刍议》文稿，以此展现新文化运动另一项主要内容为文学革命，倡导用白话文写作。蔡元培就任北京大学校长，聘请陈独秀为文科学长，又延聘胡适、刘半农、李大钊等《新青年》作者，北京大学与《新青年》一校一刊的结合是新文化运动发展的关键。展览展示了蔡元培照片及鲁迅为周作人工作事宜致蔡元培函，交代了一校一刊结合对于新文化运动发展的意义及周作人进入北大的过程。

第二组内容从"铁屋子"谈话开始。

> "假如一间铁屋子，是绝无窗户而万难破毁的，里面有许多熟睡的人们，不久都要闷死了，然而是从昏睡入死灭，并不感到就死的悲哀。现在你大嚷起来，惊起了较为清醒的几个人，使这不幸的少数者来受无可挽救的临终的苦楚，你倒以为对得起他们么？"
>
> "然而几个人既然起来，你不能说决没有毁坏这铁屋的希望。"
>
> ——鲁迅《〈呐喊〉自序》

众所周知，正是这段著名的关于毁坏"铁屋子"的谈话，使鲁迅终于走出"沉默"，写出了中国第一篇现代体式的短篇小说《狂人日记》。为凸显此段谈话的重要意义，这段文摘用与单元说明文字大小相同的黑体字，印在贯通于展墙上下的竖形展板上。

由此，鲁迅"一发而不可收"，又在《新青年》上相继发表《孔乙己》《药》《风波》《故乡》等小说，"勉力"创作白话新诗，写下《我之节烈观》《我们现在怎样做父亲》等著名杂文，批判封建传统，倡导妇女解放、家庭革命。鲁迅还在《新青年》上发表随感录 27 篇，对中国社会进行广泛的讽刺批评。此处展品包括书信、文稿、杂志、书籍等，种类多样，体现了此时期展品丰富的特点。此处展现鲁迅在《新青年》上发表的小说，用了刊载《狂人日记》的《新青年》第 4 卷第 5 号，还有鲁迅为《药》

标点事致钱玄同的信；展现鲁迅在《新青年》上发表的白话诗，用了鲁迅 1935 年出版《集外集》时抄录的《梦》（发表于《新青年》第 4 卷第 5 号）文稿以及收录鲁迅诗稿的《初期白话诗稿》；展现鲁迅在《新青年》上发表的重要杂文，用了刊载《我之节烈观》的《新青年》第 5 卷第 2 号；展现鲁迅在《新青年》上发表的随感录，用了一篇鲁迅写在《新青年》稿纸上但未发表的随感录。

　　除此之外，鲁迅还在《新青年》上发表一封通信及四篇翻译作品。考虑到不可能把鲁迅在《新青年》上发表的所有作品都展示出来，展览制作了题为"鲁迅《新青年》作品一览"的互动屏，策展人员找到鲁迅以不同笔名在《新青年》上发表的所有文章的图片，分成小说、新诗、杂文、翻译四类，点击篇名就可看到鲁迅文章在《新青年》上的最初状态，让现代人体会当时人阅读鲁迅作品时的感受。该屏幕背景为 1.35 米 ×2 米大的《新青年》杂志封面，在展厅里非常醒目。因为电视剧《觉醒年代》的热播，观众对《新青年》非常感兴趣，此一展项也成为展厅里观众非常喜欢的拍照背板。

　　作为《新青年》同仁，鲁迅署名"庚言"在《新青年》同仁编辑的另一份刊物《每周评论》上发表一篇短评、三篇随感录。其中随感录《敬告遗老》是新文化运动时期新旧文化论战中的一篇重要文章。就是在这篇文章中，鲁迅质问林纾，既为"清室举人"，又为何来"维持中华民国的名教纲常"，给予这位旧文化的代表重重一击，并使"清室举人"成为林纾的绰号。上一版陈列未展出《每周评论》，此次展出了鲁迅发表《敬告遗老》的《每周评论》第 15 号。

　　北京大学学生刊物《新潮》是新文化运动中另一份重要杂志，鲁迅对它非常欣赏。《新潮》第一任主编傅斯年于 1919 年 4 月致信鲁迅，征求其对《新潮》的意见，鲁迅撰写《对于〈新潮〉一部分的意见》，建议《新潮》既要介绍科学，也要揭露传统的弊端。鲁迅还应《新潮》第二任主编罗家伦之邀，在《新潮》第 2 卷第 1 号上发表小说《明天》。该内容上一版陈列没有展示，此次展览展出鲁迅为出版《集外集拾遗》而抄录的《对于〈新潮〉一部分的意见》文稿及

图3-37　浙江绍兴中学校旅京同学会合影。1918年1月13日摄于北京大学。图中蓄须者，左为鲁迅，右为周作人

刊登《明天》的《新潮》第2卷第1号，补充了鲁迅与《新潮》相关内容。

此单元中展出了蔡元培、胡适、钱玄同、李大钊、刘半农、傅斯年、罗家伦等新文化运动主要倡导者的照片，并在文字说明中交代了他们与鲁迅的关系，加深观众对新文化运动是一场群体运动的认识，并能显示鲁迅在新文化运动中的特殊地位。此处展出了一张以前陈列未曾展出的照片，即鲁迅与绍兴中学校旅京同学合影（图3-37），该照片摄于1918年1月13日，是现存唯一一张鲁迅在1918年的照片，

图3-38 "北京"部分"荷戟独彷徨"单元

可以让观众看到鲁迅发表《狂人日记》时期的样貌。该照片恰巧摄于新文化运动策源地北京大学教学楼前，与上述北大师生并列在一起，非常协调。

5.荷戟独彷徨

《狂人日记》发表后，鲁迅把更多时间用于文学创作与翻译，实现他在留日时期用文艺改造国民精神的梦想。第5单元是"北京"部分最重要的内容，也是体量最大的，重点介绍了鲁迅《呐喊》《彷徨》的创作及其在北京时期的翻译（图3-38）。"荷戟独彷徨"语出鲁迅《题〈彷徨〉》。全诗为：

寂寞新文苑，平安旧战场。

两间余一卒，荷戟独彷徨。

鲁迅曾在《〈中国新文学大系〉小说二集序》中说："北京虽然是'五四运动'的策源地，但自从支持着《新青年》和《新潮》的人们，风流云散以来，一九二〇年至二二年这三年间，倒显着寂寞荒凉的古战场的情景。"《题〈彷徨〉》前两句写"新文苑"如同旧战场一样冷清寂寞，后两句写只剩一个战士背着戟彷徨于天地间。虽然只有一人，万分寂寞，但这个战士还是背负着武器，随时准备战斗。对于鲁迅来说，他的笔就是他的武器，故用"荷戟独彷徨"来做这一单元的标题。

本单元内容大致可分为五组。第一组为《阿 Q 正传》的诞生及世界性影响，第二组为《呐喊》的成书经过与出版，第三组为《彷徨》的成书经过与出版，第四组为鲁迅在北京时期创作的其他作品，第五组为鲁迅北京时期的翻译作品。

《阿 Q 正传》是鲁迅最重要的作品，代表着中国现代文学的最高成就。第一组首先出场的是刊载《阿 Q 正传》第一章的《晨报副镌》1921 年 12 月 4 日第一版。为突出《阿 Q 正传》，《晨报副镌》被装在相框内，悬挂于宽 1.2 米、高 3 米，材质通透的独立展墙上。此展墙位于第 4 和第 5 单元之间，朝向第 4 单元的一面展示的是刊登《狂人日记》的《新青年》第 4 卷第 5 号，杂志上方印着文摘（图 3-39），为鲁迅《〈中国新文学大系〉小说二集序》中的一段，是他本人对于《狂人日记》的评价：

后起的《狂人日记》意在暴露家族制度和礼教的弊害，却比果戈理的忧愤深广，也不如尼采的超人的渺茫。此后虽然脱离了外国作家的影响，技巧稍为圆熟，刻划也稍加深切，如《肥皂》，《离婚》等，但一面也减少了热情，不为读者们所注意了。

图3-39　独立展墙展示《新青年》第4卷第5号及鲁迅文摘（左）
图3-40　独立展墙展示《晨报副镌》及鲁迅文摘（右）

　　朝向第5单元的一面展示的就是《晨报副镌》，《晨报副镌》上为文摘（图3-40），选自鲁迅杂文《论睁了眼看》：

　　　　中国人的不敢正视各方面，用瞒和骗，造出奇妙的逃路来，而自以为正路。在这路上，就证明着国民性的怯弱，懒惰，而又巧滑。一天一天的满足着，即一天一天的堕落着，但却又觉得日见其光荣。

在这段话中，鲁迅用短短数语辛辣批判中国人自欺欺人、懦弱而又自大的国民性，这正是对阿Q这一形象的精辟总结。

除展出刊载《阿Q正传》的《晨报副镌》，展览还展出了刊登《阿Q正传》一页手稿照片的《太白》半月刊第2卷第3期。《阿Q正传》手稿，目前只能看到这张照片，上一版陈列，把该照片做成复制品展出，经常被观众误认为《阿Q正传》有手稿存世。此次展览展出《太白》半月刊及其登载《阿Q正传》手稿照片的一页和手稿照片放大页，让观众了解这一史实。

《阿Q正传》一经发表，就获得了崇高的国际声誉，很快有了法、英、日、俄等多种译本出版。留法学生敬隐渔用法文节译的《阿Q正传》目前被学界认为是《阿Q正传》最早的外文译本。此次展览展出了敬隐渔照片、敬隐渔1926年1月24日关于《阿Q正传》法译本发表事致鲁迅的信以及刊载《阿Q正传》的法国《欧罗巴》杂志1926年第5期（第41期），向观众较细致地介绍了《阿Q正传》法译本的翻译出版情况。此次展出的《欧罗巴》杂志复制品制作过程非常不易。我们通过廖久明先生，得到了发表《阿Q正传》法译本的《欧罗巴》杂志1926年第5期黑白封面及其内文电子版。我们希望观众能看到实物，而不是文物的图片。想制作复制品，就需要得到该杂志的尺寸、颜色。策展人员查阅国内多家图书馆的馆藏目录，均未查到收藏有该期杂志，只查到中国国家图书馆藏有1927年、1929年全年的《欧罗巴》杂志，拜托国家图书馆的老师提取查看，发现该杂志封面都是统一的黄底黑字，考虑到一份杂志几年内开本、厚度变化不大，请国家图书馆的老师帮忙扫描了1927年《欧罗巴》一期杂志的封面，并测量了杂志的尺寸，按照这期杂志的颜色、尺寸，用《欧罗巴》1926年第5期杂志封面图片，制作出了复制品（图3-41）。

第一组还展出了《阿Q正传》的英译本、俄译本以及两种日译本。其中与英译本相关的展品有鲁迅为《阿Q正传》英译本拍摄的照片、鲁迅收到的英译本赠书；与俄译本相关的展品有鲁迅为《阿Q正传》俄译本拍摄的照片，俄译者王希

图3-41　《欧罗巴》杂志复制品

礼 1925 年 6 月收到照片后给鲁迅的回信、信中附赠的王希礼本人照片，以及鲁迅收到的俄译本赠书。这两组展品以及法译本展品组合都是在拥有藏品的情况下对相关故事实现了完整叙事，有助于加深观众对展品的印象。本次展览展出的两种日译本是上一版陈列没有展出的。《阿 Q 正传》在鲁迅生前共有 5 种日译本问世 [9]，展品说明中提到了 1928 年发表的最早的日译本及 1931 年先后出现 3 种译本，可看出日本学界对这篇小说的重视。

　　本单元第二组展示了鲁迅的第一本小说集《呐喊》的成书过程及出版情况，包括两组展品。一组展示了《呐喊》中除《狂人日记》《明天》外其他小说的发表情况。随着新文化运动的发展，国内涌现出大量文学团体，报纸杂志纷纷改版，讨论社会现实问题，登载白话文，并争相向鲁迅约稿。比如《呐喊》中收录的鲁迅创作于 1922 年的小说《端午节》《社戏》最早刊登在《小说月报》，

《白光》刊登在《东方杂志》，《鸭的喜剧》刊登在《妇女杂志》，而《东方杂志》《小说月报》《妇女杂志》正是中国当时最大的出版机构商务印书馆旗下最畅销的三大杂志，而且鲁迅的作品都刊登在杂志最醒目的版面。这说明到 1922 年，鲁迅已成为国内最受欢迎的作家之一。这组展品有文学团体文学研究会的机关刊物、改版后的《小说月报》第 12 卷第 1 号，主持《小说月报》改版的沈雁冰（笔名茅盾）照片，展现新文化运动的发展；有刊登《社戏》的《小说月报》第 13 卷第 12 号，通过封面展示的该杂志重点篇目，观众可以看到这篇脍炙人口的小说被登在该杂志卷首，显示出鲁迅的重要地位。

　　另外一组展品由《呐喊》初版本、《〈呐喊〉自序》文摘、刊登茅盾《读〈呐喊〉》的报纸、鲁迅赠日本友人山县初男《呐喊》题诗图片、鲁迅校勘《呐喊》第 14 版时手书《呐喊正误》表组成，突显《呐喊》的重要地位，其中《读〈呐喊〉》和《呐喊正误》表是新展品（图3-42）。1923 年 8 月《呐喊》出版后，引起社会的强烈反响，出现不少评论文章，茅盾（署名"雁冰"）发表于 1923 年 10 月 8 日的《读〈呐喊〉》是其中非常重要的一篇。茅盾在文中指出，在中国新文坛上，鲁迅是创造"新形式"的先锋，《呐喊》里的十多篇小说几乎一篇有一篇新形式，这些新形式给青年作者以极大的影响，鼓励他们跟上去试验。《读〈呐喊〉》的展示，不仅向观众介绍了这篇鲁迅研究史上的重要文献，也向观众表明，早在 1923 年，鲁迅已成为公认的"小说大家"。

　　《呐喊》也受到了读者的喜爱，鲁迅生前就印了 23 版。1930 年，鲁迅修订《呐喊》，抽掉《不周山》一篇，由北新书局重新排版印刷。这次重排错误较多，所以鲁迅写下《呐喊正误》表两页，录下正误 45 处。《呐喊正误》表的展出，可看出鲁迅对于作品一丝不苟的态度，也正好借文字说明介绍《呐喊》少为人知的出版情况。鲁迅存世各类手稿很多，校勘表数量是比较少的，《呐喊正误》表被陈列于独立展柜中，以示其重要。

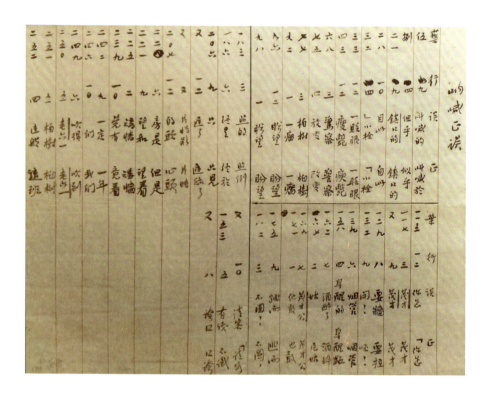

图3-42　独立展柜中展出的《呐喊正误》表手稿

　　本单元第三组展示了鲁迅第二本小说集《彷徨》相关展品，包括三组展品。一是《彷徨》中观众最为熟悉的《祝福》相关展品，包括最早登载《祝福》的《东方杂志》第21卷第6号、《祝福》文摘和鲁迅挚友许寿裳抄录的署名甘人的评论《祝福》的手稿，其中《东方杂志》和许寿裳手迹是新展品。《东方杂志》是综合性杂志，在该期封面上的"本期要目"中，只有两篇小说，一篇是鲁迅的《祝福》，一篇是夏丏尊的《爱的教育》，鲁迅的作品登在前面。许寿裳手迹是我馆特藏库许寿裳收藏中的一件藏品。许寿裳在一张14.5厘米×23.8厘米的八行宣纸上用工整漂亮的楷书，配上标准的新式标点符号，抄了这样一段话：

> 《祝福》是一段极惨的故事，惨不惨在狼吃了祥林嫂的儿子，而惨在四周的人吃了祥林嫂自己。作者能将这个故事，自始至终冷静地叙述，脸上都不动一丝筋肉，我真佩服他的忍心。然而他的深刻的同情，同时也透过了纸背。人与人之间的冷酷与虐弄，是人类许多罪恶的根源，《祝福》里写得最为透辟；读了《祝福》，同情之心有不油然而生者非人也。

这100多字无疑是对《祝福》及鲁迅创作风格的深刻洞察，有助于观众进一步理解《祝福》。这件藏品一直藏于库房，未曾展出，此次展览决定将其亮相。由于许寿裳是鲁迅作品的忠实读者，也发表过研究鲁迅著作的文字，多年来这段话一直被认为是许寿裳撰写的，直到策展人员进一步对这件展品进行研究，才发现这段话并非出自许寿裳本人，而是出于署名甘人的《中国新文艺的将来与其自己的认识》，登载于1927出版的《北新》杂志第2卷第1期。许寿裳应该是对这段话非常欣赏，所以抄录下来。尽管是在展览开幕后才发现这个错误的，但也是因为展览才有机会发现错误，也可看作是通过展览促进藏品研究的一个范例了。

二是展示了鲁迅收录于《彷徨》的另外两篇小说《在酒楼上》与《长明灯》的最早出版情况，这也是上版"鲁迅生平陈列"没有涉及的。选择展示《在酒楼上》，是因为该篇小说被周作人认为是"最富有鲁迅气氛的小说"。整篇小说弥漫着一股彷徨、失落、苦闷、消沉的气息，也有对这一切的深深不满，透出挣扎与反抗，非常符合《彷徨》一书所要传达的思想基调。而选择展示《长明灯》，是因为该篇小说发表于《北京民国日报副镌》，报纸难于保存，现存该报非常稀少，而我馆恰巧收藏了登载《长明灯》的1925年3月的《北京民国日报副镌》，展示此报，可突显我馆收藏的特色。

三是围绕《彷徨》本身展示的一组展品，由《彷徨》初版本、为《彷徨》设计封面的陶元庆照片、鲁迅《题〈彷徨〉》手稿图片、鲁迅关于《彷徨》封面事致陶元庆的信组成，其中鲁迅信是新展品。在写于1926年8月10日的信中，鲁迅告

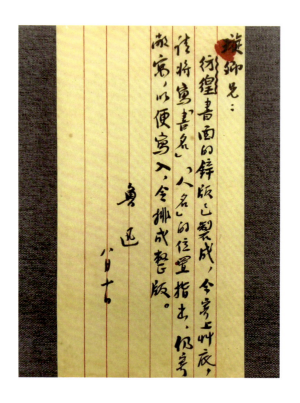

图3-43 独立展柜中展出的鲁迅关于《彷徨》封面事致陶元庆的信

诉陶元庆（字璇卿），他设计的《彷徨》封面已制成锌版，请陶指出封面上书名及作者的具体位置，仍将其寄到鲁迅住处，以便将封面排成整版（图3-43）。从这封信可以看出鲁迅对于自己作品出版的各项工作都是亲力亲为的，鲁迅对于书籍装帧之重视也由此可见一斑。此信写于八行笺上，抬头、落款、日期俱全，一共49字，随意、潇洒，也是一幅难得的书法作品，被置于独立展柜之中。

本单元第四组展示了鲁迅在北京期间其他一些重要的作品，包括散文诗集《野草》和杂文集《坟》《华盖集》《华盖集续编》。作为鲁迅唯一的一部散文诗集，《野草》地位特殊，本次展览展出《野草》初版本、《野草》封面设

图3-44 《野草》初版本及
获取诵读音频的二维码

计者孙福熙照片以及多媒体互动项目《野草》选目音频（图3-44）。策展人员在浏
览上一版"鲁迅生平陈列"大纲时发现，有一项目是请名家朗诵鲁迅的散文诗集《野
草》，不知为何展览中没有实现。策展人员考虑到《野草》晦涩难懂，观众理解起
来有一定难度，但因为是散文诗，非常适合诵读，如果通过音频的方式展现，可以
加深观众对《野草》的理解，所以选择了《野草》中的《题辞》《秋夜》《雪》等
9篇适合朗诵的文章，请专业人员朗诵。此项目不用设备，只需在展墙上贴上一个
二维码，观众通过扫描二维码就能获得此音频，节省了展览空间。此次展览展出的
《坟》《华盖集》是鲁迅赠许广平的签名本。2012年，我馆入藏18种20册鲁迅
题赠许广平著译版本，包括《呐喊》《彷徨》《坟》《热风》《野草》《华盖集》
《苦闷的象征》《中国小说史略》等。在此之前这批珍贵文物一直安居库房，未被
展出，其中《坟》《华盖集》是初版本，所以用来代替之前展出的普通初版本，展

示书的封面与签名页。

本单元第五组展示的是鲁迅在北京时期的翻译成就。据统计，1912 年至 1926 年鲁迅在北京的 14 年间，鲁迅翻译了约 80 部（篇）外国作品，字数占其一生翻译总量的一半。[10] 由于空间有限，展览不可能将鲁迅的所有翻译作品都展示出来，展览主要展示鲁迅的翻译作品集，包括《一个青年的梦》《工人绥惠略夫》《爱罗先珂童话集》《桃色的云》《现代小说译丛》《现代日本小说集》《苦闷的象征》《出了象牙之塔》《小约翰》等等。其中厨川白村的文艺理论著作《苦闷的象征》和《出了象牙之塔》除展出译本外，还展出了鲁迅收藏的两书原著，体现了我馆藏有大量鲁迅藏外文书的特色。《苦闷的象征》出版于 1924 年 2 月，当年 10 月鲁迅就翻译完成，12 月印行。通过展览说明上介绍的原著与译本出版时间，观众能看到，鲁迅在第一时间将日本的文艺理论介绍到中国，希望可以借由邻国的视角，启发国人自省，从而促进中国"彻底地改革"。《小约翰》的初版本和发排稿是新展品。鲁迅的译作《小约翰》虽然出版于 1928 年，但主要翻译工作是在 1926 年七八月份完成的，应属于鲁迅北京时期的翻译作品。国家图书馆藏有《小约翰》发排稿，上面有鲁迅对于该书每段每行的排版意见，是鲁迅手稿中比较特别的种类，也可看出编辑家、出版人鲁迅对出版的精益求精。

为让观众全面了解鲁迅在北京时期的翻译工作，反映鲁迅努力在中西文化并行的轨道上思考与探寻中国文化的现代之途，本次展览还制作了"鲁迅北京时期译作一览"互动展项，观众点击屏幕，就能看到 1912 年至 1926 年间鲁迅翻译的 78 篇作品最初的发表状态。

6.俯首甘为孺子牛

"北京"部分第 6 单元展示的是鲁迅在北京的教学活动（图 3-45）。鲁迅渐

图3-45 北京部分"俯首甘为孺子牛"单元

渐从默默无闻的教育部部员成为著名作家,学问也渐渐为人所知。从 1920 年起,鲁迅先后在北京大学、北京师范大学、北京女子高等师范学校等八所大、中学校兼课,教学也是鲁迅在北京时期的一项重要活动。"俯首甘为孺子牛"出自鲁迅 1932 年 10 月创作的《自嘲》。全诗为:

运交华盖欲何求,未敢翻身已碰头。
破帽遮颜过闹市,漏船载酒泛中流。
横眉冷对千夫指,俯首甘为孺子牛。
躲进小楼成一统,管它冬夏与春秋。

"横眉冷对千夫指，俯首甘为孺子牛"广为人知，鲁迅对待学生就像老牛那样笃实忠诚、不辞辛劳，正适合这一单元的主题。

此单元展品可分为三组。在鲁迅任职的八所大、中学校中，北大、北师大、女高师（1924 年 5 月改名为女师大）是他工作时间最长的三所学校，与北大和女师大及其前身女高师相关的文物资料较多，影响较大，所以此单元第一、第二组主要展示了鲁迅在北大和女师大及其前身女高师的教学相关展品。第一组展品与北大相关，有 1920 年 8 月北京大学给鲁迅的聘书、北京大学给鲁迅的薪俸收据、由鲁迅设计封面的北大研究所国学门歌谣研究会刊物《歌谣纪念增刊》、鲁迅设计的北大研究所国学门刊物《国学季刊》第一卷、第二卷封面等，其中《国学季刊》第二卷封面是新展品。鲁迅擅长设计，为多种杂志、书籍设计过封面，学界多有论述。据学者研究，《国学季刊》第二卷封面也是鲁迅的作品[11]，我们采纳此观点展示了这一卷封面。

第二组展品围绕女师大及其前身女高师展开，展出 1923 年女高师致鲁迅聘书、1926 年女师大致鲁迅聘书、鲁迅在女高师演讲的《娜拉走后怎样》手稿、举行刘和珍追悼会的女师大礼堂照片、鲁迅在女师大讲课的教室照片等，后四项为新展品。鲁迅因是兼课教员，所以各校给鲁迅的聘书，职务多为讲师、教员、教席等，只有 1926 年 2 月女师大致鲁迅聘书，聘鲁迅为教授。《娜拉走后怎样》是鲁迅关于妇女问题的著名讲演。在这个讲演中，鲁迅提出中国妇女的解放之路，必须从经济独立开始，这样才不致被旧势力所扼杀，妇女也才能取得真正的发言权。《娜拉走后怎样》手稿被台静农收藏，1946 年被带到台湾，后又被带到美国，直到 2001 年才被学术界发现。此次展览展出了该手稿的复制件，使观众有机会目睹这件文稿的大致样貌。

第三组展示了鲁迅在高校任教时的主要讲义《中国小说史略》，包括鲁迅在北大授课时用的油印稿以及正式出版后的多种版本。此组展品与上一版陈列展品类似，区别是在展览说明上做了提升。之前这组展品只有一个展览说明，这次每件展品都有展品说明，交代了各版《中国小说史略》之间的差别。观众可以看到，鲁迅多次对该书进行修订，反映了鲁迅作为一名学者的严谨态度。

7.但见奔星劲有声

"北京"部分第7单元展示的是鲁迅的编辑工作。鲁迅在各校任教，影响了不少青年学生，也吸引了很多文艺青年。为了青年能有发声之地，鼓励他们对中国社会加以批评，鲁迅组织青年成立了文学社团莽原社，编辑出版《莽原》周刊（后改为半月刊）。为鼓励青年进行文艺创作与翻译，鲁迅组织青年成立未名社，编辑《未名》半月刊，出版《未名丛刊》《未名新集》。鲁迅还为北新书局策划编辑了《乌合丛书》。1925年12月至1926年4月，鲁迅与张凤举按月轮流担任《国民新报副刊》乙刊编辑。本单元充分利用专题式展览的优势，对鲁迅的编辑工作作了充分的展示，很多展品系首次在"鲁迅生平陈列"中展出。

"但见奔星劲有声"出自鲁迅创作于1933年的七绝《赠人·其二》。全诗为：

秦女端容理玉筝，梁尘踊跃夜风轻。
须臾响急冰弦绝，但见奔星劲有声。

1933年，大批难民涌入上海，一些背井离乡的女孩子只得以弹琴卖唱为生。鲁迅写了两首诗赠给日本友人森本清八，写这些歌女的抗争，这是其中的第二首。前两句写天将擦黑，琴女弹起古筝，后两句写猛然间，筝声变得急促起来，曲散最后一拨，刚劲之声如流星坠地、刀枪轰鸣。[12] 奔星破空有声，这句非常有力量的话，本来是写歌女的抗争，这里是指青年学生在鲁迅的指引下，发出强劲的呐喊。

本单元内容主要分为四组。第一组围绕莽原社展开，展出《莽原》周刊、鲁迅记录编印《莽原》周刊原因的文摘及鲁迅藏"莽原社"印章两种（图3-46），最后

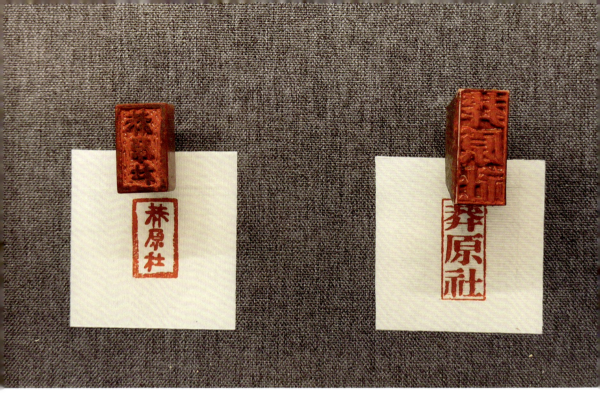

图3-46　鲁迅藏"莽原社"印章

一项为新展品。印章是代表个人和团体的重要物品，这两枚印章见证着莽原社的诞生与发展，因其重要性被置于独立展柜中。

　　第二组展出鲁迅与未名社相关展品。未名社不但是文学社团，也是出版社。为了出版未名社成员的翻译和创作，鲁迅从审稿改稿、装帧设计到校对印刷乃至代销发售等方面，耗费了大量的时间与精力。未名社出版的书籍装帧都非常讲究，甚至由于过于讲究装帧艺术，图书制作成本大幅提高，导致入不敷出。比如未名社成员韦丛芜的诗集《君山》，由林风眠设计封面，司徒乔绘制插图，非常漂亮。这种如同艺术品的展品是策展人员非常喜欢的，但收翻译作品的《未名丛刊》有 10 余种，收创作的《未名新集》有 6 种，虽然我馆都有收藏，但由于展示空间有限，不得不有所取舍，最终考虑要照顾到未名社成员每个人（韦素园、韦丛芜、李霁野、台静农、曹靖华），有创作作品的，每人只展出一册，比如韦丛芜作品有《君山》《冰块》两种，只展出了《君山》，台静农也有《建

图3-47　未名社部分成员合影，左起韦丛芜、李霁野、韦素园、台静农

塔者》《地之子》两种，只展出了《地之子》。《未名丛刊》每人选一到两种展出。为让观众更直观地看到鲁迅为这些作品付出的心血，此处还展出了鲁迅收藏的李霁野译作《黑假面人》、韦素园译作《外套》校对稿，上有鲁迅亲笔书写的修改意见。这两件展品因有鲁迅手迹被放置于独立展柜展出。

鲁迅对未名社投入很多心力，几乎每版"鲁迅生平陈列"都会展出一张未名社成员合影照片，此次展览也不例外。细心的观众会发现，此次展出的未名社合影与以往稍有不同。之前展出的未名社合影只有李霁野、韦素园、台静农三人。策展人员在查询未名社资料时发现，这张照片原本包括韦丛芜、李霁野、韦素园、台静农四人（图3-47），大概是由于韦丛芜在20世纪60年代被判"历史反革命罪"，所以当时使用这张照片时位于最左侧的韦丛芜被裁掉了。虽然韦丛芜20世纪80年代就已平反，但之后的许多展览还是沿用了三人合影。现在是时候恢复这张照片的本来面目了。

第三组展出鲁迅与北新书局相关展品。1925年3月，鲁迅支持新潮社原社员李小峰创办了北新书局，鲁迅经常为北新书局义务编选、校阅书稿，编辑丛书。鲁迅为新潮社、北新书局编辑了《乌合丛书》。《乌合丛书》共收现代作家作品7种，除了鲁迅自己创作的《呐喊》《彷徨》《野草》之外，还有许钦文的短篇小说集《故乡》、向培良的短篇小说集《飘渺的梦及其他》、高长虹的散文及诗合集《心的探险》、淦女士（冯沅君）的短篇小说集《卷葹》。鲁迅的作品已经在第5单元展出，其他4种封面设计都很有特色，比如《心的探险》封面是鲁迅以六朝墓门画像为素材亲自设计的；《故乡》的封面是陶元庆设计的，名为《大红袍》，被认为是陶元庆最好的作品；《卷葹》封面由司徒乔设计，画了一位被波浪托举的裸女，风格奔放大胆。我们就决定将这4种书全部展出。鲁迅主编的《未名丛刊》，有几种是在北新书局出版的。展览展出了任国桢辑译的《苏俄的文艺论战》和胡斅翻译的苏联诗人勃洛克长诗《十二个》。选择这两种书的原因，一是收入《未名丛刊》的多半为俄国和苏联的著作和理论，这两种就是其中的代表，可以看出鲁迅对于苏俄作品的欣赏；二是本次展览"上海"部分特设鲁迅与中国共产党人一节，而任国桢、胡斅两人都是中共早期党员，鲁迅与他们有过交往，虽然鲁迅可能并不知道他们的共产党员身份，但可以说明鲁迅"共产党人的同路人"这一身份在20世纪20年代就开始了。

第二、三组展出不少鲁迅编辑的图书，本质上讲都是其他人的作品。为了不让观众感到离题太远，展览说明描述了鲁迅对于每件他编辑过的图书、杂志所做的具体工作，让观众明白为何展出这些展品，也让观众了解鲁迅的辛苦付出。

本单元第四组展出了鲁迅收藏的青年文稿。我馆收藏了近300件鲁迅藏青年文稿，其中大部分都是 1924 年至 1926 年的来稿，应该是鲁迅在编辑《莽原》《未名》《国民新报副刊》时收集起来的。对于这些文稿，不管质量好坏、刊登与否，鲁迅都收集起来，体现了鲁迅对青年的关爱和扶植的用心，此次展览选择两件文稿展示鲁迅这种奉献精神。

8.人间直道穷

"北京"部分最后一个单元展示的是鲁迅离京南下的原因，包括与以下三方面有关的展品：一是 1925 年鲁迅支持女师大风潮，被章士钊非法免除教育部佥事职并与陈源等发生论战；二是鲁迅与许广平确立恋爱关系；三是 1926 年"三一八"惨案后，鲁迅因著文抨击时事，遭当局通缉。"人间直道穷"也出自《哀范君三章·其一》，原句为"世味秋荼苦，人间直道穷"，意为世态炎凉，正直的处世态度却行不通，正适合此时鲁迅仗义执言却被当局打压的遭遇。

此单元较上版陈列篇幅少了很多，有些内容用实物代替照片，节省了空间（图3-48）。较上一版，此处只增加了两张照片和一件实物。增加的照片，一是女师大风潮中学生骨干合影，二是在"三一八"惨案中与刘和珍一同遇害的杨德群照片，让观众有机会见到这位鲁迅口中"沉勇而友爱"的女性。策展人员本来还想展示《记念刘和珍君》中另外一位勇敢的女性张静淑的照片，可惜问遍了兄弟馆都回答没有。我馆原副馆长陈漱渝先生在 20 世纪 70 年代曾与居住在长沙的张静淑通信，只是后来中断了联系。此次为了找到张静淑照片，陈先生几次托长沙的朋友找寻她的下落，可惜没有找到，只能期待将来了。此次展览增加的实物是鲁迅 1926 年 6 月 17日致友人李秉中的信，信中表示自己在京"树敌很多"，"实在困倦"，秋天大约要到南方去。展览用鲁迅自己的话来解释他离京的原因。

在"北京"部分的结尾，立有一面展墙，上有一张鲁迅大幅照片，上印有鲁迅《北京通信》中的一段话："生命是我自己的东西，所以我不妨大步走去，向着我

图3-48 "北京"部分"人间直道穷"单元

自以为可以走的路;即使前面是深渊,荆棘,狭谷,火坑,都由我自己负责。"
这段话把展览引向下一阶段,也将鲁迅的生命之路引向未来。

(六)厦门:自许的果真识路么?（1926年9月—1927年1月）

　　1926 年 9 月,鲁迅来到厦门,任厦门大学国文系及国学研究院教授,讲授
中国文学史和中国小说史。虽然鲁迅深受学生们的喜欢,但这里的风气如他所

说："北京如大沟，厦门则小沟也，大沟污浊，小沟独干净乎哉？"这使他看清了当时教育界的黑暗，最终选择离开厦门，前往北伐大本营广州。本次改陈吸收最新学术研究成果，通过24件（套）实物和22幅照片，包括手稿、书信、书籍等，展现了鲁迅在厦门时期的教学与创作。

鲁迅《在钟楼上》说，"厦门是淡红和灰色"。因此"厦门"部分选用棕红作为展览背景颜色，这种色调更能衬托出时代背景和鲁迅当时的心境（图3-49）。

展览采用展墙结合通体柜外加精品柜、展龛等方式呈现展览内容。这种设计方式让空间变得更加立体，观众可以近距离观看部分展品，拉近展品与观众的距离。此外，本次改陈"厦门"部分增加了辅线，为新增加的实物、图片提供了足够的展示空间。

前言部分在棕红色厦门大学虚化背景图片上，用简练的文字概括了鲁迅在这一时期的工作、创作及成就。

"厦门"部分展览是以时间顺序展开，为了避免展览内容的年谱化、琐碎化，同时全面、客观地展现厦门时期的鲁迅，这部分采用"白眼看鸡虫""两间余一卒"两句诗来概括鲁迅在厦门时期的境遇。

1.白眼看鸡虫

"白眼看鸡虫"出自鲁迅1912年7月创作的诗《哀范君三章·其一》。全诗为：

风雨飘摇日，余怀范爱农。

华颠萎寥落，白眼看鸡虫。

世味秋茶苦，人间直道穷。

奈何三月别，竟尔失畸躬！

厦门

XIAMEN

1926.9-1927.1

1926年8月，鲁迅被聘为厦门大学国文系及国学研究院教授，讲授中国文学史和中国小说史，文学史讲义后整理为《汉文学史纲要》出版，显示其文学史研究的扎实功底和独到眼光。在厦门期间，鲁迅创作了《铸剑》《奔月》等新历史小说，写下多篇记述青少年时代经历、怀念师友的散文，并与时在广州的许广平频繁通信。

In August 1926, Lu Xun was appointed jointly in the Department of Chinese Literature and at the Institute for Chinese Studies, Xiamen University. His duties included teaching the history of Chinese literature and the history of Chinese fiction. This uncompleted *History of Chinese Literature* contains a number of unique insights on the subject. During this period, he wrote historical short stories such as *Forging the Sword, Flight to the Moon*, and essays of reminiscence on his childhood, his teachers and friends. Also of considerable literary and social significance are the many letters he wrote to his love Xu Guangping who was in Guangzhou.

图3-49 "厦门"部分一级标题板

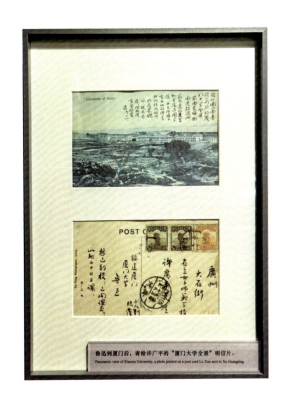

图3-50　鲁迅寄给许广平的"厦门大学全景"明信片

　　鲁迅创作这首诗是为了悼念友人范爱农。鲁迅曾非常形象地白描过范爱农的眼睛——"眼球白多黑少",而此处"白眼看鸡虫"意为用白眼蔑视那些争夺权力的害虫。尽管这句旧体诗并非鲁迅在厦门期间创作,却非常契合此时鲁迅的际遇与心境。

　　本单元选用照片、手稿、书信、印章等,展现鲁迅在厦门大学时期的工作、生活和文学创作。为了让观众了解当时鲁迅在厦门大学的工作、生活背景,展览选用鲁迅寄给许广平的明信片(图3-50)、书信以及厦门大学部分建筑图等,再现了当时的环境。从鲁迅寄给许广平的"厦门大学全景"明信片中可以看到当时厦门大学的整体面貌。鲁迅曾形容厦门大学为"硬将一排洋房,摆在荒岛的海边",结合这

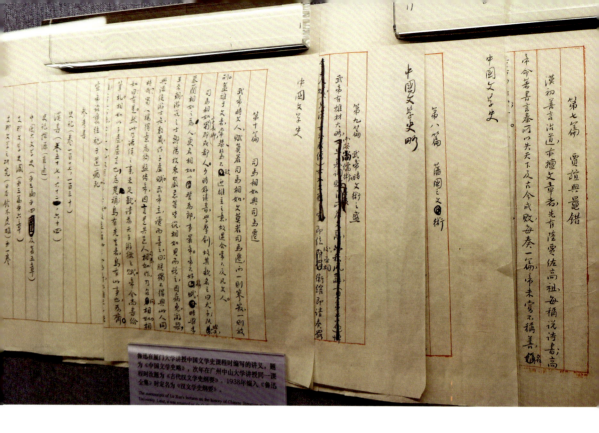

图3-51　精品柜中展示的鲁迅《中国文学史略》手稿

张明信片可以很直观地看到鲁迅笔下的厦门大学。在明信片上面，鲁迅用星号标注了自己初到厦门大学时居住的生物楼。鲁迅住在生物楼三楼，因该楼建在小山冈上，前楼地面比后面高一层，所以鲁迅说"住在四层楼"。观众结合展览中选用的生物楼外景全貌及生物楼台阶照，可以直观地了解鲁迅为何这样形容。鲁迅在厦门大学生物楼短暂居住后移居至集美楼，展览展出了集美楼外景照片及鲁迅居住过的卧室兼工作室的照片。此外，展览还选用了鲁迅致许广平的信件，信里有鲁迅手绘厦门大学建筑和住处图。通过这些实物、图片，观众可以对鲁迅在厦门大学时期的工作、居住环境有整体的了解。

　　展览中选用了厦门大学各科教员每周授课表，鲁迅致许寿裳的信以及《中国文学史略》手稿（图3-51）等，展现了鲁迅在厦门大学的教学内容。鲁迅在厦门大学开设两门课程，教学工作并不繁忙。鲁迅致许寿裳的信中这样描述当时

图3-52 《奔月》《〈嵇康集〉考》等鲁迅手稿集中展示

的工作及生活："此间功课并不多，只六小时，二小时须编讲义，但无人可谈，寂寞极矣。为求生活之费，仆仆奔波，在北京固无费，尚有生活，今乃有费而失了生活，亦殊无聊。或者在此至多不过一年可敷衍欤？"这封信是本次展览新增加的展品，通过这封信，不仅可以看出鲁迅与许寿裳之间的友谊，还可以了解鲁迅在厦门大学的工作内容和他当时的心境。

在精品柜中展出的《中国文学史略》手稿是鲁迅在厦门大学讲授的文学史教案，是我馆一级文物。通过手稿可以清晰地看到鲁迅的字迹和多处修改的痕迹，这对于鲁迅手稿研究有着很高的参考价值。

鲁迅在厦门大学期间，除了教学外，在闲余时间还创作了多篇回忆散文。此前展览中仅展出《从百草园到三味书屋》《范爱农》两篇散文手稿，本次改陈新增加了《父亲的病》和《二十四孝图》手稿。此外，展览中还展出了鲁迅在厦门时期创作的历史小说《奔月》和《〈嵇康集〉考》手稿（图3-52）。上述手稿都集中摆放在一起，这种展出方式不仅有视觉上的冲击力，而且让观众对鲁迅在厦门时期的创作与历史研究有更系统完整的了解。

这单元特别设计了一个展龛，展出鲁迅与许广平在厦门时期的通信及许广平从广州寄赠鲁迅的金星石图章。鲁迅虽然在厦门只停留了 4 个多月的时间，却是其一生中最甜蜜的一段时光，与时在广州的许广平进入热恋，二人频繁通信，数量多达 70 余封，这些通信后收入《两地书》出版，内容除了工作、生活上的事情以外，多次谈到北伐胜利的消息。

2.两间余一卒

"两间余一卒"出自《题〈彷徨〉》。全诗为：

> 寂寞新文苑，平安旧战场。
> 两间余一卒，荷戟独彷徨。

1933 年 3 月 2 日，鲁迅送日本人山县初男《彷徨》，并题写了这首诗。"两间余一卒"意为在新文化阵营和旧文化阵营中只有自己一人。这一句很好地表现了鲁迅离开厦门大学时的心境。

本单元选用照片、手稿、日记、图片等，展现了鲁迅离开厦门大学的原因以及鲁迅临别前，厦大师生对其欢送等内容。

《写在〈坟〉后面》是本次改陈新展出的手稿，与鲁迅坐在坟中间的照片（图 3-53）作为一个组合放在一起展出。这种展出方式可以让观众在观看照片的同时通过对手稿的阅读，更好地解读鲁迅当时的心境。这张照片是鲁迅离开厦门之前，应泱泱社几位青年之邀，单独坐在坟中间的留影。鲁迅离开厦门前，把这张照片送给章廷谦，上面题字"我坐在厦门的坟中间"，盖了图章。鲁迅还抄录司马相如《大人赋》赠送章廷谦夫妇。鲁迅除了这张单人照外，当天还与林语堂、泱泱社几位青年合影。展览中展出的《波艇》《鼓浪》便是泱泱社成员在鲁迅

图3-53 "我坐在厦门的坟中间",鲁迅将照片赠矛尘
(章廷谦)。照片摄于1927年1月2日

的指导下创办的文学刊物。鲁迅一直对文学青年关爱有加,《〈绛洞花主〉小引》
便是鲁迅为厦门大学的学生陈梦韶根据《红楼梦》改编的《绛洞花主》剧本而写的,
体现了鲁迅对文学青年的鼓励与提携。

　　在厦门期间,鲁迅除了教学创作外,还做过多次演讲,虽然相关演讲手稿没有
留存,但根据鲁迅日记中的记载,他曾在厦门大学周会、集美学校、平民学校、中
山中学做了4次演讲。鲁迅在厦门大学周会上的演讲内容为"少读中国书","做
好事之徒"。鲁迅让青年们少读死书,走出死气沉沉的书房,关注社会人生。在平
民学校成立大会上,鲁迅满腔热情地说:"你们因为穷苦,所以失学……你们穷的
是金钱,而不是聪明与智慧。你们平民的子弟,一样是聪明的。你们穷人的子女,

一样是有智慧的。你们能下决心，你们能够奋斗，一定会成功，有光明的前途。"
展览中展出鲁迅日记中的相关记载，并选用了平民学校旧址、集美学校等照片。

鲁迅因厦门大学腐朽的风气、林文庆校长的尊孔复古及削减国学院预算经
费等多种原因，最终决定辞去厦门大学一切职务。鲁迅的离职给厦门大学带来
了不小的震动，引起师生挽留鲁迅先生的运动，但鲁迅去意已决，师生挽留无果。
1927年1月4日，厦门大学学生会召开全体学生欢送鲁迅大会，会后合影留念，
赠鲁迅送别辞。展览中选用了多张临别前鲁迅与学生的留影。其中鲁迅与厦门
大学同学临别合影和厦门大学全体女生给鲁迅的送别辞是本次展览新增的照片
与实物。

（七）广州：走向十字街头（1927年1月—1927年9月）

1927年1月，鲁迅离开厦门来到了广州，应邀担任中山大学文学系主任兼
教务主任，教学和行政事务繁忙。1927年"四一二"反革命政变，第一次国共
合作破裂，广州开始大量屠杀、逮捕共产党人和中山大学学生。鲁迅得知之后，
多方奔走，营救被捕的学生，因无果愤而辞去中山大学一切职务。这些经历让
鲁迅看清了"革命"的真实面目，对其思想上的转变有着重要的影响。为了突
出鲁迅在广州时期的革命性，展览选用26件（套）实物，29幅照片，重新诠
释了鲁迅在这一时期走过的道路。

前言部分在棕红色中山大学虚化背景图片上，用简练的文字概括了鲁迅在
这一特殊时期的人生经历（图3-54）。此部分展览设计上则采用展墙、展柜结合
的模式，突出层次感，背景颜色选用棕红色，凸显广州时期中国革命血雨腥风
的历史背景。

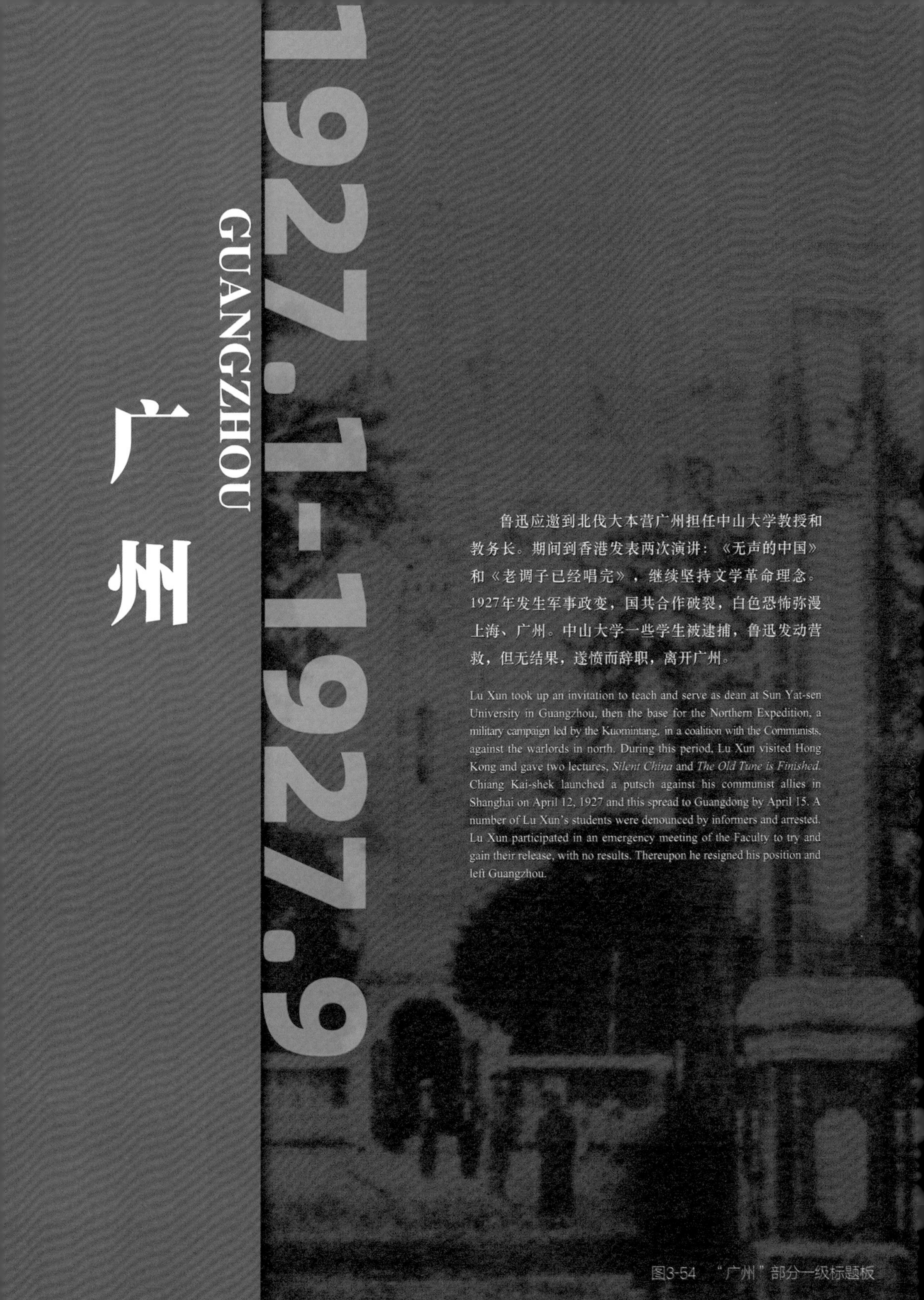
广州
GUANGZHOU
1927.1-1927.9
鲁迅应邀到北伐大本营广州担任中山大学教授和教务长。期间到香港发表两次演讲：《无声的中国》和《老调子已经唱完》，继续坚持文学革命理念。1927年发生军事政变，国共合作破裂，白色恐怖弥漫上海、广州。中山大学一些学生被逮捕，鲁迅发动营救，但无结果，遂愤而辞职，离开广州。
Lu Xun took up an invitation to teach and serve as dean at Sun Yat-sen University in Guangzhou, then the base for the Northern Expedition, a military campaign led by the Kuomintang, in a coalition with the Communists, against the warlords in north. During this period, Lu Xun visited Hong Kong and gave two lectures, Silent China and The Old Tune is Finished. Chiang Kai-shek launched a putsch against his communist allies in Shanghai on April 12, 1927 and this spread to Guangdong by April 15. A number of Lu Xun's students were denounced by informers and arrested. Lu Xun participated in an emergency meeting of the Faculty to try and gain their release, with no results. Thereupon he resigned his position and left Guangzhou.

图3-54 “广州”部分一级标题板

　　"广州"部分展览内容同样是以时间顺序展开,并引用"城头变幻大王旗""芳荃零落无余春"两句诗来概括鲁迅在这一时期选择的道路。

1.城头变幻大王旗

　　"城头变幻大王旗"这句出自鲁迅《无题》。全诗为:

> 惯于长夜过春时,挈妇将雏鬓有丝。
> 梦里依稀慈母泪,城头变幻大王旗。
> 忍看朋辈成新鬼,怒向刀丛觅小诗。
> 吟罢低眉无写处,月光如水照缁衣。

　　这首诗创作于1931年2月。"城头变幻大王旗"的意思是城头上还在变换着军阀们的各色旗号。该句很好地概括了当时北伐大本营广州的面貌。

　　本单元展览以鲁迅的四张上半身照片作为开头,照片拍摄于鲁迅离开广州前。通过这几张照片,观众可以看到这一时期鲁迅清瘦的脸庞、坚毅的眼神和标志性的一字胡须。

　　当时的广州被称为"革命大后方",鲁迅致韦素园信（图3-55）中谈到广州时说:"在他处,听得人说如何如何,迫来一看,还是旧的,不过有许多工会而已,并不怎样特别。但民情,却比别处活泼得多。"这封信是我馆珍贵藏品,本次改陈第一次展出,通过这封信可知当时鲁迅眼中的广州。

　　初到广州,鲁迅被安排住在大钟楼内。展览选中山大学外景图、中山大学大钟楼图以及鲁迅在大钟楼内的居室图来展现鲁迅当时的居住环境。本次改陈新增《在钟楼上——夜记之二》,鲁迅在此文中对当时的居住环境有详细且生动的描写:"我住的是中山大学中最中央而最高的处所,通称'大钟楼'。一月之后,听得一个戴瓜皮小帽的秘书说,才知道这是最优待的住所,非'主任'

图3-55　鲁迅致韦素园信

之流是不准住的"，"一到夜间，便有十多匹——也许二十来匹罢，我不能知道确数——老鼠出现，驰骋文坛，什么都不管。只要可吃的，它就吃，并且能开盒子盖，广州中山大学里非主任之流即不准住的楼上的老鼠，仿佛也特别聪明似的，我在别地方未曾遇到过。到清晨呢，就有'工友'们大声唱歌，——我所不懂的歌"。因此，几个月后鲁迅便搬到了白云楼。展览不仅展出了白云楼外景图，还新增了许广平手绘白云楼鲁迅故居示意图，观众通过示意图可以对故居内的空间布局有更详细的了解。

　　虽然鲁迅在中山大学只待了三个月，但在这期间鲁迅不仅开设了中国小说史、中国文学史、文艺论三门课程，还参加主持多次教务会议。展览选用中山大学文史科预科教室图片、中山大学选课表、鲁迅主持的中山大学教务会议记录、鲁迅参加的中山大学文史科教授会议记录等展现鲁迅在中山大学期间的教学及教务工作内容。

"北新书屋"旧址照是本次展览新增的图片。鲁迅到广州后在芳草街 44 号筹建了"北新书屋"，出售自己和未名社成员的译著，杂文集《坟》出版后曾在这里售卖。书屋由许广平的妹妹打理。他们离开广州前，将书屋移交共和书局。

2.芳荃零落无余春

"芳荃零落无余春"一句出自鲁迅《湘灵歌》。全诗为：

> 昔闻湘水碧如染，今闻湘水胭脂痕。
> 湘灵妆成照湘水，皎如皓月窥彤云。
> 高丘寂寞竦中夜，芳荃零落无余春。
> 鼓完瑶瑟人不闻，太平成象盈秋门。

这首诗创作于 1931 年 3 月，"芳荃零落无余春"意为年青志士们如草木横遭摧折春意全无。"四一二"反革命政变后，鲁迅看到国民党大肆屠杀共产党人、逮捕学生，这句诗正是他当时的心情写照。

鲁迅在中山大学任教期间，在中共广东区委学生运动委员会副书记毕磊的陪同下与陈独秀之子，中共广东区委负责人陈延年秘密会晤。鲁迅通过陈延年、毕磊等人对当时广州的政治形势有了进一步的了解。展览选用陈延年照、毕磊照、中共广东区委旧址照以及毕磊赠送鲁迅的党团刊物《少年先锋》《支部生活》《做什么？》等照片与实物，展现鲁迅与共产党人的关系。

广州时期，鲁迅应邀赴香港青年会，做了《无声的中国》《老调子已经唱完

图3-56   精品柜中展示的《老调子已经唱完》定稿

演讲。鲁迅把封建腐朽文化视为"老调子",强调"老调子将中国唱完,完了好几次,而它却仍然可以唱下去",指出"中国的文化,都是侍奉主子的文化,是用很多的人的痛苦换来的",呼吁青年进行社会改革,"将中国变成一个有声的中国。大胆地说话,勇敢地进行",忘掉一切利害。此外,鲁迅赴黄埔军校做《革命时代的文学》演讲,他指出"'革命'是并不稀奇的,惟其有了它,社会才会改革,人类才会进步,能从原虫到人类,从野蛮到文明,就因为没有一刻不在革命"。本次改陈将《老调子已经唱完》记录稿和定稿摆放在精品柜中单独展出(图3-56),凸显这一时期鲁迅的革命性与改革性。

　　1927 年 4 月，正值北伐战争节节胜利之际，针对当时一些革命盲目乐观的论调，鲁迅创作了《庆祝沪宁克复的那一边》，提醒革命者要保持清醒的头脑，不断进击，不可陶醉在凯歌声中。1927 年 4 月 1 日，鲁迅和成仿吾等人联名发表了《中国文学家对于英国智识阶级及一般民众宣言》，文中反帝国主义侵略，主张中英两国人民友好团结，共同战斗。4 月 6 日，鲁迅作《略论中国人的脸》，批判一部分中国人身上的奴性以及反动统治者鼓吹的半封建半殖民地思想文化对人民的毒害。《中国文学家对于英国智识阶级及一般民众宣言》《略论中国人的脸》是这次改陈中新增的实物。

　　1927 年 4 月 15 日，国民党在广州发动反革命政变，大肆屠杀共产党人、逮捕多名中山大学学生。鲁迅得知后于当天下午冒着雨前往中山大学主持紧急会议，但会议没有取得预期效果，于是他便辞去了中山大学一切职务。中山大学想挽留鲁迅，在校刊上发表《挽留周树人教授》的消息，时任校长朱家骅多次造访，但均被拒绝。鲁迅致章廷谦信中也提到坚决辞去中山大学一切职务的决定。这封信是我馆藏品，本次改陈首次展出，通过这封信，观众可以对鲁迅当时的境况及辞职的原因有更深入的了解。

　　鲁迅辞职后，继续留在广州，其间在知用中学、广州夏期学术演讲会演讲，题目为《读书杂谈》《魏晋风度及文章与药及酒之关系》。在《读书杂谈》中，鲁迅告诫青年"用自己的眼睛去读世间这一部活书"，"不要只将课内的书抱住"。在《魏晋风度及文章与药及酒之关系》中，鲁迅用曹操、"建安七子"、"竹林七贤"的文学风格和生活态度，分析文学与政治的关系。上述两种演讲稿均刊登在《广州民国日报》副刊《现代青年》上，是本次改陈中新增加的展品。

　　离开中山大学后，鲁迅编回忆性散文集《朝花夕拾》、杂文集《而已集》和《唐宋传奇集》。此前展览中展出过《唐宋传奇集》上下两册（图3-57）、鲁迅设计的《唐宋传奇集》封面草图、鲁迅手书的《唐宋传奇集》目录等，这次改陈则新增《唐宋传奇集·稗边小缀》手稿。此外，鲁迅手抄的《游仙窟》也是本次改陈中新

图3-57 《唐宋传奇集》展示组

增加的展品。章廷谦根据鲁迅所赠《游仙窟》手抄本，对该书进行了点校，这表现出鲁迅对青年学者的培养和关爱。1927 年 9 月 27 日，鲁迅同许广平乘"山东"轮离开广州前往上海。

（八）上海：踏了铁蔟藜向前进（1927年10月—1936年10月）

　　鲁迅于1927年来到上海，在上海度过了他最后光辉的9年多，直到1936年去世。这些年里，他做的事情非常多。作为独立写作者，鲁迅为报刊写了大量杂文随笔，翻译了很多外国作品，编辑出版了很多书刊，并且创作上也达到了顶峰。自1932年至去世是他最为多产的时期，他出版了历史小说集1部、杂文集9部。除此之外，他参加了诸多的社会活动，除担任中国左翼作家联盟领导人外，他还加入中国自由运动大同盟和中国民权保障同盟。其间，他与中国共产党的领导人有过很多接触，对中国共产党的拥护是坚决的。他积极倡导新兴木刻艺术，编辑出版多种中外版画作品，指导培养了中国第一代木刻版画家。因外忧时艰，内感郁愤，积劳成疾，鲁迅于1936年去世，终年56岁。

　　鲁迅在上海时期留下来的文物、史料涉及的范围比较广，而且跨度大，除了珍贵的纸质文物，还有很多难得的照片资料，策展人通过查询资料，深入研究，梳理总结，甄选珍贵照片107幅，实物178件（套），进行重点展出，来突出他在上海时期的文化业绩。与"北京"部分相呼应，"上海"部分（图3-58）同样采用"专题体"，以鲁迅在上海期间参与过的活动推进叙事。上海期间的活动分为多少个专题，如何分类，分类是否具有代表性、科学性，是否经得起观众的推敲，是策展人需要提前考虑的。经过多次推敲、梳理、总结，并经专家审定，"上海"部分的专题模块数量由起初的8个，增加到11个，最后经过筛选合并，定为目前的10个，每个专题为一单元。

　　展览第1单元主要展出的是鲁迅定居上海的情形（图3-59），标题定为"十年携手共艰危"，是鲁迅写给许广平诗中的一句。鲁迅到上海后，开始与许广平一起生活，该诗表现了二人近十年间的互相陪伴和爱情生长。鲁迅和许广平的爱情结晶周海婴出生，给鲁迅和许广平的家庭生活增加了很多新的乐趣。在这个单元中，策展人选择了以鲁迅初到上海时的照片作引导。在上海的那些年，

1927.10-1936.10

SHANGHAI

上海

　　1927年鲁迅与许广平定居上海，1929年生一子。鲁迅作为自由撰稿人，为报刊写了大量杂感随笔，坚持早年形成的改造国民性信念，抨击专制政治和社会丑恶现象。自1932年至去世最为多产，出版历史小说集1卷、杂文集10卷。除担任中国左翼作家联盟名义领导人外，他还加入中国自由运动大同盟和中国民权保障同盟，与多位中国共产党人有过亲密接触。他积极倡导新兴木刻艺术，编辑出版多种中外版画作品，指导培养了中国第一代木刻版画家。因外忧时艰，内感郁愤，积劳成疾，于1936年去世，终年56岁。

Lu Xun and Xu Guangping took up residence together in October 1927, and in 1929, a baby was born to his new family. The years between 1932 and 1936 were an extremely productive period for Lu Xun as a freelance writer of *zawen* (feuilletons or short polemical essays). His works written of this period filled more than ten separate volumes. He became a prominent member of the Freedom League and the China League for Civil Rights. He was also made titular head of the League of Left-wing Writers, and kept a good relations with some CPC members. Additionally, in order to revive and promote woodblock prints as a new artistic genre in China, he edited many volumes of ancient Chinese and foreign engravings and fostered a large number of young artists. Mainly owing to over-work and his disconsolation due to the situation in China then, he died of pulmonary tuberculosis at the age of 56 on October 19, 1936.

图3-58 "上海"部分一级标题板

图3-59   "上海"部分"十年携手共艰危"单元

鲁迅脱离了公务之身，成为独立写作者，专心过起书斋生活，他初到上海的心情一定是激动欢喜的，小海婴的出生，给鲁迅本人以及整个家庭带来了相当大的改变，也留下很多幸福的家庭合影。我们用一张鲁迅与亲友的合影将观众带入整个单元，尤其他从广州中山大学离开时并不愉快，到上海也并没有直接的目的，所以，到上海后的第三天亲友们来看望他和许广平对他也是很大的慰藉，这张合影放在"上海"部分的第一版面，是比较合适的，与整个展览的风格是契合统一的。这一单元中还放了鲁迅与许广平、海婴的多张合影，以及那幅出名的《答客诮》，这与鲁迅回眸看海婴的照相相得益彰。鲁迅对海婴满满的宠溺，不仅写在那首诗里，还写在了他的脸上。这一单元还展出了鲁迅和许广平的通

图3-60　"上海"部分"寒凝大地发春华"单元

信集《两地书》的不同版本。鲁迅曾指导、帮助许广平翻译《小彼得》，新增加的多种语言版本的《小彼得》，既是本单元中的精品亮点，更是二人爱情的体现。

　　另一个单元展示的是鲁迅在上海期间的文学成就，包括展示他的著作、译著、编辑的刊物，用鲁迅诗句"寒凝大地发春华"作为该单元的题目（图3-60）。这句诗出自鲁迅1932年作的《无题》，意谓冬天的寒冷凝固了大地，却能够使春天的植物长得更茂盛，用于此很能突出鲁迅的文学成就对后世的影响。鲁迅在上海时期，发表过很多针砭时弊的文章，不断受到反动派的迫害。他的译著、所编的书刊经常被查封、没收、扣留、禁止出版等，即使这样，鲁迅仍然以笔为枪，不懈"战斗着"。此单元采用手稿配合书籍展示的展出形式，丰富又直观，满足不同层次的观众需求。

书墙集中展示了鲁迅在上海期间的著、译、编书籍，每本书都装入画框，给观众以视觉冲击，引导观众赏鉴书籍封面的设计之美。此单元是作为"上海"部分的亮点来进行设计的。鲁迅在近现代书籍装帧史上起到了开先河的作用，贡献极大。古代的书籍基本是以线装的形式出现，以鲁迅、陶元庆、钱君匋等人为主的近现代装帧设计阵营的出现，给书籍装帧设计注入了新鲜的力量，这一单元也鲜明地呈现了这一主题。

与革命友人的交往是鲁迅在上海期间的重要经历，展览特设一个单元突出展示相关内容。此单元以"斯世当以同怀视之"作为题目，这是鲁迅以清人何瓦琴的联句书赠瞿秋白的条幅。瞿秋白曾为中共最高领导人，鲁迅和瞿秋白两人因文字结伴，以同怀兄弟相待，终成生死之交。在"斯世当以同怀视之"单元中，包含鲁迅与李大钊、冯雪峰、瞿秋白、陈赓、李立三、方志敏、陈望道几位友人交往的相关内容，其中鲁迅与瞿秋白是肝胆相照的战友，交往最深，所留存的实物展品也最丰富，是本单元的重点。展览通过图片和实物组合，如二人互赠的诗文、保存的物品、编辑的书籍等，特别是鲁迅撑着带病之躯编校的瞿秋白遗著《海上述林》，表达二人深刻的情谊（图3-61）。"鲁迅收存的《海上述林》及校样、下卷序言、插图说明清样、鲁迅手写的出版预告"相关重点展品组合（图3-62）体现鲁迅以实际行动表达对友人的怀念，尤其其中的插图说明清样，是首次展出，十分珍贵。展览试图让观众通过展品本身，看到背后的人，读出背后的故事。

鲁迅在上海时期，大力倡导新兴木刻运动。"中国新兴木刻之父""中国新兴版画奠基人"等等评价体现了世人对鲁迅在新木刻方面做出的杰出贡献的认可。"愿乞画家新意匠"是鲁迅《赠画师》中的一句诗，后面一句是"只研朱墨作春山"，最初这个单元的题目定的是后一句，但是仔细斟酌之后，策展人决定还是用"愿乞画家新意匠"。原因有二：第一，前句比后句更新颖；第二，一个"愿"字突出鲁迅对新兴木刻充满着希望，"新意"和"匠"更加能

图3-61 "鲁迅的战友之瞿秋白"展示组（上）
图3-62 精品柜中的《海上述林》上、下卷及鲁迅手书的《海上述林》上卷出版预告（下）

图3-63 鲁迅中外美术藏书集中展示

直接突出中国新兴木刻这个新生事物的特点，是匠心独运的。鲁迅在中国新兴木刻方面，主张一方面绍介欧美的新作，一方面复印中国的古刻，认为"这也都是中国的新木刻的羽翼。采用外国的良规，加以发挥，使我们的作品更加丰满是一条路；择取中国的遗产，融合新机，使将来的作品别开生面也是一条路"。所以新兴木刻版画这一单元展出了鲁迅收藏的"中国的遗产"和"新机"——外国的珍贵美术藏书。为了突出整体性，这单元同时展出了鲁迅培养过的第一代版画家的作品以及鲁迅与他们的通信。每一幅木刻作品，都能从鲁迅写给他们的信中找到指导的痕迹，配合玻璃墙的展示效果，清新、典雅、趣味十足。

这一单元可以说是"上海"部分的又一亮点之一，因为所展出的鲁迅的中外藏书都是甄选的有代表性的，如明代著名线描大师陈洪绶的作品集《博古叶子》《陈老莲画册》，鲁迅对陈洪绶推崇有加，在文章中多次提到他；还有《李龙眠白描九歌图》，李龙眠是白描鼻祖，鲁迅藏有多本李龙眠的书，白描、线描就是鲁迅在推进新兴木刻版画中所提到的中国的古刻，中国的遗产。《Noa Noa》《苏俄美术大观》《虹儿画谱》分别是鲁迅收藏的法国著名后期印象派画家高更的作品集、苏联的美术书、日本著名画家蕗谷虹儿的作品集（图3-63），这些都是鲁迅关注并有深刻研究的作品，为鲁迅倡导中国新兴木刻运动做过坚实的铺垫。

　　"中夜鸡鸣风雨集"单元的标题选自鲁迅的《秋夜偶成》，这首诗是他赠给《申报》副刊《自由谈》编辑张梓生的。这一单元通过层层推进的叙事方式，讲述鲁迅去世前最后一个月的诸多细节，展示如《死》、《关于太炎先生二三事》、《因太炎先生而想起的二三事》、最后一条日记、写给内山书店老板内山完造的绝笔信、不断恶化的病情记录和不断出现"最后"字样的说明牌，使观展气氛逐渐变得压抑、沉重。鲁迅珍藏了一生的家人生辰小笔记本，此次首次展出，让观众看到一代文豪作为一个普通人的平凡之举，更接地气，在观众还没从沉重的心情中走出来时，也能感受一下鲁迅生前的温馨时刻。展柜内最后一幅照片是"1936年10月19日下午，鲁迅的儿子周海婴从二楼窗户向外张望，或在盼望父亲回家"（图3-64）。这张照片催人泪下，让人心疼6岁的小海婴，他的个子刚刚超过窗台，盼望父亲回家的眼神是那么的迫切，却不知道再也等不到父亲归来。这张照片放大展现出来，让观众从孩童的视角感同身受鲁迅的离去之痛，同时也留下了细腻温情，而不仅仅是宏大叙事中的万人送葬队伍，名人、伟人组成的治丧委员会。此单元还特意展出了鲁迅在上海期间卧室墙上挂着的两幅德国版画，分别是《苏珊娜入浴》《夏娃》，以及书桌上摆放着的苏联版画《拜拜诺娃像》。这些涉及鲁迅生活场景细节的展示，是此前陈列中完全没有的，观众能更深入地了解鲁迅的美术修养。

　　以上详细介绍的几个单元在文物数量、种类等方面较之前的陈列展览变化比较

图3-64　1936年10月19日下午，
周海婴从二楼窗户向外张望

大，是比较有新意的部分。"无情未必真豪杰""弄文罹文网""敢有歌吟动
地哀""度尽劫波兄弟在""从兹绝绪言"这几个单元变化相对比较小，但是
又不可或缺。"无情未必真豪杰"展示的是鲁迅在上海期间的家庭生活状况，
标题所用诗句是从鲁迅赠送他的好友郁达夫的条幅《答客诮》中所选的，表达
的是鲁迅对海婴的怜爱之情。"敢有歌吟动地哀"选自鲁迅1934年所作的《无
题》诗，从此句诗中能感受到他强烈的反抗情绪化为悲壮的歌声，使大地也为
之怒吼，基调深沉，和鲁迅与左联人士的展陈内容相吻合。"度尽劫波兄弟在"
出自鲁迅1933年作的《题三义塔》，这个单元展示的是"鲁迅与国外友人"来
往的情况（图3-65）。由于围绕内山完造的相关叙事比较丰富，原本这单元想分

图3-65 "上海"部分"度尽劫波兄弟在"单元

成"鲁迅与内山完造""鲁迅与外国友人"两个专题来展示，突出展示"鲁迅与内山完造"，后鉴于展览专题分布的平衡，经过多次修改，将鲁迅与内山完造及由内山完造而展开的内容与"鲁迅与国外友人"这一专题合二为一。展览的具体内容没有大的改动，主要是在上次展陈的基础上稍作文物展品的删减和部分内容的合并与分解。"从兹绝绪言"展示的是鲁迅参加全国第二回流动展览会的情形，以系列图片的形式体现（图3-66）。

　　展览内容分好专题之后，如何以当今时代比较新颖的展陈手法表现展览内容就显得尤为重要了。鲁迅在上海这部分整体色调采取了紫色，"十年携手共艰危""寒凝大地发春华"，于家庭生活，于学术成就，都可以说是鲁迅一生中最灿烂最辉煌

图3-66 "上海"部分"从兹绝绪言"单元

的时期。紫色由热烈的红色和冷静的蓝色调和而成，从色彩学的角度来讲，最
难调配，有无数种明暗和色调可以选择，冷暖自知。这既能体现出鲁迅在家庭
生活中、与友人相处中"暖"的一面，也能展现出他作为革命战士"冷"的一面，
而且淡淡的紫色最清雅脱俗，可于清新中求"永恒"。

　　在展览设计方面除色彩的创新外，"上海"部分主要运用了两处多媒体辅
助展览。一处是鲁迅美术藏书赏鉴，通过短视频展示鲁迅在美术方面的贡献，
介绍他收藏的中外美术书籍，是"愿乞画家新意匠"这一单元内容的补充和拓展。

多媒体设计思路是将鲁迅的美术藏书分为中国和外国两大类，中国的又分为古代的和近现代的，外国美术藏书主要选了苏联、德国、日本等国的。由于在展示播出时不能做到每本书都介绍得面面俱到，短视频主要选择展示书的封面、扉页、签名页、版权页、内页3—5幅，尽量全面展示鲁迅美术藏书的丰富性和系统化。另一处是在"度尽劫波兄弟在"这个单元中，通过沙画创作的形式来展示鲁迅与西村真琴关于三义塔的故事。沙画充满动感但不失静谧的表现形式非常契合内容主题，如同《题三义塔》这首诗的语言结构，简约却不简单，符合不同年龄段观众的趣味，让观众有代入感。能够和观众产生共情，是"上海"部分多媒体展示中的亮点之一。

（九）身后：引导国民精神的前途

1936年10月19日，鲁迅逝世。尽管鲁迅在遗嘱中说过，"不要做任何关于纪念的事情"，但人们一直都在以各种方式纪念他，他的文化遗产也从各个方面对后世产生着持续性的影响。鲁迅逝世时，留下了珍贵的丧仪资料，如照片、影像等。从鲁迅逝世的周年开始，纪念活动越来越隆重而盛大。《鲁迅全集》的出版、鲁迅作品的影视与戏剧改编、以鲁迅为题材的美术创作等，都从不同侧面诠释了鲁迅的文化遗产。

如何在纪念鲁迅的专题展厅内表现鲁迅对中国社会的巨大影响，让观众在对鲁迅进行深切缅怀与纪念的同时，更能够深切感悟到他所遗留下的物质遗产与精神遗产的现实意义，是此部分策展着力之所在。

鲁迅的人生道路在他去世的那一刻终止了，但是他所开辟出的中华民族由传统走向现代的道路依然在拓宽，在延长。纪念厅的展览塑造了缅怀鲁迅的空间，也延续着鲁迅所开辟的这条道路。整个纪念厅的色调柔和而庄重，讲述了鲁迅所走过的人生道路，从多个角度展现了鲁迅对后世的影响。这一部分的展览是未完成态，因为鲁迅的道路没有终点，我们仍要沿着这条道路前进，他的精神依然惠泽后世。

"身后"部分的内容分为四个单元。前三个单元主要讲述悼念鲁迅、纪念鲁迅的活动、展示鲁迅题材的艺术作品，以鲁迅的旧体诗句作为标题。第四个单元展示与鲁迅相关的各个时期的出版物，这一单元没有在展板上出现明确的标题，而是将这些出版物穿插放置到书柜展墙上。前三个单元以图片和复制品形式进行展示；第四个单元全部展出书籍原件。纪念厅中央大屏幕播放的主题视频《鲁迅的路》，是该部分的重要展项之一。

1.又为斯民哭健儿

第1单元以"又为斯民哭健儿"为标题，呈现了鲁迅丧仪的场面、国内外人士吊唁鲁迅的情形（图3-67）。标题来自鲁迅于1933年所作的《悼杨铨》。全诗为：

> 岂有豪情似旧时，花开花落两由之。
> 何期泪洒江南雨，又为斯民哭健儿。

该诗是鲁迅为悼念杨铨所作。杨铨是民权保障同盟执行委员，1933年6月18日被国民党杀害于上海，20日鲁迅往万国殡仪馆送殓，后作该诗，表达了激愤之情与深切的悲痛。

鲁迅的葬礼在万国殡仪馆举行，有成千上万人前来吊唁，选用"又为斯民哭健儿"这一句诗为标题，恰当地将鲁迅作诗时的情感代入现今对鲁迅的纪念，也是一种隔空致敬。

图3-67 "身后"部分"又为斯民哭健儿"单元

　　悼念鲁迅这一单元内容分为三组。第一组是关于鲁迅的丧仪,通过大量珍贵的历史照片反映丧仪的场景。照片中可见蔡元培致辞、宋庆龄演讲,以及送葬民众前来瞻仰鲁迅遗容。这里展出的实物包括治丧委员会名单和讣告,治丧委员会的名单中有蔡元培、马相伯、宋庆龄、毛泽东、内山完造、史沫特莱、沈钧儒、茅盾、萧三等人。

　　鲁迅逝世后,从10月19日下午开始,来自国内外的唁电、唁函就陆续发到上海,到22日丧仪结束,前后共收到唁电54件,唁函78件。第二组展示了国内外的一部分唁电、唁函图片,以及国内外个人和团体敬献给鲁迅的挽联。第三组展示刊登鲁迅逝世消息的报道,以及为悼念鲁迅出版的专刊、专号。其中,第二组以许广平的献词"鲁迅夫子"实物展品为开端,以蔡元培的挽联"著述最谨严,非徒中国小说史;遗言太沉痛,莫作空头文学家"与郭沫若的挽联"方悬四月,叠坠双星,东亚西欧同殒泪;钦诵二心,憾无一面,南天北地遍招魂"手稿图片作为图版展示,以沈钧儒、姚克与斯诺、曹聚仁、佐藤村夫等人的挽联作为文字展示,此外还展示了部分社会团体送来的挽联文字。这些唁电、唁函和挽联是此次展览新展出的内容,通过集中展示,凸显了鲁迅在国内外的文化地位与影响力。

2.斗士诚坚共抗流

第2单元主要展示了国内外纪念鲁迅所开展的活动,以图片的形式呈现。在国内纪念方面,鲁迅的周年性纪念活动通常举办得较为隆重,展览对重要时间节点、有重要人士出席的几次纪念活动进行了展示。1946年,周恩来在鲁迅逝世10周年纪念大会上讲话,他还出席了1956年鲁迅逝世20周年、1966年鲁迅逝世30周年纪念大会。1981年,胡耀邦在纪念鲁迅诞辰100周年大会上讲话。1991年,江泽民在纪念鲁迅诞辰110周年大会上讲话。

在鲁迅生平的整个展览中,我们重点引用了鲁迅的自述,辅以同时代人的回忆文摘,不用外界对鲁迅的评价,更没有策展人的主观评论。关于评价性的直观文字只出现在了"身后"部分,但这评价不是引导性的评论,也不是某种结论的诠释,而是一种鲁迅对后世影响的客观呈现。因此,我们从浩如烟海的评论中摘选了最具代表性,又被观众所熟知的一条评价,即毛泽东在《新民主主义论》中对鲁迅的评价:

鲁迅是中国文化革命的主将,他不但是伟大的文学家,而且是伟大的思想家和伟大的革命家。鲁迅的骨头是最硬的,他没有丝毫的奴颜和媚骨,这是殖民地半殖民地人民最可宝贵的性格。鲁迅是在文化战线上,代表全

图3-68 "身后"部分"斗士诚坚共抗流"单元，第一组展示毛泽东照片、题字及其对鲁迅的评价

民族的大多数，向着敌人冲锋陷阵的最正确、最勇敢、最坚决、最忠实、最热忱的空前的民族英雄。鲁迅的方向，就是中华民族新文化的方向。

这段评论影响力大、观众的认知度高，为了更生动地展示，我们补充了一张毛泽东在延安窑洞中工作时的照片，观众可以清晰地看到案头上放着几册1938年版的《鲁迅全集》。与这张照片和这段评论组合展示的还有毛泽东亲笔题字"鲁迅艺术文学院""鲁迅先生之墓"（图3-68）。

在国外纪念方面，我们除了展示1961年鲁迅纪念碑在仙台落成的情景，更多的是通过展示"鲁新馆"与国外文化机构合作举办鲁迅相关展览与学术活动，来体现鲁迅在世界上的影响。这些国际交流展览从 1956 年北京鲁迅博物馆建馆就开始举办，一直延续至今。这一单元的标题"斗士诚坚共抗流"来自鲁迅写给日本生物学家西村真琴博士的《题三义塔》。全诗为：

> 奔霆飞熛歼人子，败井颓垣剩饿鸠。
> 偶值大心离火宅，终遗高塔念瀛洲。
> 精禽梦觉仍衔石，斗士诚坚共抗流。
> 度尽劫波兄弟在，相逢一笑泯恩仇。

该诗作于 1933 年日本侵华的特定历史背景下，表达了鲁迅对中日两国友好的愿望。在纪念鲁迅的这一单元，摘选"斗士诚坚共抗流"作为标题，不仅展现了国内外文化机构在联合研究与传播鲁迅文化上所作出的努力，更隐喻了鲁迅精神能够穿越东方传统与西方现代，直抵人心，是鲁迅精神超越性与永恒性的表达。

3.只研朱墨作春山

鲁迅的作品被改编成了各种文艺形式，包括影视作品、戏剧作品、美术作品等。第 3 单元标题"只研朱墨作春山"摘自 1933 年鲁迅书赠日本画家望月玉成的《赠画师》。全诗为：

> 风生白下千林暗，雾塞苍天百卉殚。
> 愿乞画家新意匠，只研朱墨作春山。

图3-69 "身后"部分"只研朱墨作春山"单元

　　该诗表达对画师构思出新的艺术意境的希冀，更蕴含对山河美好、气象更新的期盼。展览中呈现的与鲁迅相关的艺术创作也更加多元与开放。特别是鲁迅晚年倡导新兴木刻运动，培育了一大批木刻艺术家。这些艺术家创作了大量与鲁迅相关的美术作品，很多藏于"鲁新馆"。展览精选其中的画作，进行集中展示，不仅从艺术史的角度体现鲁迅的影响，也让观众审视后世的艺术家是否真正领悟了"只研朱墨作春山"的深刻内涵（图3-69）。

　　该单元首先展示了鲁迅作品被改编成影视与戏剧的历史。展览对由鲁迅作品改编的影视、戏剧作品进行了梳理，从1948年由小说《祝福》改编的电影《祥林嫂》开始，一直罗列到2021年在绍兴公演的由波兰戏剧导演克里斯蒂安·陆帕执导的话剧版《狂人日记》。展览以表格的形式介绍由鲁迅作品改编的影视、戏剧作品细目，配以多幅剧照。

在馆藏美术品中，后世艺术家创作的鲁迅相关作品有多个画种与主题，展览最终选择了鲁迅肖像木刻版画作品。这出于多方面的考虑：首先，鲁迅是倡导中国新兴木刻的第一人，被誉为"中国新兴木刻之父"；新兴木刻被鲁迅称为"是正合于现代中国的一种艺术"；木刻版画能天然地渗透出刀削斧劈的力量，画面黑白分明，辨识度高。因此，版画成为首选的画种。其次，鲁迅的面容是中国大众最熟悉的民族魂面容，也是被艺术家刻画最多的文学家面容之一；关于鲁迅面容的馆藏美术品数量较多，展品的选择空间较大；鲁迅照片是展览的隐性线索之一，在"身后"部分采用鲁迅形象的美术作品，是对该线索的呼应与延续；观众在纪念厅需要面对鲁迅形象进行缅怀。鲁迅曾对曹白的《鲁迅像》版画作品倍加珍惜，不仅为其画稿题字，还在给曹白的信中说："我要保存这一幅画，一者是因为遭过艰难的青年的作品，二是因为留着党老爷的蹄痕，三，则由此也纪念一点现在的黑暗和挣扎。"所以，展览精选了36幅鲁迅面容的木刻版画作品，有冷峻、严厉、沉思的面容，也有面向青年与儿童时透露出温和目光与和蔼笑容的面容。在形式设计上，展览力求让鲁迅的面容特征更具有冲击力，从视觉上加深观众对鲁迅形象的印象，并提供给观众驻足与思索的空间。展厅的结尾设计成通体的鲁迅形象墙。这些艺术作品被放大分布到整个墙面上，90度折角的墙面适合拍照，能吸引观众在此驻足（图3-70）。

4.与鲁迅相关的出版物

"身后"部分的第4单元展示了与鲁迅相关的各个时期出版物。书籍的展示、藏书阁风格的展厅形式设计，都是对展览隐性线索——"鲁迅藏书"的延展。纪念厅的总体设计是一个可容纳大量图书的藏书阁，阁中以书架代替展柜。

图3-70 观众与鲁迅形象墙

这一部分的前三个单元的内容均以图片为主，少量的实物展品都被安放在了墙面之上，书架按尺寸预留了展板与展品的位置，展板与展品被设置在适宜观众阅读的位置。在此之外是若干个隔断的格子书架，书籍被平放、竖放或展示内页摆放，穿插展示在纪念厅的各个角落。有些书架已摆放了多个版本的《鲁迅全集》、纪念与回忆鲁迅的出版物、鲁迅著作的外文译本、北京鲁迅博物馆多个时期编辑出版的鲁迅研究相关刊物等。值得一提的是，《鲁迅全集》的出版是中国现代文化史的一个里程碑。1938年，第一种《鲁迅全集》（20卷）出版，此后，1956年版（10卷）、1981年版（16卷）和2005年版（18卷）陆续问世。此次展览展出了多个珍贵版

本的《鲁迅全集》，将来也还会出版更新版本的《鲁迅全集》，展览将不断增
添最新的出版成果，让鲁迅对后世的影响无限延展。

5.《鲁迅的路》主题视频

纪念厅是最具纪念性与传承公众记忆功能的公共空间，此次展览充分思考
了如何在图片、文字与实物的基础上，触发观众的多感官体验，让观众从精神
上自主进入纪念鲁迅的情境之中的问题，这也是纪念厅展览策划需要突破的难题。
随着时代的发展，人们的阅读习惯在发生改变，通过视频传递信息成为展览传
播知识的常用手段，尽管在鲁迅生平展览中已经应用了较多的视频展项，但都
是针对具体知识点的信息补充，而没有从宏观角度对鲁迅的一生进行回顾。更
遗憾的是，鲁迅一生没有留下影像，这也为主题视频的策划增加了难度。

通过搜集资料，我们发现现存与鲁迅相关的影像有鲁迅葬仪的录像、演员
演绎的鲁迅纪录片、由鲁迅生平及其文学作品改编的影视作品，然而，这些影
像都不足以支撑起纪念鲁迅的深厚主题，更没有呼应"鲁迅的道路""生命的路"
展览主题。因此，主策展人撰写了《鲁迅的路》影片脚本，聚焦鲁迅生平多个
转折性事件，概述鲁迅一生所走过的道路，介绍鲁迅一生的成就与贡献。最终
通过"原始素材＋后期特效＋剪辑合成"的手段，展览制作出9分钟的纪录片，
在纪念厅中央墙面的大型屏幕上滚动播放。观众驻足于纪念厅的大屏幕前，不
仅可以重温刚参观过的展览要点，也能跟随着影片的讲述再次深度思考(图3-71)。
主视频的对面是鲁迅形象墙，观众可以在回顾与展望中尝试建立起与鲁迅的精
神联系。

视频结尾的一段文字是对展览主题的凝练与升华：

> 鲁迅秉持跨越古今、融通中外的文化理念。他的学问文章底蕴深厚，

图3-71　观众观看《鲁迅的路》主题视频

涵盖宽广。他一生56年，创作近300万字，翻译近300万字，收藏古今中外版画4000多幅，金石拓片6000多张，以顽强的意志、坚韧的毅力创造出惊人的业绩。

人生行路难，天下多歧路。鲁迅一生越过坎坷，冲出荆棘，在人生道路上不断做出选择：弃科举读新学、弃医从文、弃文从政、弃政从教、弃教从文。晚年，他的终极选择是留在国内写作而不是到国外休养，宁可耗尽生命，也要为了民族的将来发声；他夜以继日地著译，为读者输送精神的食粮。他以苍凉和悲壮的姿态抵抗禁锢和压迫。

　　鲁迅说："文艺是国民精神所发的火光，同时也是引导国民精神的前途的灯火。"鲁迅是火光，是灯塔，引导我们前进的道路。

　　"什么是路？就是从没路的地方践踏出来的，从只有荆棘的地方开辟出来的。"习近平在庆祝改革开放40周年大会上的讲话中引用过鲁迅这句关于"路"的文字。回顾鲁迅走过的道路，展望中华民族未来的伟大征程，正如习近平所说："中国特色社会主义道路是当代中国大踏步赶上时代、引领时代发展的康庄大道，必须毫不动摇走下去。"[13]

四、视觉叙述

　　罗兰·巴特曾说："叙述是在人类开蒙、发明语言之后，才出现的一种超越历史、超越文化的古老现象。叙述的媒介并不局限于语言，可以是电影、绘画、雕塑、幻灯、哑剧等等，也可以是上述各种媒介的混合。叙述的体式更是十分多样……甚至可以是教堂窗户玻璃上的彩绘……"

　　这提醒我们，如果一个历史人物的生平展仅仅由生硬的史料贯串连缀而成，仅仅是将丰富性压缩为一句话、进行上图下说的概述叠加，它和一本合上的厚厚的文献书无异，是无法接纳更多宽广的心灵的。

　　"观看先于语言。儿童先观看，后辨认，再说话。"[14]一个展览的大纲完成了，仅仅是完成了文本叙述。接下来策展人员考虑的是，该如何让这些文物开口说话，讲述人物的故事。由观众角度想到的就是，观众会看到什么。也就是说，要将其翻译成视觉符号，它的途径便是艺术设计。

实际上，撰写大纲的过程从来就不是搜集资料、摘抄语录、拼接图像、复制粘贴的过程，在策展人的脑海里，大纲是有色彩的，是有生命律动的，是放置在景观之中的。如是，才能与设计人员心心相印，无缝衔接。

知易行难。吊诡的是，一个文学家的遗物，大部分仍然是文字，又有多少可以转化的物品可视性呢？通过文献解读历史是人们熟知的程序，数百年来已发展出一系列帮助我们阐释的重要手段。而对于以纸质文物为主的展品群来说，尽管也有科学、考据和图像学等的专业知识结构来帮助我们提出关键性的问题，但还必须加上尽可能丰富和有诗意的想象，才能构建出这些物品的前世今生，真正理解它们所承载和传达的深刻内涵。

文本施展魅力的手段是语言，而展示则靠视觉。展览中视觉叙述的核心就是排列展品。每一个物件、每一个说明、每一个单元，都被编织进空间呈现的复杂乐曲中。为了让观众能如实听到每一个音符——故事中每一个展品，它们都必须以某种方式敲击心灵，从而将其带到一个以前从未抵达之处。

（一）设计表达

"鲁迅生平陈列"以鲁迅一生的时间线索为轴，地点的转移、事件的发生、人物的出场，被组织成了一个个故事，让人们看到的不是一件件孤立的、无关联、无生命的物品，而是经由历史信息被排演到各种场景与情境中的精彩故事。展厅其实也是剧场，如何营造这样的剧场空间？艺术设计是关键。它必然是各种艺术形式的综合运用，仅仅是一般的生平介绍，彰显不出国家一级博物馆"鲁新馆"丰厚的馆藏、雄厚的学术实力与自身历史发展的特色。我们希望展览不只向观众灌输知识，更是让他们体验艺术。设计人员始终围绕"鲁迅的道路""生命的路"展览主题进行构思，以鲁迅文物为物质基础，通过对建筑环境的空间处理，展品的巧妙搭配，运用各种艺术、科学手段有机地创造出符合鲁迅文化的艺术空间。从序厅、主厅到纪念厅，展览无不融入了声音、图像和诸多细节，集历史、文学、艺术和哲学深度于一体，以鲁迅的美术思想为基本指导原则，通过简单又复杂的艺术手法力争表达出鲁迅特有的"立人"文化主张，人类"不隔膜，相关心"的文艺理想，胸怀寰宇为大众的宽广胸怀，火与冰式的情感及洞察人性的思想深度。

1.序厅：路的起点

> 生命的路是进步的，总是沿着无限的精神三角形的斜面向上走，什么都阻止他不得。

> ——鲁迅《生命的路》

序厅，是展览出发的地方，是策划最有难度、创造性最具考验的艺术空间。序厅的设计既要准确凝练地传达展览的主题与意义，又要以鲁迅的方式呈现独特性，同时保持序厅本身作为一个完整艺术作品的存在。如同一本书的卷首语，序厅必须启迪观众，愿意怎样被观看，可能会寻觅到什么。初见决定了观众是否将参观行为进行下去，正如一本小说从第一页就向读者施加魔力。在序厅，观众与展示主体开始真正互动。观众能否铭记展览，并使之保持鲜活，是序厅艺术设计必须回答的根本之问。

我们主要从四方面考虑：第一，展览主题为"鲁迅的道路""生命的路"，应该巧妙地视觉化呈现"路"这一看似具象却又抽象的概念。第二，鲁迅以文学家著称，首先考虑的应是对"文字"的艺术化处理。可以对"路"这个汉字进行重组与解构，或者对鲁迅作品名称、名言进行艺术化设计。第三，从鲁迅文章所描写的意境中进行提炼，视觉化呈现其精神内涵。第四，让序厅的空间通过玻璃窗向上延展，利用自然光营造出动感的"序空间"。

尽管展览空间是构造的实体，可又何尝不是一个假想的空间？当我们谈论某种设计能够产生什么效果时，我们难道不是在谈论如何制造某种幻觉吗？不可否认，积极而投入的参观，对于一个展览的生命力来说是决定性的，同时也能充实观众的生命。因而，序厅必须引发观众的激情。

"要有光。"与众多密闭的博物馆展厅比起来，北京鲁迅博物馆馆区近似正方体的序厅空间，有一个与众不同的室内设计，那就是穹顶正中间的方形天井。每天，阳光透过金字塔形的玻璃窗投射进来，随着光线的移动，强度的变化，一个光影婆娑、充满动感的舞台，向观众敞开。

沐浴在阳光下的雕塑，品质感更强。怎样才能对得起阳光普照？序厅的设计经历过多次方案讨论，"丰碑""书""路"成为关键词（图3-72）。哪种意象最具辨识度和影响力？我们为之展开多场头脑风暴。最初，我们想以书籍形态为主造型，一方面体现鲁迅的人生是一本读不完的大书；另一方面，鲁迅的一生，也正由书组成了精神阶梯、拓荒之路。然而，书阶似乎可以是任何一位文豪的象征，体现不出精神丰赡、犀利深刻的思想家、文学家鲁迅的独特性。后来，我们又想到充分利用天井与自然相通的空间优势，在序厅中央竖立起一座民族魂的丰碑，丰碑可以沿着天井向上无限延展，从而产生仰之弥高的效应。还有人提出，设计鲁迅肖像剪影、道路浮雕、鲁迅作品里的文学形象系列、被拆解的巨型文字……我们都逐一细致地进行思想的碰撞、积极的探讨。最后，大家一致认为，序厅中心不应该用具象来限制观众的想象力，应该高度符号化，最好采用艺术装置，激发出想象的涟漪，如此，才能高度契合每个人心目中的民族魂。

讨论稿方案：

　　序厅由两部分组成：中心区域寓意为"丰碑"的艺术装置和周边三面浮雕墙。两部分共同表达展厅的主题：生命的路。中心区域寓意为"丰碑"的艺术装置用艺术化手法展示"路"的意象；三面浮雕墙展示鲁迅一生所经历的具体的路：绍兴、南京、东京、仙台、杭州、北京、厦门、广州、上海等。

　　寓意为"丰碑"的艺术装置与三面浮雕墙，以抽象和具象的形式，共同诠释了鲁迅平凡而又非凡的生命之路。

　　经过反复的论证与方案修改，镂空造型的装置在我们的脑海中逐渐出现了：让阳光投射透过空隙，产生光与影斑驳交替的动态感，给人以无限的遐想，使观者心灵与鲁迅精神实现融合交汇。方案最终确定为创作一个以鲁迅文字的力量，突破隐喻国人精神困境的"铁屋子"的艺术装置（图3-73）。该艺术装置位于序厅正中央，仿佛一束光从天而降，也好似地火涌起，直冲天际。这一几何造型金属镂空装置的主体部分由独特的鲁迅语汇组成，有非常醒目的"民魂""生命"等字眼。装置中间嵌入了一个满是铁锈的正方体，令人不难想到鲁迅在《〈呐喊〉自序》当中的描述："假如一间铁屋子，是绝无窗户而万难破毁的……"天井光线的照射，可以使文字折射出光，金属字的棱角表现出鲁迅先生文字的犀利、坚韧。艺术装置主要支撑点设在正方体铁箱内，透雕部分附着在铁箱之上，用细钢筋做固定，在稳固的基础上，还照顾到透雕部分的通透性。作为鲁迅思想之光的原点，透雕部分底部对角线的跨度为1881毫米，参考了鲁迅先生出生的年份1881年。

　　鲁迅说："生命的路是进步的，总是沿着无限的精神三角形的斜面向上走，什么都阻止他不得。"序厅的艺术装置不仅汇集了鲁迅的"文字"，也体现着

图3-72　以"路"和"丰碑"为概念的序厅装置创意设计效果（被否定）

图3-73 序厅主体艺术装置最终设计效果（上）
图3-74 序厅四周墙面的"留白"设计与鲁迅《自传》艺术放大（下）

鲁迅文章的精神风骨。我们不定义鲁迅，不为艺术装置命名，让观众自己去寻找"鲁迅的道路"是如何开辟出来的，让观众在各自的脑海中形成更多的意象。是铸剑？是桅杆？是如椽巨笔？是雷峰塔的倒掉？还是立体主义思潮？这样的艺术装置实际上也彰显了鲁迅一贯的试验性和先锋姿态。

　　序厅四周墙面的设计，也是经过反复论证的，基本的思路都是围绕"路"的主题而展开。我们曾经考虑过，以鲁迅人生各个地点的转换为路的节点，以城市的著名建筑为具象化呈现，从而串联起鲁迅的一生，甚至将鲁迅的生平年表时间轴上墙，但是，这种形式将"路"的意象平庸化、表象化了，缺乏精神内涵与创意，又与鲁迅欣赏"留白"的美学追求不符，因此，该方案也在讨论中被否定。最后，我们选择了以坚韧的野草来装饰墙面，与主题"路"相关的文摘点缀其间，比如"野蓟经了几乎致命的摧折，还要开一朵小花"。《野草》是鲁迅唯一的散文诗集，也恰好是其在北京西三条二十一号居住时创作的，是其生存哲学的美学呈现。同时，鲁迅还是个博物学家，幼时便喜欢种植花草，留日回到故乡教书时还曾经编写过植物学教材，带领学生去孤山、葛岭一带采集植物标本。该设计也彰显了鲁迅博物君子的本色。尽管如此，观众环顾四周，看到更多的其实是大量的浅灰色"留白"，野草只不过匍匐在地表，这既是鲁迅所欣赏的艺术形式，也是鲁迅哲学——"速朽"的深刻体现。鲁迅亲笔手书的《自传》在正前方赫然出现（图3-74）。走近后，可以看清先生以独有的质朴洒脱的书法、简明有力的语言高度洗练地概括了自己的大半生。

图3-75 观众与序厅主体艺术装置

2.主厅与纪念厅：生命的路与路的延续

　　序厅提供了一种体验，驱动观众往下走，使他们怀着极大的兴趣看完展览（图3-75）。如果观众不能坚持到最后，不管你想展示的内容多么全面、深刻，都毫无意义。要做到这一点，展览必须在观众参观过程中越来越有吸引力。

　　进入主厅，首先映入眼帘的是巨幅折角画作《荒原上的路》。一望无际的茫茫原野，曲折蜿蜒的道路逐渐廓清，展现在世人面前。观众视线所及，并非具象的拓荒者披荆斩棘的步伐，而是首先获得一种辽阔感，这增强了他们对展览主题"鲁迅的道路""生命的路"的敏感度，进而使他们打开进入历史的通道。

接下来是四维时空里的鲁迅生平，以所历时代为经、地理为纬，以人物生活、成就为向量，八个板块次第展开。绍兴17年，南京4年，日本7年，杭州—绍兴—南京3年，北京14年，厦门4个月，广州8个月，上海9年，56岁的短暂一生，却是仰之弥高的连绵峰峦。每一个板块都选用了相应的颜色和地域特色建筑、风俗画虚化为底图来烘托那一段独特的岁月。

所谓第四维，是对观众主体性的强调。在传统的长、宽、高三维陈列空间的基础上，观众的游走成为第四维空间，这使"鲁迅生平陈列"空间向多元化方向发展流动，充分发挥交流与对话的媒介作用。"人是在建筑物内行动的，是从连续的各个视点察看建筑物的。可以这样说，是他本人在造成第四度空间"[15]，观众在参观鲁迅展览的过程中，其感受不仅与时间紧密联系在一起，也因其行动路线而贯穿起展陈空间的每个单元。观众置身于展览设计者所规划的鲁迅艺术空间之中，被引领在恒定的三维空间中产生连续动态的四维空间感，并产生新的心理认知。

从创意装置、鲁迅手稿、野草意象开场，进入主厅后，经过《荒原上的路》折角画作，鲁迅生平展线朝着更加丰富多维的方向延展。每一部分、每一时序都有它的开场、中段和结尾，展览随时注意前后呼应，留有伏笔、预埋线索。选用的每一件展品都在努力传达展览的主题。我们通过以下五种表现手段展现鲁迅的生命之路。

第一种表现手段是色调搭配。

色彩是形式设计重要的表现手段之一，"鲁迅生平陈列"的色彩选择与搭配均遵从鲁迅个性，以鲁迅的美术思想为设计原则，并始终呼应展览的主题。整体色彩基调稳定而沉着，局部色彩组合变化中有统一。

序厅、主厅、纪念厅色彩设计的思路不尽相同。序厅是一个接近正方体的空间，采用自然光与人工光相结合的照明方式，展厅四周墙面以淡灰色为底色，点缀以白色的文字，周围被"隐去"的色彩环境是为了突出序厅中央的艺术装置，自然光与灯光组合照明，也使艺术装置格外吸引人的注意。

历史类主题的展览通常选用沉稳雅致的色调作为主基调，主厅便慎重地选择了深灰色作为底色，每一部分点缀以不同的色彩。灰色属于无彩色系，具有中立性，尽管以此为主基调的设计相对比较保守，却给人以沉稳之感。而且色调融合度较高，局部的色彩能够更好地进行调和，更容易进行局部色彩的深化设计。深灰色的展厅环境也更有利于通过灯光的照射来凸显展品。

我们经过了比较深度的考量，从鲁迅的文章、鲁迅设计的书籍封面与描绘的图画、收藏的艺术品、日常用品、生活过的城市文化中，寻找适合于视觉化的色彩应用于鲁迅展览。尤其是鲁迅曾经在文章《在钟楼上》中提到过他感知的几个城市的颜色，我们在展览各部分的色彩设计中，均参照了鲁迅所提到的颜色。

> 倘说中国是一幅画出的不类人间的图，则各省的图样实无不同，差异的只在所用的颜色。黄河以北的几省，是黄色和灰色画的，江浙是淡墨和淡绿，厦门是淡红和灰色，广州是深绿和深红。
>
> ——鲁迅《在钟楼上》

我们确定了应用以下几种颜色进行局部空间的色彩设计：深红色、土黄色、深棕色、蓝色、绿色、紫色。整个展厅大面积底色均以灰色为主基调，随着鲁迅人生轨迹与地点的转换，点缀绿、蓝、紫等颜色（图3-76至图3-84）。具体色彩设计如下。

"绍兴"部分：鲁迅说"江浙是淡墨和淡绿"，百草园、外婆家、当铺与药店、被囚禁的祖父、三味书屋等，勾勒出鲁迅的童年时光，"绍兴"部分穿插淡绿色，相对平静舒缓，具有绍兴水乡韵味，寓意无限生长。

"南京"部分：不到18岁出门远行，"走异路，逃异地，去寻求别样的人们"，南京承载了戎马书生周树人的青春年少，搭配较明亮的浅木色，象征青春本色。

"日本"部分：日本是鲁迅一生的转折点，东渡扶桑，负笈远学，深蓝色的浮世绘效果、海浪与浅蓝灰色的背板，体现他选择人生道路时的理性思考，给人忧患、镇静、理智、深沉之感。

"杭州—绍兴—南京"部分：辛亥革命胜利，江河为之色变，共和旗帜下，祖国的教育事业任重而道远，深红棕色在此时代表着动荡与变革。

"北京"部分：鲁迅在日记中记载的北上北京途中的观感是"弥望黄土，间有草木，无可观览"。他还说"黄河以北的几省，是黄色和灰色画的"。因此，土黄色作为鲁迅对北京及北方城市的"印象"，成为这一部分背景所应用的色彩。鲁迅亲自设计的作品集《呐喊》封面为暗红色，我们提取该色彩，衬托于重点展项背后。

"厦门""广州"部分：鲁迅4个月的厦门大学任教生涯并不愉快，却伴随着爱情的倾诉，迎来了创作的高峰；血色广州"城头变幻大王旗"，他在革命的策源地遭逢大时代的血雨腥风。鲁迅说"厦门是淡红和灰色，广州是深绿和深红"，我们在这两部分均采用偏黑的深红色，表达鲁迅内心的斗争与外界的残酷环境。

"上海"部分：上海"十年携手共艰危""寒凝大地发春华"，于家庭，于同道，于文艺，于学术，皆走向人生的巅峰。[16]紫色是由温暖的红色和冷静的蓝色调和而成，紫色是最难调配的一种颜色，有无数种明暗和色调可以选择，冷一些、暖一些。这正能体现鲁迅在家庭生活中、与友人相处中"暖"的一面，也能展现他作为革命战士"冷"的一面，同时也体现了淡淡的追忆。

"身后"部分：此部分的展示空间采用自然原木色为主色调，暖色光源将展厅的照度提升得相对较高，与主厅的深灰色形成一定的反差，让观众能够在视觉与心理上轻松地进行空间转换。纪念厅的主展墙为偏黄的原木色，配上深灰底色的展板，暖与冷的适度色彩搭配，使得整体氛围安静而祥和。同时，原木色具有天然的质感与纹理，蕴藏着强大的生命力，也容易拉近与观众直接的距离，让观众在温和舒适的环境下缅怀鲁迅，感受鲁迅对后世的影响，反思鲁迅与当下的联系。

每一部分的色彩变化不仅能够帮助观众区分展览的单元段落，调节观众的视觉

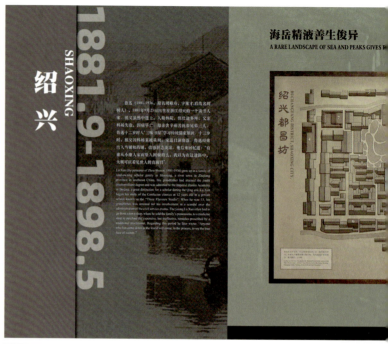

图3-76 "绍兴"部分色彩
设计效果（上）
图3-77 "南京"部分色彩
设计效果（下）

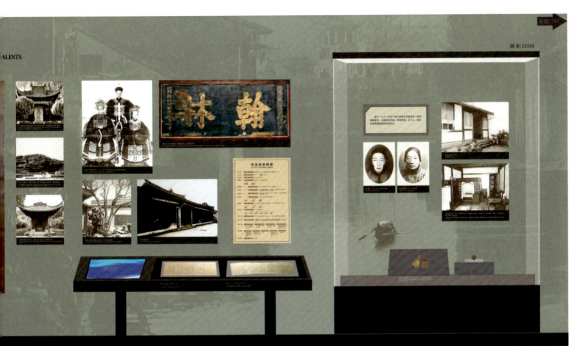

图3-78　"日本"部分色彩设计效果（上）

图3-79　"杭州—绍兴—南京"部分色彩设计效果（下）

AN YUAN, OUR PROGENITOR

故乡黯黯锁玄云
MY OLD HOME LOCKED IN MURKY CLOUDS, SO DARK, YET EVER DARKENING.

杭州 绍兴 南京
HANGZHOU SHAOXING NANJING
1909.8-1912.5

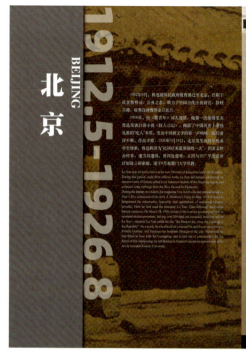

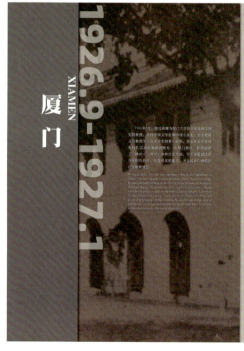

图3-80   "北京"部分色彩设计效果（上）
图3-81   "厦门"部分色彩设计效果（下）

图3-82　"广州"部分色彩设计效果

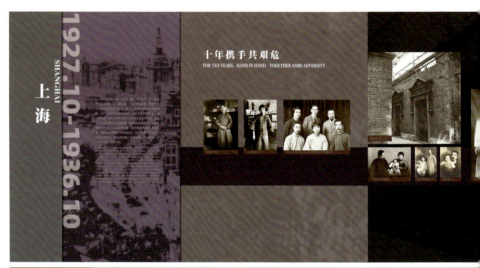

图3-83   "上海"部分色彩设计效果（上）
图3-84   "身后"部分色彩设计效果（下）

疲劳，还能够传达知识背后隐藏的信息，辅助塑造跌宕起伏的展览内容，同时突出重点展品。除了展览空间与展板中的色彩，展品本身的色彩也是重要组成部分。鲁迅所留下的影像均为黑白照片，展览中所应用的历史场景影像也以黑白为主调，在整体展厅及图版的色调为灰色的环境下，带有独特颜色的展品就会被衬托得格外鲜明。特殊展柜的设计，灯光环境的烘托，也让展品的颜色成为展厅中的亮点。如，鲁迅手稿，微微泛黄的纸上是鲁迅用毛笔撰写的黑色文字，纸的颜色偏向白色，即无色，经过时间的洗礼，呈现出淡黄色或黄褐色，均是鲁迅的本色体现。黑色的毛笔字勾勒出鲁迅的一生，黑色代表沉稳，黑色的文字也是展览中最主要的线索之一，将整个展览串联起来。鲁迅的作品集封面色彩变化较多，以《呐喊》为代表的深红色、以《彷徨》为代表的橘红色、以《野草》为代表的深灰色、以《朝花夕拾》为代表的亮黄色……在展览中交替出现，呈现鲁迅丰富的生命色彩。

如果说，深灰色是展览的主基调，每一部分所调和的颜色是该部分的空间主色调，那么衬托重点展品与展项的背景色设计可说是最为局部的色彩设计。而这些最为局部的色彩设计参照的依据便是重点展品的色彩。进行局部的色彩设计，不仅能够衬托展品，同时还能起到分隔不同内容展品组合的作用。例如，"北京"部分的整体色调是灰色主基调上的土黄色，墙面上的展品组合则利用色彩来进行区别分组，如排列在一起的"呐喊"展示组与"彷徨"展示组（图3-85），重点展品《呐喊》作品集封面的深红色成为局部色彩设计的创意来源，设计者采用深红色与浅红色来分割这两组的展示内容。

第二种表现手段是展品组合。

作为历史的见证物，博物馆的藏品本身有着与生俱来的含义，但这种含义只有通过博物馆的展示方式才能显现出来，被展示的藏品即为展品。只有系统地对展品进行组合安排，才能在更广的层面上提炼出藏品的含义。

从信息传播的角度看，藏品的内涵抽象出三个层次的信息：本体、流转与衍生。

图3-85 "呐喊"（左侧）与"彷徨"（右侧）展示组的局部色彩设计

对与鲁迅相关的藏品来说，本体信息指鲁迅藏品本身所携带的基本信息，流转信息指鲁迅遗物被博物馆收藏后赋予的新内涵，衍生信息主要指精神、意义层面的信息。对于当代展览，仅仅展示鲁迅藏品的本体信息，已难以满足观众对物品理解的阐释需求，只有将衍生信息和流转信息一道纳入物的研究，才能向观众进行更系统、更完整、更有内涵的阐释。

在对藏品进行多维信息展示的过程中，我们还需要辅助展品来配合展示。辅助展品通常分为三类：一是科学性展品，包括地图、图表、照片、拓片、模型、沙盘、景观箱等；二是艺术性展品，指根据陈列内容需要提供的素材，由造型艺术家创作的作品，如绘画、雕塑、景观、创作排演录制的声像资料等；三是语录、引文和文字说明，在序列标题牌或说明牌上处理的文字内容，分别为部分、单元、组的标题和各层次概要说明，以及重点展品说明与一般展品说明。[17] 以上辅助展品的类别，

图3-86 《新青年》第4卷第5号文物展品组合设计

基本涵盖了"鲁迅生平陈列"所应用的辅助展品类别。

我们在形式设计的过程中,非常注重对藏品信息的分层次转化设计。对于一件藏品或者一组藏品的阐释,我们通过多种展示手段传达信息。藏品的本体信息如名称、年代、用途等,可以通过说明牌进行阐释,如果观众想了解更详细的信息,则可以借助更多方式,比如阅读更多的图版文字、检索多媒体设备、扫描二维码等来深入研究。观众还可以通过特殊展柜、特殊的光环境,来了解哪些展品是重点展品。比如,《新青年》第4卷第5号是鲁迅发表《狂人日记》的期刊,这是一件重量级展品。我们将之摆放在独立于展线之外的特殊立体展墙中,配以详细的说明文字,配以鲁迅文摘,起到点评效果。旁边还放有多媒体设备,可检索该文章全文,以及鲁迅在《新青年》杂志上发表的其他文章全文(图3-86)。

说明文字:1918年5月,鲁迅在《新青年》第4卷第5号上发表《狂

图3-87 "上海"部分的形象立板及异形独立展柜设计效果（左）
图3-88 "绍兴"部分的虚拟鲁迅形象（右）

人日记》，"意在暴露家族制度和礼教的弊害"。这是中国现代文学史上的第一篇白话小说，作者第一次使用笔名"鲁迅"。

鲁迅文摘：后起的《狂人日记》意在暴露家族制度和礼教的弊害，却比果戈理的忧愤深广，也不如尼采的超人的渺茫。此后虽然脱离了外国作家的影响，技巧稍为圆熟，刻划也稍加深切，如《肥皂》，《离婚》等，但一面也减少了热情，不为读者们所注意了。

多媒体触摸屏：鲁迅《新青年》作品一览（小说、新诗、杂文、翻译）。

第三种表现手段是线索呼应。

该展览的五条隐性线索——鲁迅照片、手稿、自述、旧体诗、藏书不易被观众察觉，需要用相对统一的视觉叙述进行转化呈现。

鲁迅照片是比较容易被注意到的展示线索，除了墙面展板中出现的鲁迅形象照片以外，每一部分的中心展柜都采用精心设计的异形独立展柜，并结合一个贯穿展厅地面与顶部的形象立板，正对着观众的一面均放置一张被装进相框的鲁迅照片（图3-87）。幼年的鲁迅没有留下照片，我们通过数字技术虚拟还原了鲁迅在绍兴（图

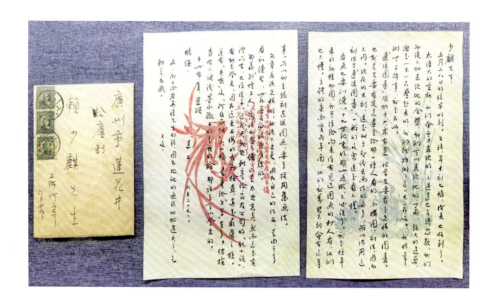

图3-89　鲁迅手稿（书信）展示

3-88）、南京时期的形象，以期呈现少年鲁迅形象在观众心目中的完整构想。

　　鲁迅手稿是最重要的展品之一，贯穿于整个展览叙事。根据手稿尺寸，我们力求以多种方式进行展示，避免枯燥与平面。展示手法主要有将手稿平铺于展台纸上，有时候会保留纸张的立体感，或者将手稿装入镜框中悬挂于墙面之上，或者将有的手稿扫描图像放大于展板之上，突出鲁迅的文字力量（图3-89）。其中，最精彩的要数历经辗转迁徙的《娜拉走后怎样》手稿长卷（图3-90），我们将之做成随着卷轴缓缓展开的方式。与其他文章手稿不同的是，该手稿留下了很多文人题跋，盖有名章。在将艺术品视为神圣不可侵犯的西方视角看来，这种做法未免太过惊人，但现在细细端详，这样的举动十分动人，它创造出了跨越乱

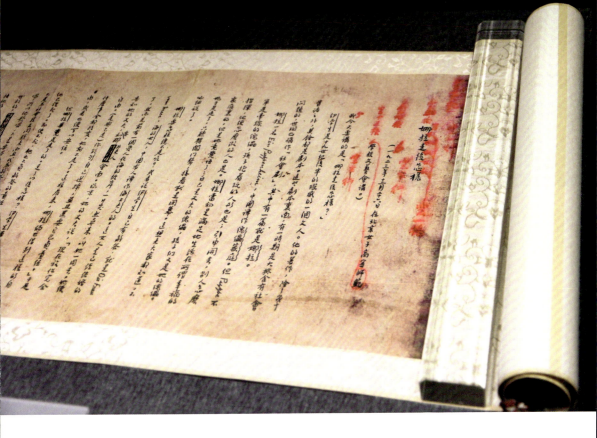

图3-90 鲁迅手稿《娜拉走后怎样》长卷展示

世共同分享喜悦的文人群体，并让观众也能参与其间，与之共情。在漫长的时光中，这件珍贵的手稿曾以不同形式带给人们欣慰与激励，直至今日仍能打动观赏者，给现代人带来愉悦。关于这一点，还能有比这些印章更清晰的例证吗？

自述最能体现人物的内心世界，这是人物展览最大的特点与优势，而文学家鲁迅的自述几乎句句是"箴言"。这些自述文字可以对展品信息进行补充，可以对鲁迅的人生转折做出解释，可以对具体事件进行描述……从序厅到纪念厅，这些自述文字的展示主要有三种表现手法：一是以手稿的形式进行呈现，手稿可以是原稿，也可以是艺术化后的文字提取与放大。二是每个部分中心区域的立板墙面上均有鲁迅自述出现，仿佛是鲁迅自己在概述自己每一时期的思想与转变（图3-91、图3-92）。

图3-91　中心形象立板背面的鲁迅自述（左）
图3-92　"北京"部分末尾楼梯口的鲁迅照片及自述（中）
图3-93　鲁迅自述文字被设计在统一的背景框中（右）

独立展柜的立板上也会有自述出现，以对展柜中的展品进行解读。三是版面设计方面，自述文字被设计在一个统一的背景框中，穿插在整个墙面展线上，是对展品信息的补充，对鲁迅的人生转折的解释，也是对具体事件进行的描述（图3-93）。

鲁迅创作的旧体诗是一条最隐性的线索，也是一条精神层面的辅线，提供给具有一定古典文学素养的观众去感悟。诗的线索包括两个方面：一是涵盖在鲁迅手稿线索之中的，一些手稿就是鲁迅所创作的诗稿，比如《自题小像》《答客诮》《自嘲》等。二是展览的二级标题采用鲁迅的诗句，我们主要提取《呐喊》封面的深红色，进行诗句字体与颜色的统一设计，在个别颜色较深的背景板上则采用白色文字，以形成颜色反差，突出文字。

鲁迅藏书是与鲁迅手稿同样珍贵的馆藏文物。我们采用通过特殊造型的展柜，对书籍矩阵式、金字塔式排列，对同一类别的藏书集中陈列等方式，来突出鲁迅藏书的种类、数量与特点（图3-94至图3-97）。书籍可以直接平放或侧立于展柜之中，有些书可翻开内页进行展示；书籍还可以被装在展框之内，悬挂于墙面展线上。平放与悬挂的陈列方法在此次展览中应用最多。

第四种手段是情境建构。

图3-94　书籍于墙面集中展示，并与鲁迅照片隐性线索相映衬
图3-95　书籍平放于精品柜中展示

图3-96　鲁迅诗稿《答客诮》及二级标题文字展示

图3-97　金字塔造型的鲁迅留日书籍专柜设计

"情境"包括两个因素：一是环境氛围，是可以与人发生交流与互动的空间场所；二是人的情感，是人在行为过程中的一种心理活动反应。人物馆展览的展示对象是"人"，更需要在展览中塑造"情境"，提供给观众与历史人物对话的空间，给人心灵深思的场所。是以，鲁迅展览的"情境"包括了三个元素：空间、人、情感。其中空间指陈列艺术设计所营造出的空间；人不仅包括展示对象鲁迅，也包括观众；我们力求让空间对观众情绪产生影响，进而让空间氛围调动观众的情感，引导观众的思考，并对鲁迅精神产生认同感。在鲁迅生平展中，随着鲁迅人生传记叙述的徐徐展开，在体现展览主题的开篇、空间地点转场时，在需要观众驻足思考时，我们均恰当营造展览的特殊"情境"，让观众多维度融入鲁迅的心灵世界，加深情感浸润。

顺着展线缓缓移步，观众可以体会到两种力所起的作用：向前的运动和停留感。营造一个恰到好处的场景仿佛是抛下一个意义和乐趣的测深锤，使观众乐意驻足品味、持续沉浸，仔细觉察所有我们想要展示的东西。以下举例做具体说明。

（1）《荒原上的路》画作

穿过序厅，进入主厅，映入眼帘的是巨幅折角画作《荒原上的路》（图3-98）。一望无际的茫茫原野，曲折蜿蜒的道路逐渐廓清，展现在世人面前。画作汲取《野草》和"路"的内涵，画中的"路"是展览主题"鲁迅的道路""生命的路"的具象化体现，而视线中又无具象的拓荒者披荆斩棘前行，给人一种意境中的辽阔感。站在画前，观众仿佛可以迈入那蜿蜒的道路之中，沿着鲁迅开辟出的道路继续前行。画面中大面积为枯黄的野草，也有嫩绿的新芽与野花顽强生长，阳光透过乌云照射到远方的地平线，寓意穿过阴霾，终将走向光明。

折角画作的右侧是鲁迅《〈野草〉题辞》的一段文摘：

图3-98 《荒原上的路》画作实景

我将大笑，我将歌唱。

天地有如此静穆，我不能大笑而且歌唱。天地即不如此静穆，我或者也将不能。我以这一丛野草，在明与暗，生与死，过去与未来之际，献于友与仇，人与兽，爱者与不爱者之前作证。

（2）"南下"空间转场

因为是上下两层展厅，所以会有旋转而下的楼梯，四周墙壁空间开阔，其实也可以算一个小小的阶梯展厅。我们也有过很多方案，曾经设想挂上老照片，观众一边走一边欣赏，也曾经设想将鲁迅经过的城市具有代表性的建筑明信片置于墙面。最后我们还是采取了沉浸式场景，在四周墙壁上绘制鲁迅南下路线场景图，引导观众入戏，与主人公一起南下（图3-99、图3-100）。从北京到厦门与广州所途经的主要城市的风景，被拼接起来组成一幅长卷——北平正阳门火车站、天津北站、南京浦口站、上海外滩万国建筑群、厦门鼓浪屿海面上的帆船，观众拾级而下，步步代入。场景的切换，培养了观众一种运动的即时感——"看见"离别、漂泊、恋爱诸种事情的发生，仿佛听到汽笛的长鸣、恋人的对话，仿佛闻到潮湿而咸的海风味。如此，

图3-99 "南下"空间转场实景（上）
图3-100 "南下"空间转场设计稿（下）

出发地北平正阳门火车站　　　南京浦口站　　　　　　厦门鼓浪屿
　　　　天津北站　　　　　　　上海黄浦江码头　　　　　香港
　　　　　　　　　　　　　　　　　　　　　　广州珠江码头

精确的地理、离别的气氛，声音、气味、温度，甚至交通工具的质地等等元素集于一体，观众的眼耳鼻舌身意诸种感官情绪均被充分调动起来。

（3）共享空间对话

沉浸式场景还有"上海"部分的亭子间，典型的石库门建筑。我们原本策划在空间内摆放一尊鲁迅先生坐在椅子上正与人对话的雕塑，旁边摆放一个茶几和一把椅子，茶几上一杯清茶。观众可以坐下来打卡拍照，既可以休息，又增强了临场感。与鲁迅先生进行一场亭子间中的"对话"，能在观众内心架起一座主体和客体、当下与过去的桥梁，能让观众亲身参与完成鲁迅展览四维空间的建构（图3-101）。

令人遗憾的是，与鲁迅"对话"的构想并没有实现。由于时间和经费的限制，鲁迅形象的雕塑创作尺度很难把握，艺术工作者最终没有创作出令策展团队满意的作品。因此，最后只是复原了上海某处咖啡馆的场景，中间放置茶几和两把椅子，原本规划的鲁迅雕塑处于缺席状态，也没有允许观众进入（图3-102）。其实，在展览开幕后，展览一直还在完善之中，在条件允许的情况下，我们还会努力尝试以更好的方式完成这一"对话"场景的构想。

（4）鲁迅形象墙

纪念厅末尾处的折角墙，由后世艺术家创作的多幅鲁迅面容版画作品拼合组成（图3-103）。该墙构成了一个向内凹90度的折叠空间，构成了纪念鲁迅的特色场地，观众可以在此拍照留念，也可以勾画自己心目中的鲁迅形象。这处墙面的制作工艺尽管非常简单，但还是将艺术创意的精髓呈现了出来。该墙面成为观众参观展览拍照频率较高的地点，也是媒体采访的必选背景墙，是宣传报道最多的展览场景之一，对展览信息的传播起到了积极的作用。

第五种表现手段是沉浸式烘托。

展览中的多感官表达可以调动观众的全身心感应，将所要表达的信息传递给观众，丰富展览信息传达的层次及观众对展览信息的认知维度，进而强化观众对展览的印象和记忆。新时代的"鲁迅生平陈列"关注视觉、触觉、听觉、嗅觉、味觉、

图3-101　"共享空间对话"设计效果（上）
图3-102　"共享空间对话"展厅实景（下）

图3-103　鲁迅形像墙

本体等感知体验之间的相互结合，以增强多感官对观众在学习、认知与情感等方面潜在的影响。策展人设计了多个特殊展项，利用科技创新技术，带给观众沉浸式的多感官体验。目前的多感官认知设计转化主要偏向视觉、触觉、听觉、本体等方面的感知体验，嗅觉、味觉方面的转化通过博物馆食品类文创衍生品来呈现。展览中的体验项目主要包括6个视频短片、5个互动触摸装置、1个环境音效装置（图3-104、图3-105）。

　　视频短片和互动触摸装置：

　　（1）《好的故事》（视频、音频）

　　内容：播放绍兴水乡的影像，旁白文字选用鲁迅文章《好的故事》，用视频和音频呈现鲁迅的水乡记忆。

　　体验方式：观看。

（2）鲁迅在南京时期的课本（触摸屏）

内容：从鲁迅课本或者他所抄的讲义中摘取部分题目，设置成问答题，观众可自行选择作答。

体验方式：从讲义或笔记中选择一题目（选择或填空）并作答，即可判断对错；屏幕上显示详细步骤和答案。

（3）幻灯·看客（视频、音频）

内容：展示鲁迅就读仙台医专期间细菌学教研室留存至今的原版时事幻灯片 15 张，以及当时有关日俄战争的新闻报道，鲁迅述及此事的文摘。

体验方式：观看。

（4）鲁迅北京居所数字模型（触摸屏）

内容：鲁迅在北京曾经居住过的绍兴会馆、八道湾十一号、砖塔胡同六十一号立体模型互动展示。我们在屏幕中复原了这几处居所的房屋布局，并标注了鲁迅进行文学创作时所居住的房间。

体验方式：触摸屏幕，选择居所的名称，即可查看鲁迅在此处生活的场景和文学创作业绩。

（5）鲁迅北京时期的收藏（视频、音频）

内容：介绍鲁迅的收藏及文献整理成就。

体验方式：观看。

（6）鲁迅《新青年》作品一览（触摸屏）

内容：鲁迅在《新青年》上发表的作品检索，包括小说、新诗、杂文、翻译等类别。

体验方式：触摸屏幕，选择检索类别，可看到鲁迅文章的影印版文献资料。

（7）鲁迅北京时期译作一览（触摸屏）

内容：1912—1926 年鲁迅在北京时期的翻译作品检索。

体验方式：触摸屏幕，按照作品发表的时间，选择检索的文章题目，可看到鲁迅翻译作品的影印版文献资料。

（8）鲁迅北京足迹图（多屏联动）

内容：鲁迅在北京的足迹图，上面标注了鲁迅在北京期间生活、工作过的重要地点。

体验方式：触摸互动屏幕，通过点击搜索鲁迅在北京曾经到访过的地点，在前方大屏幕上可阅读鲁迅曾经在该地点经历的事情。

（9）鲁迅美术藏书鉴赏（视频、音频）

内容：通过短视频展示鲁迅在美术方面的贡献，介绍其收藏的中外美术书籍。

体验方式：观看。

（10）鲁迅与西村真琴关于三义塔的故事（视频、音频）

内容：通过沙画创作的形式来展示鲁迅与西村真琴关于三义塔的故事。

体验方式：观看。

（11）《鲁迅的路》（视频、音频）

内容：大型 LED 屏幕播放视频《鲁迅的路》，再次回顾鲁迅一生的道路。

体验方式：观看。

展览环境音效装置：

听觉感官在多感官使用中起到重要的作用，视听联觉能够增强对展品认知的完整性与深刻性，还可以拓展观众的想象力，达到"耳目互通，音影互换"的转化效果。除了视频短片配的音频说明外，展览的整体空间设置了背景音乐，采用了以普希金的诗歌《暴风雪》为主题创作的同名交响套曲。普希金是鲁迅最早接受和喜爱的外国作家之一。音效装置可以将人们无法看到的历史深处，无法抵达的心灵深处的东西诱导、召唤出来。

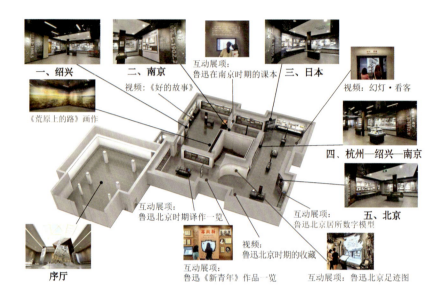

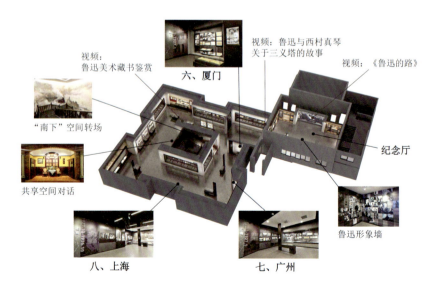

图3-104　"鲁迅生平陈列"一层展厅特殊展项分布（上）

图3-105　"鲁迅生平陈列"负一层展厅特殊展项分布（下）

（二）布展制作

　　展览的前期策划一般要一年左右，长至数年的也有，但是展览落地的时间一般也就几个月，有时甚至不到一个月。策划时间再长的展览，到开展前点灯熬油赶工期是每个陈列展览部同志都要经历的痛苦。但恰恰是这展览落地的过程，就是从专业人员打磨的大纲文字变成每个观众能够欣赏的陈列展览的过程，是展览从大纲里的文字变成展厅里展出的张张图片和件件文物，从设计图纸变成展板和场景的过程，是一个展览完成华丽转身的必经之路。

　　"鲁新馆"是国家一级博物馆，管理机制、机构设置相对完善，领导集体统筹，人员配合度高，部门间分工明确，合作及时，能够在有限时间内完成艰巨的策展任务。

　　项目负责人，实际上就是工具人，一个展览从立项策划到完美展出，通常需要博物馆各个部门的协同配合（图 3-106）。我们这次展览，展览大纲由研究室的同志们负责撰写，展出文物和图片由文物资料部负责提供，安全消防设备由安保处负责监测，展览开幕后由社教部组织参观服务。陈列部不是什么都不用做，展览就能出来，恰恰相反，我们的工作就像串起珍珠项链的那根线，在各个部门之间穿梭，催促研究室的同志们尽快完善大纲，与文物资料部的同事一件一件核对上展的文物，对于大纲中暂时没有图片和实物支撑的条目，要赶紧联系其他兄弟博物馆或档案馆，借用或借展相关文物图片资料，再联系复制品制作公司，赶在布展前完成部分复制品的制作。在整个展览项目施工期间，需要跟工程监理一起，督促项目施工单位安全高效地完成展览施工工作，以使展览能够在预定的开展时间顺利展出。

　　布展工作通常都是琐碎的。展板上喷错一个字，就要拆掉重喷；展柜玻璃上总有擦不完的污渍；摆进展柜的每一件文物都要尽可能整齐划一地展示；说明牌也要放在一条直线上；灯光要明亮而不晃眼，能够看清文字又不伤害文物……陈列艺术、

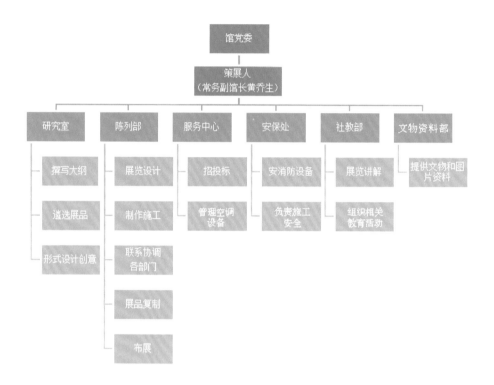

图3-106 北京鲁迅博物馆展览工作架构

展示灯光、温湿度控制，每一条拿出来都能写好几篇专业论文，然而，我们面对的现实却往往是：有限的预算是用来买展柜还是买多媒体设备？

策划展览真的是一项系统工程，从提出想法、收集资料、撰写展览大纲，到设计制作展览、收集图片和文物展品、复制或借展展品，再到宣传展览、设计社会教育活动等等，每一个环节都需要多方配合才能完成。尤其展览大纲的落地实施是最考验策展人综合能力的过程，写完展览大纲到展览开幕之间，隔了好几座大山。

　　整个项目施工过程中出现的问题主要还是施工进度的把控。展览原定于 2021 年 9 月 25 日鲁迅诞辰 140 周年纪念日开展，因为工程进度延期到 10 月 19 日鲁迅逝世纪念日才开展。虽然北京鲁迅博物馆的第一个鲁迅生平展也是在 1956 年 10 月 19 日开展，具有一定的纪念意义，但是延期还是给我们造成了很大的压力。

　　展览开幕延期的原因也是多方面的。

　　一是中途变更设计。很多的展览延期通常与设计变更有关，我们这次也遇到了这个问题。变更的是展厅地上一层通往地下一层的楼梯朝向，原本展厅内楼梯口朝西，也就是展厅进门正对的位置，为了不让观众一进展厅就直奔地下一层，需要在楼梯口前加一堵展墙，导致序厅面积狭小，观展动线不流畅。直到展厅拆除工作完成后，设计团队才提出将楼梯口改向朝南，不用正对展厅入口。这样对于一层展厅展线的走向和观众参观的动线都更顺，因此变更得到专家和策展团队的认可。但是楼梯口朝向的变更直接导致展墙的变更，更影响到安全消防设备设施的变更，连带图纸、预算、审核和招标工作都受到影响。当然这种变更主要还是考虑到展览本身的效果，虽然引发了一系列的问题，也算是值得。但是如果能够提前想到，在早期设计构思和讨论的时候就发现这个问题，那就更好了。只是人往往有种思维定式，比如基本陈列改陈只是更改展览本身的内容和形式，而楼梯原本就是朝向西的，不在最初考虑变更的范围内。

　　二是对展览制作施工公司的协调与制约机制不够有效。工程监理的作用有限，工程款项由于预算执行的压力需要按期支付，因此我们除了下工期进度督促函，并没有其他更有效的办法能够催促项目经理加派人手赶工。展览制作公司项目中标的加分项是参与过十几年前的 "鲁迅生平陈列" 改版工程，但是实际上做这次工程的人员并不一定就是十几年前有经验的那一批人。

　　三是发现展览档案的重要性。鲁迅的生平陈列从 1956 年开始已经改版十几次了，展出的文物有其规范的管理办法，档案完备，查找方便，但遗憾的是，展览中一些图片、资料、视频、模型等档案资料，在代际传递的过程中，没有完整保留下来。最重要的是一部分图片，在前一个生平陈列展出时直接喷绘在墙上，因为其来源不属于北京鲁迅博物馆馆藏，现今就找不到高清电子版，需要再次向兄弟馆或者档案馆请求协助查找、复制。我们为此而花费了不少人力物力，也耽误了一些时间。

博物馆基本陈列改陈工作一般是 5 年到 10 年开展一次，有时候也会因为各种原因间隔的时间更长，但是基本陈列改陈因为是每个博物馆的重点工作任务，所以会调动全馆的力量相互配合来完成。"鲁新馆"的"鲁迅生平陈列"改陈项目，正是集合了全馆之力，馆领导班子高度重视，每个职工在自己的岗位上尽最大努力，才能够顺利推陈出新（图 3-107 至图 3-112）。

基本陈列改陈项目启动以来，研究室的同事们站在前人的肩膀上，承续并发扬鲁迅研究的丰硕成果，一段一段地摸索鲁迅走过的道路，最终撰写了 7 万多字的展览大纲。展览大纲加上配图达 300 多页，单独出书都没有问题。他们同时在展览设计讨论会上给出作为主创的意见。文物资料部的同事协同陈列部先是一件一件核对展览所需的文物和图片，再从库里找出需要上展的实物，对每件文物的保存状况进行评估，不适宜展出的文物给出替代方案或者干脆制作复制品，开展之前文物点交、上框、进展柜，跟陈列部的同事们一起熬夜布展。社教部要提前介入讲解培训，安排讲解员记讲解词，配套的社教活动需要根据展览的主要内容开展。安保处负责展厅消防、安防工程的配套，并在整个改陈项目工程期间负责安全工作，保证项目顺利进行。空调设备的招标和安装由服务中心负责，需要协调施工和安装调试。财务人员监管和督促我们项目资金的合理合规使用……

形式设计不是停留在概念图上的艺术创作，而是要通过工程施工来实现三维空间的搭建。这是一种综合的创造性思维，不仅要考虑设计的科学性，还要考虑在现有预算内的可实施性。

"鲁迅生平陈列"的预算不是特别充足，其影响最大的是展柜的采购与特

图3-107　序厅主体艺术装置等待安装（左）
图3-108　序厅主体艺术装置正在安装（右）

殊艺术效果的制作。尽管整个展厅和大部分展柜没有实现恒温恒湿，但是展览的展柜还是经过了特殊的设计。展柜均为封闭式展柜，尤其是每一部分都设有一组以上的特制精品柜，以突出重点展品。为保证观众的人身安全与参观的舒适度，设计者在展柜的设计上力求以人体尺度和人体运动形态为依据，充分评估观众的流动与停顿状态，评估观众连续参观造成的疲劳状态，以进行合理的展览平面布局。比如"日本"部分的幻灯片展项，需要考虑到团体观众参观人流聚集的情况，设计者在后期深化设计时，将该展项放置在通道相对较宽的展线上，否定了之前设计在折角处的位置。

a   b

图3-109　艺术工作者在创作《荒原上的路》折角画（上）

图3-110　策展人与艺术工作者在讨论如何对《荒原上的路》折角画进行完善（下）

a　　　　　　　　　　　　　　　　　　　　b

图3-111　策展人与展览公司人员在展厅施工现场沟通展览空间规划

　　经费也制约着展览材料的选用和最终的制作方案。展览在有限的预算约束下，秉承着尽量将创意精髓呈现出来的原则，对一些特殊工艺做了适当取舍。比如，纪念厅的鲁迅形象墙，设计效果图所呈现的是：鲁迅肖像作品被放大，并做局部雕刻，以立体作品的形式挂于墙面上，背景衬托实木背景板，实木原色与肖像作品形成反差，更突出鲁迅的形象。由于时间与经费限制等原因，最终只是简单喷绘了平面的画布铺于墙面。还有原本设计为金属雕刻工艺的文字版面，最后实施时不得不改为平面喷绘。尽管工艺上有所取舍，但是从最终的效果上看，展览还是尽可能地呈现出了创意的核心精髓。

　　基本陈列改陈项目应该是"鲁新馆"整体协作范围最大的一项工作，参与其中的有不少年轻同事和业务骨干，他们的创造力和执行力为项目的顺利进行提供了保

图3-112   馆领导到展览施工现场巡查指导

障。同时，这支精干的队伍也得到锻炼和提升，必将为"鲁新馆"创作更多更好的展览。

注 释

〔1〕我们主要参考的文献有：杨宇. 一九五八年在东北"流展"的回忆. 鲁迅研究动态，1986（S1）：12-15；叶燕靖. 鲁迅博物馆文物珍品展览参观记. 鲁迅研究动态，1987（2）：28-32；彭小苓. 浅谈《鲁迅生平展览》陈列设计. 鲁迅研究动态，1988（3）：54-57；彭小苓. 北京鲁迅博物馆"鲁迅生平展览"简介. 鲁迅研究月刊，1990（11）：60-61；王惠敏. 鲁迅永在——鲁迅生平陈列纵横. 新文化史料，1996（6）：30-34；李文儒. 《鲁迅生平》陈列艺术之研究. 中国博物馆，1997（2）：25-31；黄乔生. 博物馆临时性展览工作浅识. 中国博物馆，2007（4）：12-17；孙毅. 北京鲁迅博物馆. 中国博物馆，2008（4）：2；刘欣. 略论北京鲁迅博物馆基本陈列. 鲁迅研究月刊，2016（11）：70-80；姜异新. 无穷的远方，无数的人们，都和我有关. 中国文物报，2021-11-23（5）.

〔2〕王锡荣. 超越与创新——上海鲁迅纪念馆陈列改建的探索//上海鲁迅纪念馆. 上海鲁迅研究：2012·春. 上海：上海社会科学院出版社，2012：1-8.

〔3〕葛涛，谷红梅. 从"革命家鲁迅"到"人间鲁迅"：广州鲁迅纪念馆历年鲁迅生平展览主题的演变. 广播电视大学学报（哲学社会科学版），2019（2）：33-38.

〔4〕叶淑穗. 建馆三十年来的文物工作. 鲁迅研究动态，1986（S1）：15-20；胡鸣. 北京鲁迅博物馆藏品管理研究. 鲁迅研究月刊，2021（7）：87-96.

〔5〕董炳月. 论鲁迅的"南京记忆"——以其"自我"的形成与表现为中心. 广西师范大学学报（哲学社会科学版），2019，55（3）：2.

〔6〕周作人. 周作人日记（影印本）：上册. 郑州：大象出版社，1996：278.

〔7〕刘丽华，郑智. 寻找伟人的足迹——鲁迅在北京. 北京：北京工业大学出版社，1996.

〔8〕姜异新. 浸润于暗夜而来——通俗教育研究会小说股之于《狂人日记》. 东岳论丛，2018（11）：139-146.

〔9〕武琼. 鲁迅《阿Q正传》日译本注释手稿研究//上海鲁迅纪念馆. 上海鲁迅研究：

总第 87 辑 . 上海：上海社会科学院出版社，2020：106–119.

〔10〕姜异新 . 翻译自主与现代性自觉——以北京时期的鲁迅为例 . 鲁迅研究月刊，2012（3）：44–57.

〔11〕沈伟棠，陈顺和 . 鲁迅所作《国学季刊》封面新证——兼析汉画像对鲁迅封面设计的影响 . 装饰，2016（10）：80–83.

〔12〕赵冰波 . 鲁迅诗说 . 2 版 . 郑州：河南人民出版社，2018：256–257.

〔13〕习近平 . 习近平谈治国理政：第三卷 . 北京：外文出版社，2020：184.

〔14〕[英] 伯格 . 观看之道 . 戴行钺，译 . 3 版 . 桂林：广西师范大学出版社，2015：4.

〔15〕[意] 布鲁诺·赛维 . 建筑空间论：如何品评建筑 . 张似赞，译 . 北京：中国建筑工业出版社，1985：14.

〔16〕姜异新 . 无穷的远方，无数的人们，都和我有关 . 中国文物报，2021–11–23（5）.

〔17〕国家文物局，中国博物馆学会 . 博物馆陈列艺术 . 北京：文物出版社，1997：40–41.

生命的路

The Road
of Life

观 展

观看之道

一、公之于众：观者视角的穿梭

　　"鲁迅生平陈列"改陈的顺利完成，是"鲁新馆"全馆共同努力的结果，鲁迅的道路也是我们需要走的路。展览开幕后，前来参观的观众日渐增多，一方面是近年来公众对于博物馆展览的热情持续高涨，另一方面也是他们对"鲁迅生平陈列"的认可。

　　与观剧相同，观展同样会引发观众的移情。神入（empathy）与同理心乃其中两种不同反应。前者通过对叙事观点的认同，引发与当事人同悲同喜的感受，而产生移情作用。观众一方面理性汲取知识，获得思考的力量；另一方面又深深沉浸于鲁迅的故事之中，积极参与着意义的创造，享受愉悦。

　　如果说一千个读者有一千个哈姆雷特，那么一千个观众心中就有一千个鲁迅。无论是从课本中学过鲁迅文章的少年，还是阅读过《鲁迅全集》的资深文学爱好者，又或者是折服于鲁迅精神的长者，都希望从"鲁迅生平陈列"中看到不一样的鲁迅。

　　有一个从事文学工作的观众在参观完改陈后的展览时告诉我们，改陈之前的基本陈列细致严谨，像一本厚实的书，书写了鲁迅的一生；改陈后的基本陈列，像流动的画卷，使鲁迅先生的形象更加鲜明生动，也更适合年轻人和对鲁迅不那么了解的观众。我们的展览就是要更加丰富鲁迅在每个观众心中的形象，从不同的方面展现有血有肉的人间鲁迅。

　　要了解鲁迅先生的方方面面，展板上的内容显然是不够的。这次改陈几乎每个部分都增加了多媒体的应用，但是我们不是集中搞声光电，仅仅通过技术手段吸引观众的注意力，而是只采用短视频、触摸屏、投影的手段，将丰富的鲁迅研究资料如鲁迅在北京的足迹、鲁迅收藏的拓片、鲁迅在日本看过的幻灯片等提供给观众，在预算有限的情况下，尽量多地为观众提供互动和学习的空间。

观众的眼睛就是尺，"鲁迅生平陈列"已经开展一年多，但是我们的工作并没有结束，热心的观众通过不同渠道给我们的反馈一直都在促使我们不断进步。有观众在公众号或我馆官网上留言，有观众直接跟讲解员们提出反馈意见，还有观众通过博物馆其他工作人员辗转传达意见，这些都使我们很感动。

有些问题可能是我们工作中的一些小失误，例如在展板上的文字说明中，李大钊是河北乐亭人，英文说明将乐(lao)写成了 le。这是在校对过程中没有发现的问题，但是要改正这个问题需要重新喷绘整块版面。观众陆陆续续总会发现一些文字、标点符号等"小问题"，并向我们及时反馈，我们也总会第一时间联系制作公司逐一进行改正。

在地下一层展厅展出的文物——鲁迅译《近代美术史潮论》，说明牌上注明"鲁迅以米勒的《播种》图为封面装饰"。有观众指出，这本书的封面画来源不是米勒的《播种》，而是梵·高所绘纸本素描稿。以米勒的《播种》作为封面画一说，源自 1981 年上海鲁迅纪念馆、中国美术家协会上海分会、上海人民美术出版社合编的《鲁迅与书籍装帧》一书，40 年来一直被学术界援引；但是近年来有研究者对比了米勒原画和梵·高所画多种《播种者》，认为梵·高于 1888 年 7 月 18 日所绘的素描稿《播种者》更匹配鲁迅译本封面，是鲁迅译本封面所依据的母本。[1]我馆研究人员在撰写展览大纲时采用的是学术界之前的说法，但是专业的观众为我们提供了最新的研究成果，促进了展览的提升。

甚至有热爱火车的小观众对墙上彩绘的老式火车提出疑问，认为所绘的火车型号与年代不符。我们求证作画的画家，据说是根据老照片绘制的，可能艺术加工后与实际样式有所区别（图 4-1）。

观众对博物馆的热爱是我们努力工作的动力来源之一，观众对展览的指正和认可，既是对我们工作的鼓励，也是鞭策。

图4-1 "南下"空间转场中的小火车

二、社教活动：相遇鲁迅的N条道路

　　展览的正式开放，仅仅是一个展览设计的开始。要让展览真正地走进公众的内心，功夫是在"诗外"的——这需要展览设计者和博物馆社会教育者足够的沟通，最终通过社会教育者构建的沟通桥梁，为不同需求的公众，提供个性化的讲解。具体到 2021 年"鲁迅生平陈列"，就是为公众提供相遇鲁迅的"N"条道路，帮助公众发现原本就在展览中的、"大隐隐于展览"的那些珍贵的藏品，以及其背后陈列的思路、思想的锋芒、人性的光辉、文化的宝藏。

（一）策展人与讲解者的交流

2021 年"鲁迅生平陈列"设计之初，无论是展览大纲的编写者，还是展览的设计者，都会频繁地与社教部进行沟通，了解公众教育对展品的需求和社会教育课程的思路，根据这些进行展览内容的调整、适配。策展人员通过展品的合理组合，设计了一些适合于社会教育的主题。为方便开展社会教育课程，展览开辟了展品相对集中的展示区域，避免了一般展览中，社教专员为了寻找需要的讲课展品素材带着公众东寻西找，甚至不得不依赖于专题教室放演示文稿的尴尬。换句话说，展览设计之初，就以展品为素材、以社会教育要求为中心，在展览主题这篇"大作文"中，安排了一些集中展示一个小主题的"小作文"。

例如，针对"追寻鲁迅在北京的足迹"课程，我们除了展示鲁迅在北京的事迹之外，在鲁迅在北京这一段展览的中心部分，还设计了"鲁迅北京足迹图"。观众点击查询这些地址图标，就会出现鲁迅在这些地方的经历。足迹图不仅有居住地、工作地的展示，更有很多与他日常生活相关的地点的展示。比如他最爱逛的一条北京街道——琉璃厂，观众结合地图上的标注，就能查询到鲁迅当时的穿戴、在琉璃厂购买的物品。这样的地图查询展示，为观众学习我馆"小脚丫走胡同""追寻鲁迅在北京的足迹"自主游学课程，提供了重要的索引和直观的感受。鲁迅在上海部分的展览，展示了适配的书籍封面设计，提供了集中展示由鲁迅出版、设计的书籍的展墙，并附上书籍内容的介绍，这样能使观众对鲁迅这种依据书籍内容来设计封面的巧思有最直观的了解，也让"鲁迅与书封设计"课程有的放矢、生动形象。

　　作为中央国家机关思想政治教育基地和党史学习教育基地，我馆配合党史学习教育课程，在展览的"上海"部分相对集中展示了鲁迅与共产党人的交往。这些展示内容在原来的基本陈列中，本来是按时间顺序，分散到"北京""广州""上海"等几个部分中的，即便是一个部分中的内容，比如冯雪峰、瞿秋白，原展览也是分散在"上海"部分的前部和中部，现在则出于二者在与鲁迅交往中的重要性和相互高度重叠的密切关系，在同一部分的同一展板展示；李大钊和陈望道，本来是在"北京"部分的中部、后部展示，这一次集中在"上海"部分展示，表现了鲁迅在马克思主义在中国的启蒙阶段就开始通过身边朋友了解、接触马克思主义的史实。这一段的集中展示区，是我馆"鲁迅与共产党人"的专题党史学习教育中的核心展示教育区。

　　与展览大纲编写者、展览设计者的交流，让展览的阐述者——社会教育专员能更深入地了解展览的中心文物、核心思想、设计思路，从而更好地编写展览解说词和设计更好的社会教育活动。这样的交流，也让 2021 年"鲁迅生平陈列"更加注重观众参观体验，更易为普通公众接受、深入浅出、更富有人性光辉和人格关照。

（二）讲好立人故事

　　2021 年"鲁迅生平陈列"选择了以历史时间轴为中心的编年体，穿插中心事件、人物事迹。这样的好处是显而易见的——时间轴清晰，有利于结合历史背景了解人物、事件。但缺陷是对人物特质的展现不够突出。社教部的讲解介入后，我们决定在引导观众，特别是青少年观众的时候，按人物特点、贡献分专题讲述的方式阐释展览，引导后者在展览中找到自己走近鲁迅世界的匹配路径和各种可能性。

"走近鲁迅"教育方案就是本着这样的思路，针对青少年特点应运而生的。首先，我馆社教专员根据展览中适合青少年教育的文物、事例加以归纳、总结，提炼出鲁迅作为一个社会自然人让青少年感到比较亲近、更容易理解的身份属性——曾经的学生和有多年一线教学经历甚至有多年的中学理科教学经历的教师。后者本身就与青少年平时经常打交道的群体重叠，想象自己的化学老师可能是鲁迅，这件事本身就很酷。其次，鲁迅在受过义务教育的群体心中，第一定位是作家，这也是他最终的人生定位。最后，鲁迅最让青少年"爱恨交加"的一点就是从小学五年级到高中毕业，每年必学"迅哥儿"的作品，每学期都要背诵一下他的文章，每次文章都成为难点，偏偏还是重点。

但是这些就够了吗？如果仅仅挖掘展览中这些大家比较熟悉的认知，鲁迅的形象还是不够丰满鲜活的。于是，我们又在展览中发掘出鲁迅的另一面——他是在北京居住了14年，户籍一直为北京市西城区的"常住人口"，一位生活在胡同中的邻家大叔；他是上课也要描书籍插图、写书出书还要设计封面的书籍"颜值控"；他是把西方新兴木刻运动带入中国的引路人与导师，所以在美术界的影响力不比文学界小；他还是一条街可以逛484次的"购物达人"……于是，我们给青少年设计的参观此次展览的学案——"走近鲁迅"就应运而生。学案分为学生鲁迅、先生鲁迅、作家鲁迅、课本鲁迅、翰墨鲁迅、版画鲁迅、鲁迅在北京等7部分，同样用了青少年熟悉的网络贴标签、关键词的形式做了内容的分类。这个学案本身也是一个展览，在疫情防控不允许聚集的情况下，这样的学案性质的展览真的做成了展览，作为馆内展览的延伸，走进校园。为了避免聚集，馆内参观的学校，我馆也可以通过网络课程的形式，结合"走近鲁迅"学案进行网络辅导。此外，我们还编写了配合学案的研学手册，设计的任务也非常"实际"，比如替鲁迅填一个严谨的人事档案表；比如假设自己去鲁迅家"串门儿"，鲁迅先生会拿出

图4-2　"走近鲁迅"活动走进学校（上）

图4-3　学生志愿者带领同龄人"走近鲁迅"（下）

什么零食。为了更好地结合教学和青少年特点，我们还和西城教研院合作，和一线语文教师、美术教师进行了大量教科研的交流。亲切不失严谨，感性不失科学，对展览的诠释，就像用素材重新构筑篇章，本身就是艰困却有趣的。

不仅如此，我们还希望把接受者本身变为阐述者，因为能够理解、最终达到可以阐述本身，就是一个积极的"走近鲁迅"的方式。为此，我们不仅把"走近鲁迅"展览、"走近鲁迅"系列网课带入学校，还在校内招募"走近鲁迅"学生志愿者。他们可以根据自己的特长，成为志愿讲解员、志愿教育活动助手、志愿活动宣传员。为这些志愿者（图4-2、图4-3），我们教育专员还开单独的"小灶"，对他们进行针对性的课程和培训。"予人玫瑰，手有余香"，对于青少年志愿者而言，这句话更加意义深刻，因为来自同龄人的阐述更容易为同龄人接受，同时这些青少年阐述者本身，也在这一过程中比简单的接受教育收获得更深刻。在与这些青少年志愿者的交流中，社教者本身也对设计教育活动有了更为深入的认识。

（三）以美术教育为路径的思想教育

毛泽东同志在《新民主主义论》中指出："鲁迅是中国文化革命的主将，他不但是伟大的文学家，而且是伟大的思想家和伟大的革命家。……鲁迅的方向，就是中华民族新文化的方向。"这是对鲁迅一生的最好概括，也是我们普通公众对鲁迅文化贡献的最普遍认知。文学方面不必多说，鲁迅先生的贡献有目共睹；但是鲁迅的美育思想和美育实践，在思想文化领域的变革中的贡献和意义却鲜为人知。

蔡元培在1912年担任中华民国临时政府教育总长期间，便提出"美育"的理念，并将其上升为国家政府层面的方针政策，其时正在教育部社会教育司任第一科

（原第二科）科长的鲁迅，正是蔡元培先生美育思想的坚决支持者和终身实践者。1913 年，鲁迅发表了《儗播布美术意见书》，阐述了美育的性质、范围、作用及传播方法，强调了美术和美育的重要意义，指出"美术可以表见文化""美术可以辅翼道德""美术可以救援经济"，把美育与救国联系到一起。在鲁迅的教育思想中，美育思想占有重要的地位。

2021 年"鲁迅生平陈列"展出的馆藏文物，不仅包括鲁迅的手稿、藏书、信札，以及他著、译、编著作版本和中国新文学各类期刊；也包括陈独秀、钱玄同、胡适、周作人等新文化运动时期历史人物的遗存；更包括大量与美术相关的展品。因此，通过展出大量与文学、美术、哲学相关的馆藏来展示鲁迅在创作和社会活动中的大量美育实践，意味着我馆在美育工作中的不断探索、实践。这是社教人刻在基因里的使命和责任。从美术和文学两条路径切入博物馆美育工作中，引领公众不断地发现"鲁迅的道路"上的精彩。

2021 年"鲁迅生平陈列"相对于历史上的常设展览而言，最大的变化就是对大量馆藏美术展品的展示和深入的诠释。例如对鲁迅开展新兴木刻运动这段历史的展示，原来的展览只是简单地展出木刻作品和说明，而此次展览在所展示的木刻作品的下方，还展示了鲁迅与创作这幅作品的美术青年的通信。比如在曹白所刻《鲁迅像》的下方，展出了鲁迅收到此作品后给曹白的回信。原来，在 1935 年夏天，第一回全国木刻展览会流动展览到了上海，在当地征集展品，曹白将他精心刻制的作品《鲁迅像》拿去参展，却被国民党上海党部的"文化审查机关"禁止展出，"剔去"了！愤怒的曹白，把这张木刻寄给鲁迅先生，并说明不得展出的原因。鲁迅先生收到木刻后回信。展柜中陈列了鲁迅致曹白的复信原件："曹白先生：顷收到你的信并木刻一幅，以技术而论，自然是还没有成熟的。但我要保存这一幅画，一者是因为是遭过艰难的青年的作品，二是因为留着党老爷的蹄痕，三，则由此也纪念一点现在的黑暗和挣扎。"这些美术作品和鲜活的书信结合起来，增加了人性的温度，让观众能看到这些美术作品背后的艰难与挣扎、鲁迅先生在其中付出的心血与感情。但是，作为常设主题展览，过多地展示美术作品和鲁迅在这方面的贡献显然也是不现实的。为了让我馆海量的美术藏品获得更多的展示机会，发挥更大的教育优势，在2021年"鲁迅生平陈列"之外，我馆还建设了集展示、体验于一体的"朝花艺苑教育活动中心"。公众可以在活动中心欣赏到精美的鲁迅藏版画复制品，参加丰富的社教活动，进一步提升参观体验度。教育专员利用丰富的文学、艺术资源，推出系列社教活动，融入艺术、文学、文物等元素，形成有博物馆特色的品牌，如为传承鲁迅先生的"美育"思想而研发的"鲁迅与瓦当""鲁迅印章篆刻体验""鲁迅与线装书"等系列。活动中心建成至今已经举办了400多场教育实践活动。

从藏品出发，挖掘藏品所承载的人物事迹、文化内涵、思想价值，提炼出其中的教育意义，再根据藏品的特质，请教相关领域专家，设计出相应的教育方案，是我们在公众教育活动中总结出来的一套行之有效的活动实施模式。

以开展的鲁迅与版画系列教育活动——"木·刀·印——探寻鲁迅倡导的新兴木刻版画"为例，这一系列活动其实是以版画艺术教育为切入点开展的美术和思想政治教育相结合的系列教育课程，包括"木·刀·印——鲁迅与抗战版画""翰墨书香——鲁迅与藏书票""拓印惊奇——鲁博馆藏版画拓印""从人民币到版画——珂勒惠支与鲁迅"等由浅入深、适合各个年龄段和不同美术基础的公众参加的教育活动。"木·刀·印——探寻鲁迅倡导的新兴木刻版画"获评2021年度十佳文博社教案例。

设计以鲁迅与版画为主题的教育活动，其一，是基于我馆丰富的版画馆藏。鲁迅一生收藏了100多位中国现代版画家的1000多幅、国外20个国家200多位版画家的2000多幅作品，这也成为我馆中外版画馆藏的主要来源。藏品众多，题材丰富，自然为我们开发丰富的教育活动提供了有力的保障。恰巧，我们又了解到，小学阶段，北京等地的美术教育，就已经引入了版画教育，博物馆版画教育正好成为学校教育自然的延伸和拓展，甚至可以充分利用学校、少年宫

图4-4　抗战版画教育体验活动

等合作方，把博物馆教育和学校教育结合起来，优势互补，开展双师教育课程。其二，是在研究这些藏品背后的经历和内涵之时，我们又发现鲁迅提倡新兴木刻运动本身就是美育的典范：鲁迅先生在晚年，大力倡导新兴木刻运动。他认为木刻版画是"正合于现代中国的一种艺术"，"当革命时，版画之用最广，虽极匆忙，顷刻能办"。1931年8月，鲁迅开办木刻讲习班，请内山完造的弟弟、日本木刻家内山嘉吉传授木刻作法并亲任翻译，这成为中国现代版画艺术诞生的标志。鲁迅不是木刻画家，但是在他的指导、培育、提携下，成长出中国现代版画最早的前行者。可以说，鲁迅先生的"初心"就是通过艺术为革命服务的。

了解了这样一段历史之后，我们惊喜地发现，北京鲁迅博物馆这样一个纪念现代文学家的馆，竟然也可以通过这段历史，做出很好的革命传统教育。其三，是我们积极寻求与专业人士的合作。社教人不可能各门学科皆精，面对自己不擅长的学科领域，需要专业的人指导专业的事，为此，我们社教党支部就通过与中央美院造型学院党支部的深度合作，引入央美专业版画老师，为我们讲授版画知识、开展版画部分美术课程的设计。在央美帮助下，我馆建立了"朝花艺苑青少年版画教育工作室"，把美术操作流程细化到每一步，再把版画教育与"鲁迅与版画"的展览、课程结合起来，形成生活—读书—新知的良性互动（图 4-4）。

（四）以文学教育为途径的审美教育

审美教育，当然不是单指艺术门类的审美教育。就中小学而言，语文、数学、外语、政治、地理、书法等几乎各门课程都渗透、融合美育元素以达到学科核心素养的完成。鲁迅首先是文学家，留下的文学类遗产是最丰富的，不仅如此，鲁迅文学在审美教育方面，还有自己得天独厚的优势。

首先，鲁迅本身具有深厚的审美素养。他曾翻译卢那察尔斯基《艺术论》、坂垣鹰穗《近代美术史潮论》等；收藏、研究汉画像拓片、年画、连环画；参与设计过 60 多个图书封面；提倡、推广新兴木刻运动。这些深厚的审美素养，自然地融入他的文学作品中。文学、美术、哲学、历史交汇的鲁迅作品，为研究美育在文学教育中的实践提供了应用的范本。鲁迅的美育思想贯穿他的一生。鲁迅在文学创作和社会活动中，都在有意识地引入美育，他的作品也更适合开展美育。

其次，在现代文学作家中，鲁迅作品无论是课内教学还是课外阅读，入选篇目数量都常年位居榜首。因为研究资料丰富且具典型性，所以从鲁迅作品入手研究美育，无论对学校教学还是学生审美素养的提升，都有着很大的优势。这样的优势，有助于形成从小学到高中，最后到大学的系统性审美教育。学校教育的加入，可以令社会教育与学校教育形成良性互动，强化教育效果。因此，博物馆教育工作者与中小学一线教学合作意义重大。

但是，中小学语文学科教学，涉及庞大的作家群体和多层的知识维度，仅靠学校教育解决所有问题是不现实的，需要博物馆、图书馆等拥有足够学术资源的社会教育机构的参与；同时后者的学术资源和研究成果，也需要学校教育实现更大的社会价值。上述目标的实现，需要二者系统、深入的合作。鲁迅作品的学习路径，应该是从小学到高中，循序渐进的接受过程，应该形成一套行之有效的、适合普通中小学操作的教育、学习路径。

以"三味书屋读鲁迅"系列教育课程为例，这是专门为青少年量身打造的语文学科研学课程。该课程通过对鲁迅作品的阅读体验，从文学的角度让青少年感受鲁迅文学的魅力，激发青少年阅读、学习鲁迅作品的热情，提供更多学生走进鲁迅文学、思想世界的可能性（图4-5）。教育课程主要包括以下4个方面内容。

（1）讲解鲁迅重点作品，将其与中小学海量阅读鲁迅作品结合，引导学生提升从个别到一般的文学感受能力，建立对优秀文学作品的敏锐的语言感受能力。我馆已设计出的"三味书屋读鲁迅"系列课程涉及鲁迅作品50篇，包括全部中小学部编语文教材选用的鲁迅作品，以及鲁迅文集的重点篇目。我们从写人、写事、写故乡、社会评论等不同维度，设计了6个系列的课程。在紧密结合教学内容的基础上从不同维度接近教学内容，极大激发了师生双方的积极性。

（2）已出版推出一套6本"三味书屋读鲁迅"系列丛书，配合课程使用，方便课前、课后学校教师和学生预习、巩固、提高，真正做到以一节课为起点，让孩子在学校老师引导下对鲁迅文学、阅读创作进行深入探索。鲁迅先生说过："凡是已有定评的大作家，他的作品，全部就说明着'应该怎样写'。"正是基于这种认识，课程教材在对每篇文章进行"妙笔寻味"之后，都设计了一个

图4-5   "三味书屋读鲁迅"系列课程之在鲁迅旧居讲《鸭的喜剧》

写作任务：或写一段，或写一篇，或直接模仿，或对比品味。这些任务，关注到了
孩子们的知识结构、成长经历、生活情趣、文化视野等因素，凸显了情境性、开放
性，关注了审美与文化素养的共同提升。

　　（3）跨学科双师（例如美术语文双师、生物语文双师、历史语文双师）、跨
教育机构双师（例如学校与博物馆双师、少年宫与博物馆双师、图书馆与学校双师）
等多类型双师课结合，从美术、科学、历史、逻辑等多维度，开阔学生文学鉴赏和
文学创作的视野。我馆与北京市西城区新街口少年宫合作，以观察—表达—阅读—
再现—创意—设计为主线，开展了 5 期文学、艺术双师教学活动。我馆教育员带领
少年宫的孩子们品读鲁迅的散文诗《腊叶》，拓展孩子们的艺术创作语境；少年宫

老师引导学生们对文学语言进行绘画语言的重置，并引入综合材料画与藏书票创作等绘画表现方式，引领学生创作了一系列以散文诗《腊叶》为主题的艺术作品。经过为期两个月的活动，学生们创作了艺术素描、水墨画、创意作品插图、综合材料创作画、藏书票版画等作品近百幅。

（4）引导中小学生从鲁迅文化的学习者成为鲁迅文化的讲述者。活动通过课前鲁迅故事讲述、鲁迅作品讨论会、鲁迅作品相似题材摹写、双师型教师阶段性教学研讨会等方式，循序渐进地开展教学成果调研与检验。

2020年开始，我馆与鲁迅基础教育协会展开紧密合作，依托"三味书屋读鲁迅"活动，开展"中小学鲁迅文学美育"项目研究，为活动提供了强大的教科研保障。

相对于常规的语文作品教学，基于提高文学审美为教学目的的"三味书屋读鲁迅"系列课程，我馆主要有以下5个方面的创新。

（1）教学目的创新。从学习鲁迅作品单纯提高语文学科能力，发展为文学、美术、思想三维审美价值观的建立。

（2）设立文学与美术相结合的教育模式。文学是把形象的艺术变为抽象的艺术；美术则相反，是把抽象的内心感受用形象的艺术外化。因此，二者相结合的教育，对美育有很大的促进作用。

（3）建立学术、文物资料与学校教育有机结合的新路径，开展从小学到高中，鲁迅作品美育的全域研究，为未来社会教育与学校教育形成真正的教育合作方式、方法提供实践材料、理论支撑。

（4）引入不同层次研究对象，打破学校示范课、专家教学研究课只针对一小群精英学生开展的惯例，以区级示范校（中等水平）为基础，涵盖普通班和重点班，甚至是贫困地区普通班。

（5）推出有博物馆特色的读本，为教师提供教学参考，为学生提供更多可能性。博物馆丰富的研究资料和文物资料、优秀教师的教学参考，有助于教师的二次教学设计、学生的发散拓展性思维的提升。

席勒认为，美育是沟通理性和感性的中介和桥梁。美育的基本含义是感性教育，以此为基础开展人格教育，以发展敏锐感知、丰富情感及想象力等感性能力实施创造教育。从某种程度上说，美育的核心就是价值教育，其宗旨是培养人懂得美、欣赏美、创造美的意识和能力，从而真正把人培养成向上、向善、向美的时代新人。博物馆拥有感性的资料（文物），也有着理性的归纳（海量研究成果），同时拥有灵活的教育方式（没有各种指挥棒的制约），这也是博物馆教育相对传统学校教育和传统政治思想教育最有优势的所在。开展中国特色的、基于社会主义核心价值观的审美教育，也是我们一代博物馆人的责任和必须直面的挑战。

三、学术活动：拓宽研究路径

鲁迅的人生道路，与中华民族寻求民族复兴、自立自强的曲折道路同频共振，集中体现了近现代转型期中国先进知识分子为民忧患、勇于担当、披荆斩棘、开拓创新的启蒙精神。鲁迅的道路是"从没路的地方践踏出来的"，是"从只有荆棘的地方开辟出来的"，是踏了"铁蒺藜向前进"，"是沿着无限的精神三角形的斜面向上走，什么都阻止他不得"。无论是弃医从文，以文艺的灯火照亮国民精神的前途，还是一生为沉默的大多数呐喊，最终成为中国共产党忠诚的同路人，无不显示出鲁迅为中华民族在精神上站起来、强起来，屹立于世界文化之林义无反顾、勇往直前。至今，我们仍然走在先生所开辟的新文化的道路上。

鲁迅的道路到底能走多远？配合以"鲁迅的道路""生命的路"为主题的"鲁迅生平陈列"，我们先后联合中国鲁迅研究会、首都图书馆和鲁迅书店等单位分别举办了同主题的学术研讨会和系列学术讲座。

2021 年 10 月 9 日，在"鲁迅生平陈列"开展前，"鲁迅的道路——纪念鲁迅诞辰 140 周年"学术研讨会在北京鲁迅博物馆线上线下同步举行。来自全国高校、科研院所及中学教学一线的 35 位专家学者围绕鲁迅的人生之路、启蒙之路、文艺之路、文学里的"路"、鲁迅与共产党人等议题展开广泛而深入的对话与探讨。其中既有从思想史层面对鲁迅启蒙道路的宏观把握，又有包括手稿研究在内的新史料挖掘与扎实考证；既有对鲁迅研究范式变革的尝试，也有对鲁迅作品的重新阐释，乃至图像证史、数字鲁迅的前瞻性研究。会议取得了丰硕成果，对鲁迅研究和中国现代文学研究都将产生深远影响。

受新冠疫情影响，原计划与"鲁迅生平陈列"同期举行的"鲁迅的道路"系列讲座推迟至 2022 年。该系列讲座从 2022 年 8 月 27 日起，每周一讲，先后邀请中国鲁迅研究会副会长赵京华、北京第二外国语学院教授李林荣、北京语言大学教授于小植、北京外国语大学教授顾钧、澳门大学中国历史文化中心主任朱寿桐五位专家学者，解读鲁迅的学问文章，开掘新文化精神，沿鲁迅开辟的立人之路、文艺之路、学术之路，于多元视角进入传统与现代的砥砺、融合与再生。

"鲁迅的道路"意涵丰富，其中鲁迅的文艺之路是文学史中浓墨重彩的一笔。李林荣教授的《狂人、阿 Q 与"呐喊"者鲁迅——百年前新文学先锋的小说探索》和朱寿桐教授的《鲁迅对新文学的开创》重点讲述鲁迅对中国新文学传统的开创。鲁迅的人生之路与其文艺之路密不可分，于小植教授的《鲁迅小说、鲁迅道路与鲁迅的哲学》讲座呈现两者之间的关联与互动。赵京华教授的《活在日本的鲁迅——日本战后思想史语境中的鲁迅论》和顾钧教授的《百年英译史回眸——鲁迅作品的世界意义》则从跨文化传播的角度呈现了鲁迅在东亚和英语世界的传播，以及鲁迅文学的世界意义。

从《狂人日记》到《阿Q正传》，从《呐喊》到《彷徨》，百年前，鲁迅为追求个人理想和肩负时代使命，展开艰辛的文学探索之路。在此途中，鲁迅奉献的创作成果，开创了中国新文学传统，启示并引领了中国现代文学的发展，同时也历经一连串有意无意的误读和曲解。李林荣教授讲述《狂人、阿Q与"呐喊"者鲁迅——百年前新文学先锋的小说探索》，带领听众直面其本体，贴近其文脉，体验其语境，发掘其真义，重新感受身为中国新文学开山大师的鲁迅"取今复古，别立新宗"的艺术创造激情和精神思想能量。

朱寿桐教授以《鲁迅对新文学的开创》为题讲述鲁迅文学如何以西方文学的精神和技艺为参照，打破改良文言、白话口语的困境，进而开辟了中国新文学以现代书面语作为基础表述的语言路数。讲座还兼及鲁迅文化在澳门的传播。

鲁迅小说中的人物一旦面对别人的目光，就会表现出恐惧、不安、惶急、焦虑。鲁迅何以对"目光"如此敏感？他为什么如此书写"目光"？为了回答这些问题，我们需要追溯鲁迅幼年的创伤记忆以及在日受辱经历和回国后的一次受辱经历。于小植教授的《鲁迅小说、鲁迅道路与鲁迅的哲学》讲座由鲁迅小说文本中的"目光"书写出发，分析"目光"对应的心理机制及其成因，通过对鲁迅人生轨迹的梳理，阐释鲁迅"走"的哲学和"复仇"的哲学，追寻鲁迅的小说创作与其个人经历以及其国民性批判、启蒙主义思想的深层互动关系。

赵京华教授围绕其新近出版的专著《活在日本的鲁迅》，讲述鲁迅在日本的跨文化传播过程，并结合日本战后思想史语境分析三个问题：日本人如何在浴火重生的国家与社会重建过程中持续关注鲁迅文学的精神特质，并将其作为本民族的思想资源；日本人面临的思想课题与20世纪世界史息息相关又具有东亚独特性，在此之下，鲁迅是怎样得到他们的创造性阐发的；日本知识者将鲁迅推到本国思想论坛的中心，使其成为价值判断的重要标尺，其鲁迅论对中国学界有何借鉴意义。

由顾钧教授带来的《百年英译史回眸——鲁迅作品的世界意义》讲座以回顾鲁

迅作品百年英译史的形式讲述鲁迅作品的世界意义。1926 年，美籍华人梁社乾英译的《阿 Q 正传》（*The True Story of Ah Q*）由上海商务印书馆出版，由此揭开了鲁迅作品英译的序幕。此后鲁迅的小说、杂文、诗歌、文论等不断被翻译出来，有的还被多次翻译。这些译作，从译本形态看，既有鲁迅个人的专集，也有和其他人的合集。就译者看，外国人、中国人各展所长。翻译不仅是文字的转换，更是跨文化的阐释。回眸百年英译史，可以从一个新的角度解读鲁迅作品的世界意义。

　　"鲁迅的道路"系列讲座每一场从主讲嘉宾的邀请到演讲内容、宣传组织都经过精心设计。讲座涵盖了文学、历史与哲学多学科，包括中文与外文学术界对鲁迅的研究，内容范围广，有学术纵深，为大众与专家之间提供了交流平台。特别是讲座通过与微信、微博、抖音、哔哩哔哩、快手和百家号等线上平台合作，打破时间和空间限制，为更多的观众带来学术盛宴。为满足不同观众的学习需求，每次讲座均推荐了相关主题书籍，如赵京华教授同题著作《活在日本的鲁迅》，由鲁迅研究专家陈漱渝、姜异新主编的《他山之石：鲁迅读过的百来篇外国作品》，主讲人于小植撰写的《意象突围：中国文学跨文化接受研究》，以及由杨宪益、戴乃迭翻译的《呐喊》《彷徨》中英对照译本。系列讲座引发观众持续讨论，在社会上产生不小反响。有观众留言道："精彩绝伦的讲座，催人泪下，催人奋进，熟悉了我们敬仰的伟大的新文化运动领袖鲁迅先生，真没有想到鲁迅先生遭受了那么多的苦难，鲁迅先生一生一直在探索追寻中华民族复兴的道路。我们要学习鲁迅先生为民忧患、勇于担当、披荆斩棘、开拓创新的启蒙精神！"

　　鲁迅是个百科全书式的人物，走近鲁迅，既可以纵向思考历史，又能够横向架通不同学科知识。围绕着鲁迅的生命之路所举办的学术研讨会和学术讲座，促使鲁迅研究更具创新性和探索性，昭示着学术前沿的端倪。这正贴合了"鲁迅生平陈列"的出发点。

四、文创开发：融入时代的发现之旅

在博物馆行业，业内人士曾经讨论过博物馆文创产品的定义。有学者谈道，博物馆文创产品有广义和狭义之分。广义的文创产品指"博物馆内所有创造性劳动的产物"，主要包括"原创展览、教育服务项目、文创衍生商品"。狭义的文创产品则单纯指"文创衍生商品"。[2] 目前业内普遍认为，博物馆所有创造性的文化产出是一个"大文创"，陈列展览则是最大、最重要、最核心的文创产品，而教育服务项目作为服务型文创产品，文化创意产品作为实体型文创产品，都是围绕展览而策划与开发的。当前，90 后成为文创产品的主流消费群体，也正在改变着博物馆的文创市场趋势。据 2020 年相关报道，文创消费年轻化趋势明显，1990 年后出生的消费者占比超 53%。[3] 因此，我们的文创产品需要紧跟时代的新潮流，让人们把逛展览、逛博物馆商店当作一场发现之旅，以精彩的展览满足人们身与心的需求，以丰富的文创产品满足人们"把展览带回家"的愿望。

文创商店要设置在能让观众轻松找到的地方。"鲁新馆"的文创商店就设置在展厅出口处，是参观的必经之地，观众走出展厅可继续参观鲁迅旧居。文创商店是博物馆展览的延伸，展览中的文物视觉元素被二次设计后，以产品的形式再次出现，观众购买文创产品不仅能够加深对展览的认识，还会留下带有情感记忆的物证，并可能会对博物馆文化进行二次传播。

想要让观众带走文创产品，就要让文创产品充分体现博物馆的文化特征，并具有创意性与创新性，让人有"情理之中、意料之外"之感。展览文创产品也是对展览的另外一种阐释方式。产品需要能够准确传达展览主题，对藏品的外观、内涵、衍生信息进行提炼与转化，赋予视觉化的形式，成为文化的载体。"鲁新馆"的展览文创产品开发工作进展得比较顺利，因为策展团队的一些成员也深度参与文创的策划工作。策展人员投入文创研发，不仅能够准确把握展览主题，还能够结合市场需求，最终开发出既能阐释展览，又能帮助观众理解展览的文创产品。

我们在策划展览的同时，也在积极筹划开发展览文创产品，力求在展览开幕的同时，开发出契合展览主题的配套产品。由于文创产品的策划、设计、打样、生产、销售、宣传是一个链条式的工作，单独的产品批量生产就需要周期。跟展览的策划相同，产品的策划阶段相对时间较长，最终能够落地生产的产品确实是优中选优。考虑到本馆已经形成了几大系列的文创产品——鲁迅漫画像、艺术鲁迅、思想鲁迅、新文化运动、馆藏经典等，我们最终采用两种开发思路：一是扩充原有明星产品的品类，二是开发新系列的产品。由于鲁迅漫画像系列产品是最具博物馆特色、最受市场认可的明星文创产品，我们对该系列产品进行了品类扩充。通过分析展览的重点展品、展览的线索呈现，我们新开发了"新青年"和"孺子牛"系列产品。

1.以鲁迅漫画像为元素

1936 年 1 月 13 日，日本画家堀尾纯一在上海内山书店为鲁迅作漫画肖像一幅，并在背面题词："以非凡的志气，伟大的心地，贯穿了一代的人物。"鲁迅在当天的日记中写道："午后往内山书店，遇堀尾纯一君，为作漫画肖像一枚，其值二元。"该漫画像现藏于"鲁新馆"，为国家二级文物。"鲁迅生平陈列"的"上海"部分也对该漫画像进行了展示。"鲁迅漫画像"系列文创产品就是以这件文物为创意来源的。在保留肖像画中鲁迅神态的同时，我们进行二次创意设计，设计出色彩鲜明、亲和可爱的鲁迅卡通形象。卡通形象再配上鲁迅箴言，既具有趣味性又蕴含哲理。我们开发出书签、尺子、便签本、笔袋等学习用品。该系列产品的目标群体定位为青少年，产品不仅具有文化性与实用性，更起到了较好的教育作用。

图4-6　"鲁迅漫画像"箴言书签、"鲁迅先生说"贴纸

　　由于这些产品的开发已成系列，市场接受度高，所以针对基本陈列"鲁迅的道路""生命的路"主题，我们对该系列产品进行了产品品类的扩充。我们特别甄选鲁迅与"路"有关的箴言，在书签、笔袋、尺子等学习用具的设计中，与漫画像进行图案组合。近些年，鲁迅说过的话成为网络搜索的热点，而网络上存在把不是鲁迅所说的话当作鲁迅所说的话的现象，这在一定程度上造成了观众的误解。"鲁迅生平陈列"中精选了大量箴言式的鲁迅文摘，给人以启迪与反思，因此，我们重点开发了与鲁迅箴言相关的文创产品，主要面向 90 后消费群体（图4-6）。在扩充学习用品类产品的同时，我们还开发了"鲁迅先生说"贴纸。贴纸精选鲁迅箴言，配合鲁迅卡通形象，一套两张，还附赠一张贴纸文字的鲁迅原文索引。我们希望观众阅读鲁迅文章时不要断章取义，应查阅鲁迅文章的全文深入领悟和理解。

2.以鲁迅诗句为主题

"鲁新馆"藏品中有一些珍贵的鲁迅旧体诗题赠手迹，有些在展览中有所展示，但是大部分都收藏于库房之中。鲁迅手稿是"鲁新馆"的镇馆之宝，再加上展览的二级标题又都选用了鲁迅的旧体诗句，以鲁迅诗句为创意元素的文创产品自然而然便纳入产品开发的计划之中。早些年的文创产品都是直接将手稿印刷在产品上，这类产品具有一定的纪念意义。新时期的文创产品力求能够在此基础上拓展创新。

除了将诗稿原图直接印刷制作为明信片等传统产品，满足观众收藏与作为记忆物证的基本需求外，我们还针对具体诗稿进行了系列化开发。我们从鲁迅的诗稿中挑选了最为人熟知的一首诗《自嘲》，开发了"孺子牛"系列产品。鲁迅于1932年10月创作《自嘲》，其中的诗句"横眉冷对千夫指，俯首甘为孺子牛"被一代代人所传颂。文创研发人员提取文物中的"孺子牛"手迹，选取馆藏木刻版画中的装饰边框，吸纳鲁迅手绘图案的纹样，以现代设计手法进行创意设计，应用到实用性强的产品中，开发出"孺子牛"系列产品。该系列文创产品包括棒球帽、丝巾、帆布包、杯子等（图4-7、图4-8）。我们希望让这些带有鲁迅精神文化元素的实用物品融入人们的日常生活。

3.《新青年》系列

2021年不仅是鲁迅诞辰140周年，更是中国共产党建党100周年的重大纪念年份，两个重要时间节点相交汇，激发出了文创开发工作更多的灵感。从馆藏红色藏品中，我们选择了《新青年》杂志为重点开发对象。《新青年》是在20世纪20年代中国一份具有影响力的革命杂志，原名《青年杂志》，1915年9月由陈独秀创办，第2卷起改称《新青年》。"LA JEUNESSE"为法文"青年"之意，印在《新青年》第1至第6卷封面上。《新青年》的创办，标志着

图4-7　"孺子牛"帆布包正面、背面（上）
图4-8　"孺子牛"丝巾、棒球帽（下）

以民主和科学为旗帜的新文化运动的兴起。俄国十月革命后，《新青年》成为宣传马克思主义的重要阵地，后期成为中国共产党的机关刊物。

"于无声处听惊雷"是"北京"部分的重要展示单元，讲述了鲁迅参与新文化运动的相关内容。1918 年，教育部佥事周树人以"鲁迅"为笔名创作了中国现代文学史上的第一篇现代体式的短篇小说《狂人日记》，发表于《新青年》第 4 卷第 5 号。由此，鲁迅在《新青年》相继发表《孔乙己》《药》《故乡》等小说，写下《我之节烈观》《我们现在怎样做父亲》等著名杂文。鲁迅还在《新青年》上发表随感录 27 篇，对中国社会进行广泛的文明批评。

因此，"新青年"系列产品成为既与鲁迅相关，又具有红色属性的文创产品。该系列产品以"新青年"笔记本为核心，笔记本封面影印《新青年》杂志原版封面，沿用文物杂志的尺寸，笔记本内页承载大量文化信息，包含有关《新青年》刊物发展历程的馆藏珍贵史料（图 4-9）。同时，我们开发鲁迅与"新青年"相关印章 10 款，提供给观众盖章打卡。

我们还以"新青年"中文和法文文字为核心元素，保留其独特的字体，构思新的造型，经过二次创意，设计为标志图案，应用于新形态的产品上。除了帽子、徽章、书签、钥匙扣、帆布包等产品，我们还尝试开发了"新青年"冰淇淋，受到各年龄层群体的欢迎（图 4-10、图 4-11）。丰富的文创产品在满足观众视觉、听觉、嗅觉、味觉、触觉全方位感官需求及精神需求的同时，更让观众体会到产品背后深刻的文化内涵。

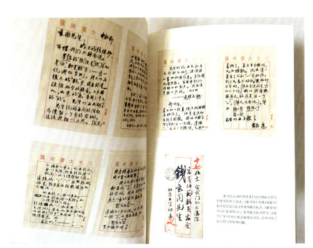

图4-9 《新青年》原版封面笔记本及内页（上）

图4-10 "新青年"系列钥匙扣及徽章（左下）

图4-11 "新青年"冰淇淋（右下）

注　释

〔1〕徐政. 鲁迅所译《近代美术史潮论》封面配图再考. 艺术设计研究，2018（4）：89.

〔2〕龚良. 正确理解博物馆文创产品开发. 中国文物报，2017-09-26（5）.

〔3〕杨越明，何其聪，李莉，等. 文化文物文创产品消费需求的九大特征——基于全国文博文创消费者的实证调研. 中国文物报，2020-09-01（5）.

生命的路

The Road
of Life

结 语

『走的人多了，也便成了路。』

　　140 周年，对回顾鲁迅别具意义。"生命的路：北京鲁迅博物馆'鲁迅生平陈列'"产生了广泛的社会影响力，引起了两轮舆论热潮。2021 年 10 月 19 日开展后，人民网、中国新闻社、环球网、国家文物局网站、凤凰网、澎湃新闻、《中国文物报》、《北京青年报》等多家权威媒体及政府机关网站对展览给予及时跟踪报道，对展览及幕后故事进行全方位介绍。经腾讯、新浪、搜狐等各大门户网站、资讯平台转发相关报道，展览的社会关注度进一步扩大了。来"鲁新馆"看"鲁迅生平陈列"，探寻"鲁迅的道路"，成为社会各界纪念鲁迅诞辰的一项重要活动。"鲁新馆"先后接待了大批来自党政机关、大中小学、社会团体、企业的集体参观者。2022 年"5·18 国际博物馆日"，"鲁迅生平陈列"荣获全国博物馆十大陈列展览精品奖。这一消息也引发各大权威媒体和官方网站的报道与关注。跟着镜头看展览，云游北京鲁迅博物馆，引领了新冠疫情下探寻"鲁迅的道路"的新风潮，正可谓"走的人多了，也便成了路"。

　　为了策划好 2021 年新版"鲁迅生平陈列"，并圆满实现目标，我们组建了精干团队，进行了充分的前期研究，包括学术成果的梳理和实地调研，进行藏品再挖掘，共召开 12 次会议，与展陈公司一起充分探讨如何进行研究成果的转化，精心提炼主题，确定"路"的意象为整个展览的核心。内容的叙事演绎紧紧抓住鲁迅披荆斩棘、永不休战的精神界战士的本色，显示出与既往展览的一贯性、延续性，同时又有破冰式的新拓展。整个框架构思编年叙事（narrative）中有专题，一条主线贯穿到底，在重点时期又有多条线索交叉并行。展品组织疏朗有致，形式设定力争创新，艺术表达别有巧思，布展制作高效落地，就像演奏一场宏大的交响乐，各部门通力协作，共同将新的鲁迅生平展推向了一个新高阶，获得了公众的认可与好评。

2021年新版"鲁迅生平陈列"规划有明晰的远见，应归功于总策展人所定下的基调与原则，也在于策展团队对这些原则的坚守。展览主旨明确，构思清晰，摆脱预设模式，以鲁迅照片、手稿、自述文摘、旧体诗等线索，驾驭"鲁迅的道路""生命的路"主题，统合全局，讲述鲁迅故事的精髓，呈现思想交锋的火花，并展现其拥抱现实的独特方式。

策展人的工作充满选择，而这需要清晰的逻辑。我们要经常到库房熟悉文物，到展厅工地增强空间意识，回到案头，将纷乱的思绪理清，挑选骨干展品，将多余、次要的元素统统排除，建构起大纲的整体性与系统性，类似于安排剧本中的人物合并、时间糅合、内心独白。技巧娴熟的策展人会排出让观众容易跟上的线。这条线，即观众的顺序体验，是叙述的基本元素。要保持这条线的完整性。怎么让主角出场？以什么样的顺序？怎么让观众记住这些事件？怎么搭建一个场景？怎么烘托一种情境？如何创造景观？观众需要感受到时间流逝，但一定不能在时间中迷失。为此，我们首先问自己，这段历史的自然顺序是什么，研究这段历史是按什么顺序展开的。在"北京""上海"部分没有选用鲁迅人生经历的自然顺序来表现，但前期筹备工作必须按照这一顺序捋清思路，弄清楚一切是怎么发生的才能决定如何划分模块，以及选择哪些专题方式呈现最好。鲁迅在北京时期有多重文化身份，教育部部员、作家、讲师、学者、翻译家、编辑，每一重文化身份都有很多文物支撑，也都有各自的故事可讲，可以说是多条线索并行，因而我们采取并列模块的展示方式，焦点明确，视角多维，而不是一条故事线讲到底。当然，在每个模块里，仍然要有清晰的时间顺序，不然，观众会一头雾水。观众在欣赏展览时，接受的是框架之内的信息。尽管目光可能会游走在展墙上长方形里的不同部分，但所有信息都是同时呈现出来的。

　　叙述的节奏与速度也要有很好的把控，加快或放慢时间与标记时间，完全根据展品的密集与疏朗程度。几个模块的规模也不是均等的，会根据文物史料的分量、所历事件的重要性，强调重要部分，简述其他。当解释枯燥但信息重要时，加快速度；而当最好的展品与材料使历史行动快速进行的时候，则要放慢速度，通过在展板上留出更多空间，找出场景内自然的停顿，慢下来的观众才能跟着进入正在发生的事件、场景和过程。如"上海"部分的"愿乞画家新意匠"，呈现的是"当革命时，版画之用最广，虽极匆忙，顷刻能办"的新兴木刻运动，在以凯绥·珂勒惠支《德国的孩子们饿着！》版画为模糊背景的展墙上，疏朗地摆放着《北平笺谱》《十竹斋笺谱》，一面是新兴木刻，一面是中国古刻，展柜里还有日本插画师蕗谷虹儿的作品集等。在叙述中建立起紧张感后，慢下来去维持它，观众在疏朗的展品面前自然会稍作驻足，细细品味鲁迅在那个血与火的年代，却能于中外美术资源从容地汲取营养，又积极迅捷地投入新兴木刻运动中去。

　　策展人要明确展览的起伏与方向对应历史的涨落沉浮，时而低缓，时而高亢，时而回旋往复。在每一展览单元的结尾，叙述都提升强度。它未必一定是一个响亮的时刻，安静的瞬间常常更加意味深长。最后的纪念厅作为结尾其实是开放式的，观众们自己体悟到鲁迅的身后影响既有雷霆万钧，更有润物无声。简言之，策展人对自然顺序越熟稔，策展时便越巧妙，以保证跳出自然顺序时的叙述更顺畅。

　　鲁迅精神的传递仰仗的是展品的力量。此次展览新上藏品225件（套）。展品组合绝不仅是将照片、文物、文摘简单地归拢而成，而是紧密配合主旨，对展品进行再搭配、调整、变更，或直接撤换。通过选择这一组展品而非另一组，策展人封锁了某些选择，而打开了其他一些可能。有的文物诠释的是一个重大历史事件，有的凸显的是日常生活细节，均集中有力地紧扣和呈现"鲁迅的道路""生命的路"主题。通过展品的组合，展陈将观众引导至具体的历史感受和洞见当中。当然，生平陈列是基于文物藏品等可见历史物证支撑条件下对鲁迅一生道路的讲述，而不可能像年谱和作家传记一样面面俱到。当你看到某个重要的事件没有涉及，多半是没有留下遗物来证明，而非疏漏；有时候甚至是有意为之。这就是冰山效应：展示在展厅中的故事是浮在水面上的八分之一，还有八分之七观众看不到的部分支撑着展览的基础。

这些历经层层文化转译的文物在策展中再次被严格审视，重新想象。博物馆研究的关键任务以及保护文物的首要任务之一，便是不断重新检视藏品，用新的技术手段来寻找新的发现。而其结果常常是惊人的——或为研究找出新的方向，或为我们早已熟悉的物品发掘出意料之外的内涵。甚至在撰写策展笔记的当下，还有新线索涌现，正可谓峰回路转，奇景迭起。比如，许寿裳留下了一段关于《祝福》的评论，这是从来没有展出过的藏品，本来大家都认为是许寿裳本人的评论，可是策展人却发现，这不是许寿裳写的而是抄录的。至于许寿裳什么时候抄录，为什么抄录，将会连带出一系列新问题，激发新的研究热情。在检视资料的过程中，开掘出新的研究线索，对于策展人来说是再欢欣不过的了。

如今，众多藏品共处一室，随之纳入视野的还有多种不同的声音和观点。我们吸纳了来自世界各地的顶尖学者的分析与研究，大纲草稿成型后，先后召集多次专家论证会，专家们都极为慷慨，奉献了关于展览的深刻洞见。我们没有谨小慎微地徘徊在如同深海般的历史薄冰的边缘，而是置身其中，根据有限的文物、空间、知识，尽力将故事讲到最好。在施工后期，展陈效果出来后，还要将喷绘出来的展览图样缩小版贴到墙上，一一核对图文对应、校对中英文说明、修改错误。这是全方位练兵的过程，是对一个人学术能力、语言水平、检视和驾驭史料能力以及创意头脑的综合考验。

行文至此，开篇提出的问题——如何赋予纸质文物以生命，处理好物与人的关系，更好地表现灵魂人物的心路历程——在展览实践中是否得以解决呢？通过努力实现以藏品为本位，我们部分地解决了这一问题。比如，为了使观众有连贯独特的艺术感受，"上海"部分做了鲁迅的著译编版本墙，不上说明条，让鲁迅亲手设计的封面说明一切。以藏品为本位实际上也就是以观众感受为本位，让两者直接沟通，博物馆叙述退后。我们还通过作品特有的质感及艺术家的签名，使版画墙散发出独特的灵光。艺术和学术研究之间的界限被打破，各学科领域中特有的审美相互呼应。我们坚信，藏品在不同的环境脉络下与不同的人会产生不一样的沟通效果。[1]这就是尊重文物的生命，也就是让文物活起来。换句话说，通过物品的物质性和其特有的质感，传达给观众的远非清晰不变的概念，而是因个人感官与经验的不同而相异的感受。为了激发这种多元相异的感受，策展人所要做的就是将自己深深地隐藏。相同的例子还有尾厅，作为纪念厅我们并没有将之设计成公祭灵堂，让观众感受逝者如斯，更平添一份沉痛感，而是用各种版本《鲁迅全集》的排列，来呈现肉身鲁迅缺席的参与，让人感受斯人之风范，也呼应了序厅如椽大笔似的艺术造型，使人深刻领悟鲁迅一生笔耕不辍，永远活在我们心中。这实际上也是让藏品说话的典型例证。

不确定性和敢于发问是不断改造自我的原动力。它将促使我们不断探究哪些是有意义的新问题，并推动策划出新的原创展览，也促使之后生平陈列的不断推陈出新。由此可见，筹备展览的过程实际上也是一次超策展的学术研究过程。此次策展必将引发我们进一步思考，一个围绕一个人物、一场重大历史运动的近现代博物馆机构该如何去发现并推进知识和创造之间的密切关系，如何维持并不断更新机构和专家之间的联系，如何在和公众的关系中注入活力，如何挖掘新的展览方式。这需要在不断抛弃业内教条的同时，谙熟专业，包括鲁迅与新文化研究、文学博物馆研究、文学、历史学、考古学、艺术史、美学等领域，苦练内功，并且时刻葆有对新事物的高度敏感，同时还需要创新的锐气和勇气。

总之，"生命的路：北京鲁迅博物馆'鲁迅生平陈列'"具有开创性，富有前瞻力，发掘出一条别开生面的跨界策展之路，充分体现了团队的求知欲和探究精神，呈现了交流、对话、开放和互动的关系美学，拉近了公众与鲁迅之间的距离，不仅融入自身所处的时代和背景，更是站在历史和当下交汇的最前沿，让各个领域得以相互启发，相互促进。庭院美学也在维持"鲁新馆"的活力和精神状态中起到关键作用，"鲁迅生平陈列"的历史庄重之美同庭院的现实流动之美，无分昼夜，成为我们永恒的灵感源泉！

当然，还有很多尚未突破的困境，也留下了继续探索的动力。所有展览形式共享许多元素，有许多共同的表意方式：布局、场景、说明、细节……这个清单可以很长。然而，每个展览还有一些特别的元素。它们是通向意义的入口，是建构自身可能性的门户。我们对于这方面还缺乏创意性思维，开掘得还不够深，没有最大化最优化地利用好展陈空间。比如：展厅顶部几乎无设计；没有让观众深刻记住独属于"鲁新馆"的创意元素，特色不明显，没有给业界和同行留下可资借鉴的新经验；策展思路尚欠条理，各单元缺乏应有的呼应互动，设计上参观路线不明朗；对灯光的使用手法单一，没有很好地发挥人造灯光的效能；没有全部调动所有的感官体验，缺少文学想象世界的场景体验设置；没有针对儿童群体创作动漫；等等。尤其是，管理工作中有诸多值得反思的地方，比如，前期准备工作不充分，工作规划不严密，部门之间的协调还有待于进一步加强，策展人制度不完善，行动力不足，工作推进的过程会出现卡壳，降低了效率，也有突击赶工的情况，留下了兼顾不周的遗憾。

在以后的工作中，我们应该全身投入，为展览提供所需，力求面向最广大的公众，为创造性的施展尽可能地提供条件，也为博物馆的自我更新提供新的可能。为此，我们应该重点做好策展人的培养，完善策展人制度。以馆藏文物资料为对象的学术研究乃陈列展览的基础，也是策展人应该着力之所在。而陈列展览也能够起到推动学术研究的作用。如果说，陈列展览是把一件件联系或密或疏、形态各异的展品组合起来，使之成为能够鲜明准确地表达主题和思想内容，具有一定艺术风格的创造性生产，那么，这就要求策展人是在多个岗位上历练过的专业人士，既有全面宏观的文化视野，又有专门深入的研究能力，能够充分发挥自身的学术素养：有学术研究的底蕴，对藏品十分熟悉；有较好的艺术感觉，对博物馆定位有准确认识和对目标观众有充分了解。我们在策展时要注重整体布局、尺度把控和细节安排，尤其是在纪念活动中，要把握好意识形态、社会需求、观众期待等综合因素，时刻把社会教育功能牢记心中。展览的效果要经得起观众的检验。

培养策展人应有长远规划，并尽可能多地为其提供学习和实践的机会，培养其理论水平、思维高度、写作能力及艺术感悟能力，并给予相当长的时间和多方面的历练。我们要进一步放开思路，同时加强博物馆与收藏家、艺术家的合作，打造更多优秀临展，从而丰富和滋养"鲁迅生平陈列"；举办更多的文化艺术活动，使得陈列展览与学术研究、社教活动、文创开发互为内容，互为景观，互相启发。

策展也是一次发现之旅。新版"鲁迅生平陈列"本身也是北京鲁迅博物馆建馆 65 年来追随鲁迅脚步、与研究及展示的对象同步思考的心路历程。我们始终带着好奇的目光，去观察和开发那些尚未被采纳的视角和方法，并不限于展示"鲁新馆"本身的收藏，而是不断地发现和吸收。对于开创性原则的坚守如定海神针，奠定了本馆一贯以来展览策划的坚实基础，也将各类极富远见性的文化活动转虚为实。

时下，观众见识广博、需求多样，因此，展览的效果无法平淡，而必须是直接、紧凑、激烈而有力的。身处首都，我们不仅要接受整座国际性大都市的考验，更要接受全国乃至全世界的考验。希望人们不仅能够直面展览中呈现的鲁迅精神，还能够领略策展背后的鲁迅精神，在参观交流中实现思想的深度融合。是以，分享严谨而卓越的理念、拓荒开路的勇气，希望观众们满怀期待地观展之时，不仅能够被历史深深地触动，还能够被激发起新的时代思考。

最后还应该感谢旅日学者张明杰教授在东京紧急事态宣言期间，冒着感染新冠的风险，专程到庆应大学图书馆拍摄《日本与日本人》杂志照片；仙台鲁迅研究会秘书长佐藤弘康先生热心联络，日本东北大学史料馆馆长加藤谕准教

后 记

"生命的路：北京鲁迅博物馆'鲁迅生平陈列'"由"鲁新馆"常务副馆长黄乔生担任总策展人，组建策展团队。经过一年的努力，展览于 2021 年 10 月 19 日鲁迅逝世 85 周年纪念日对外开放。根据中国博物馆协会的工作部署与"策展笔记"丛书的体例要求，策展团队成员参与撰写全书，分工执笔如下。

黄乔生　引言

柴　丽　展览概况

何巧云　绍兴："从小康人家而坠入困顿"；杭州—绍兴—南京："回国……走出……又走出……"

王　霞　南京："走异路，逃异地"；杭州—绍兴—南京："回国……走出……又走出……"

秦素银　北京："肩住了黑暗的闸门"

阿其拉图　厦门："自许的果真识路么？"；广州："走向十字街头"

张　娟　上海："踏了铁蒺藜向前进"

刘　欣　研究转化；藏品挖掘；身后："引导国民精神的前途"；设计表达；文创开发：融入时代的发现之旅

刘　静　布展制作；公之于众：观者视角的穿梭

刘　晴　社教活动：相遇鲁迅的 N 条道路

黄爱华　韦　祎　学术活动：拓宽研究路径

姜异新　日本："到东洋去"；设计表达；结语；全书统稿

特别感谢中国博物馆协会的策划组织，感谢业界评审专家对展览的肯定与精品推介，对书稿的审读与评议，感谢"鲁新馆"党委、专家委员会及每一位同仁的大力支持。

授帮助提供鲁迅在仙台医专退学史料；波兰大使馆 J. Jerzy Malicki（中文名字马志伟）先生安排提供了鲁迅在《摩罗诗力说》中提到的三位波兰诗人的高清照片；四川乐山师范学院廖久明先生通过现居巴黎的刘志侠先生发来发表《阿 Q 正传》法译本的《欧罗巴》杂志第 41 期封面、来自图书馆微缩胶卷屏幕内文照片；莫斯科音乐学院的姜尚荣先生提供了俄罗斯作曲家根据普希金的诗歌《暴风雪》创作的交响套曲音频作为展厅背景音乐；澳大利亚新南威尔士大学汉学家寇志明先生以极快的速度发来说明条的英文。这充分证明了，鲁迅是世界的，学术是共同体，博物馆是公共领域，具有唯一性的文化遗产属于全人类。

很荣幸，我们能够有这样难忘的策展经历。与鲁迅相伴而行，无比的充实，也无比的幸福。策展团队经历了宝贵的历练，同时这也是全馆工作人员一次闪耀的精神远征。

注　释

〔1〕交互论者认为人会随着时空的转变而与物品产生不同的交互关系，因此，物品与人的关系并非一成不变，而是随着时空变迁而产生不同的关系与意义建构。